Klaus Walther

Erik Neutsch
Spur des Lebens

Das Neue Berlin

EINE VORGESCHICHTE

Gegen Ende des Jahres 2008 klingelte mein Telefon. Es war Klaus Höpcke. Wir kannten uns gut aus meiner Zeit als Verlagslektor und waren uns auch später bei literarischen Gelegenheiten begegnet. Er fragte mich, ob ich die Reihe der Gesprächsbücher des Verlags Das Neue Berlin kenne, in der gerade, nach dem Band mit Hermann Kant, ein weiteres Buch von Irmtraud Gutschke mit Eva Strittmatter erschienen war. Ich bejahte, und er fragte, ob ich mir vorstellen könne, ein solches Gespräch mit Erik Neutsch zu führen. Ich war ja in meiner Zeit im Mitteldeutschen Verlag etliche Jahre sein Lektor gewesen. Nach der Wende hatten wir uns aus, wie ich heute denke, Mißverständnissen entfremdet, es herrschte zwischen uns Funkstille. Ich bat mir ein paar Tage Bedenkzeit aus und fragte, ob denn Erik Neutsch einem solchen Gesprächspartner zustimmen würde. Ja, sagte Klaus Höpcke, das würde er. So kamen wir nach Jahren wieder zusammen.
Und eines Tages saß ich in der Hallenser Ellen-Weber-Straße, wo Erik und seine Ehefrau Annelies eine Doppelhaushälfte bewohnen. Schon unten in dem Wohnraum zu ebener Erde, der sich über eine Terrasse zu einem kleinen Garten öffnet, dominieren Bilder an den Wänden, Werke von Karl Erich Müller, Dieter Rex, Willi Sitte, auch zwei Gemälde des Schriftstellerkollegen Armin Müller, das setzt

sich fort über das Treppenhaus bis hinauf ins Dachgeschoß mit Arbeiten von Willi Neubert, Helmut Schröder, Gabriele Mucchi, dem Ehepaar Elsa und Theo Dietzel, wiederum Sitte, dem Genrebild eines älteren Holländers und ein paar Kleinplastiken von Bernd Schöbel und Martin Wetzel.

Es gibt mehrere Räume im Haus, die zur literarischen Werkstatt des Autors gehören. Das Archiv im Keller enthält neben diversen Zeitschriftenjahrgängen die Erstexemplare sämtlicher Auflagen seiner Bücher, von »Spur der Steine« sind es inzwischen über dreißig. Dazu kommt Studienmaterial bearbeiteter Stoffe, eine Reihe unterschiedlicher persönlicher Belege, so auch über die Veröffentlichung seiner Bücher; ich hatte ihn schon immer um seine mustergültige Ordnung beneidet. Ganz oben unter dem Dach ist die Bibliothek untergebracht, die Weltliteratur vom Gilgamesch bis zur neueren Belletristik mit mehreren tausend Bänden. Im mittleren Stock liegt das Arbeitszimmer, an den Wänden ringsum ebenfalls Regale mit nochmals weit über tausend Bänden: Bücher zur bildenden Kunst, Bildbände, vor allem wissenschaftliche Literatur von Luther, Marx, Lenin und anderen Weltphilosophen, jede Menge Human- und Genbiologie, Geschichtskompendien, mehrbändige Lexika und Handbücher, ein Schreibtisch mittendrin mit Laptop und weitem Blick aus dem Fenster in die Landschaft des Saalekreises bis zum Petersberg, eine Gesprächsecke. Neutsch hatte ja, so wußte ich es, seine dicken Bücher allesamt in einer nahezu mikroskopischen Handschrift niedergeschrieben, erst später tippte er sie dann in die Schreibmaschine. Nun schrieb er sie mit dem Laptop, aber seine technischen Kenntnisse in diesem Metier sind begrenzt, Internet usw. mit Absicht von ihm gemiedene Wege, da sie für ihn als Arbeitsmittel, wie er meint, nur hinderlich wären. Hier also, in diesem Raum begann unser Gesprächsmarathon, der gut anderthalb Jahre dauern sollte. Es gab mancherlei Abhaltungen, gesundheitliche Probleme auf beiden Seiten, die Arbeit des Autors Neutsch an anderen Projekten, winterliche Reiseschwierigkeiten für den Interviewer, der immerhin 130 Kilometer anreisen mußte, bis wir dann im Sommer 2010 das Unternehmen abschließen konnten. Noch ein paar Sätze zur Methode des Interviews: Wir bereiteten die einzelnen Komplexe wie auch das Gesamtkonzept in Gesprächen in seinem Arbeitszimmer vor, das ursprünglich verwendete Diktiergerät erwies sich als ungeeignet. Also suchten wir nach einer anderen Möglichkeit. Ich formulierte aus den Informationen und den Debatten die Fragen, die ich nach unseren Begegnungen nach Halle schickte. Und Erik antwortete, auch mit gelegentlichen Präzisierungen der Fragen, schriftlich. Und dazu gab es dann noch manchmal Kommentare, der Leser wird das merken. Schließlich besprachen wir gegen Ende das Gesamtmanuskript nochmals, es gab eine Endredaktion in Übereinstimmung beider Partner. So entstand das Gesprächsbuch »Spur des Lebens«.

I.

Wenn wir heute unser Gespräch beginnen, dann vielleicht mit einigen Erörterungen zu deinem erfolgreichsten Buch. 1964 erschien der Neunhundert-Seiten-Roman »Spur der Steine«. Seither erhielt er 35 Auflagen (dreißig in der DDR, weitere fünf bis heute) und wurde mit mehr als einer halben Million Exemplare verkauft. Viele Leser haben den Film gesehen, den 1966 Frank Beyer nach dem Roman drehte; die entscheidenden Motive der Handlung sind auch in Heiner Müllers Stück »Der Bau« eingegangen, und schließlich ist das Buch vor drei Jahren auch wieder in Chemnitz neu dramatisiert worden. Wie hat diese Erfolgsgeschichte begonnen?

Ja, wie hat das alles begonnen. Das hängt gewiß generell mit meiner Sucht zu schreiben zusammen und würde bis zurück in meine Jugend zu verfolgen sein. Darauf, denke ich, werden wir bestimmt noch einmal zu sprechen kommen. Denn der Roman war ja nicht, bei weitem nicht, meine erste literarische Äußerung. Ich hatte bereits Gedichte und Kurzgeschichten geschrieben, manches davon in der Zeitung veröffentlicht. Dann aber geschah etwas sehr Aufregendes für mich. Als 1960 eine längere Erzählung von mir, »Die Regengeschichte«, in der Literaturzeitschrift *ndl* gedruckt wurde, erhielt ich umgehend einen Brief von Anna Seghers, die ich sehr verehrte. Sie fand ein paar sehr lobende Worte über die Erzählung, was in dem Satz gipfelte – Moment –, ich such mal den Text: »So etwas, glaube ich, sollte man nicht verschweigen, in einer Zeit, in der viel krampfhaftes und langweiliges Zeug geschrieben wird.« Das hat mich selbstverständlich ermutigt, zumal ich soeben dabei war, einen Band mit mehreren Erzählungen zu konzipieren, die »Bitterfelder Geschichten«. Als nächstes hatte ich dann die Absicht, zwei Romane zu schreiben. Der eine ging von der Idee aus, am Leben eines Arbeiters zu zeigen, wie er seinen Weg zu unserer Republik findet, ein Arbeiter also im Arbeiterstaat seinen Platz, seine Heimat. Ich hatte das mehrfach in dem Wohngebiet beobachten können, in dem ich aufwuchs, einer Arbeitersiedlung pur, und als Wirtschaftsredakteur später denselben geistigen Prozeß des Besitzergreifens bei Arbeitern bestätigt gesehen. Zeitweilig hielt ich ja von Berufs wegen sehr engen Kontakt vor allem zu Bauarbeitern; Typen wie Balla, den ich dann erfand, gab es da nicht nur einmal. Der erste Roman sollte heißen: Balla und das Glück.

Und was war die zweite Geschichte?

Hier ging es um den Handlungsstrang, der sich mit der Heuchelei in der Partei, der SED, auseinandersetzte. Ich würde mich zu diesem Zeitpunkt bereits für einen längst überzeugten Marxisten halten, und somit ärgerte mich alles, was meiner Weltanschauung, der – nennen wir es mal so – Moral des Sozialismus zuwiderlief. Offenbar im Gegensatz zu anderen hielt ich denn auch die berüchtigten Standpauken, die das Intimste betrafen, die aber trotzdem mancher sich anmaßte halten zu müssen, für abstoßend. Ich selber, in sehr jungen Jahren, wurde einmal dazu verdonnert, eine Parteiversammlung sogar zu leiten, in der eine ähnliche Sache verhandelt wurde wie im Roman die um Horrath und Kati Klee. Auch das sollte eine in sich geschlossene Erzählung werden, den Titel allerdings weiß ich nicht mehr. Eines Tages kam mir jedenfalls die Idee, beide Geschichten miteinander zu verknüpfen, beide, den Parteisekretär und den Arbeiter, die Partei und die Klasse als ein dialektisches, sich gegenseitig bereicherndes Paar zu gestalten. Ja, in solchen Kategorien dachte ich, »Spur der Steine« war erfunden und brauchte nur noch geschrieben zu werden.

Das ist ja ein sehr schöner Titel für dieses Buch, vielleicht sogar ein Titel, der jene Vergegenständlichung der Arbeit sichtbar macht. Wie kam dieser Einfall?

Als Reporter war ich ständig unterwegs gewesen. Ich sah die gesamte Republik als eine Art Großbaustelle. An allen Ecken und Enden entstand etwas Neues. Der Überseehafen in Rostock, Schwedt, Eisenhüttenstadt, Leuna II, die Chemieindustrie ohnehin. Da drängte sich das Bild, daß Balla seine Spur der Steine von Baustelle zu Baustelle zog, ja wie von selbst auf. Aber auch der Aufbau einer neuen Gesellschaft hinterließ seine Spuren: im Menschen.

Daraus wurde also ein Neunhundert-Seiten-Roman! War das so geplant?

Vielleicht nicht in der vollen Länge, wie dann geschehen. Aber bis an die achthundert Seiten bestimmt. Ich hatte einen Stoff in Hülle und Fülle, die Handlung war bis in jedes Kapitel hinein durchkomponiert, aber meistens weitet sich mein Text dann immer noch mehr aus.

In dem Buch existiert ja auch eine ausschweifende Darstellung technologischer Prozesse, das geht ja bis ins Naturalistische.

Ich sehe das ganz anders, es gehört zu meiner *Ästhetik* des Schreibens. Ich erhebe ja, wie mir nachgesagt wird, in meinen Geschichten einen sehr hohen moralischen Anspruch. Den jedoch kann ich nicht im luftleeren Raum behaupten. Meine Figuren müssen konkret sein, realitätsbezogen, und dazu gehört nun mal ihr gesamtes soziales Umfeld, das durch kaum ein anderes so geprägt wird wie durch die Arbeit. Nur so, durch sein Tätigwerden bis ins Detail, wird ein Zimmermann zum Zimmermann, eine Architektin zur Architektin oder gar – bitte, entsinne dich, was für Mühe mich das einmal bei der Erzählung »Der Hirt« gekostet hat – ein Hirt zum Hirten. In der »Spur der Steine« kriegt es eine zusätzliche Bedeutung, da sich alle beteiligten Personen auch an der Durchsetzung einer neuen Technologie zu bewähren haben. An seiner Arbeit läßt sich letztlich auch der Charakter eines Menschen messen. Und wie man sehen kann, habe ich in allen meinen Büchern zumindest die Hauptpersonen immer wieder in ihrer Produktivität gezeigt. Das setzte meinerseits natürlich auch eine genaue Kenntnis dessen voraus, womit meine Helden sich abgaben, inzwischen ja ein ganzes Heer von literarischen Figuren: Arbeiter aller Berufe und Bauern, Redakteure, Ingenieure, Studenten aller Couleur, Chemiker, Biologen, Ärzte, Soldaten, Offiziere, Lehrerinnen und Lehrer sowieso, Künstler, Maler, selbst historische Gestalten wie Georg Forster und Grünewald, den z. B. ich ja ebenfalls bis in die Pinselstriche verfolge, und zur Zeit tauche ich in die für manch einen gewiß schillernde Welt der Filmstudios ein und erkunde, was Schauspieler sind. Wollte ich darauf verzichten, auf die Soziologie der schönen Details, wäre es, als beschriebe ich einen Menschen nur zur Hälfte, nicht einmal das, nur als seinen Schatten. Für meine dem Realismus verhaftete Auffassung begänne da eine Literatur des lebens- und weltfremden Nichtssagens, entweder des Elitären oder des Kitsches.

Auf den Baustellen hattest du also im Auftrag der Redaktion der Freiheit *zu tun, der SED-Zeitung für den Bezirk Halle. Hattest du aber nicht dort zunächst in der Abteilung Kultur gearbeitet?*

Ja, sofort nach dem Studium an der Karl-Marx-Universität Leipzig, kaum daß ich im September 1953 in Halle meinen Platz am Schreibtisch eingenommen hatte, empfahl Horst Sindermann, der damalige Chefredakteur der *Freiheit*, mich zunächst kommissarisch, bald aber fest zum Leiter der Abteilung Kulturpolitik zu benennen. Soweit ich weiß, war ich, mit 22 Jahren damals, der jüngste Redakteur, der jemals eine solche Position in einer SED-Zeitung innegehabt hatte. Darauf bin ich sehr stolz gewesen. Fünf Jahre später allerdings, im Herbst 1958, wurde ich abgelöst ...

Warum?

Ich erhielt eine Parteistrafe, laut Statut eine Rüge, und zwar wurde mir »Versagen in der politischen Leitungstätigkeit« vorgeworfen. Vorausgegangen war alledem folgendes: Unter meiner Regie, so kann ich es ohne hochzustapeln sagen, hatte sich auf den Kulturseiten ein buntes kulturelles Leben entwickelt. Vier, zeitweilig fünf Personen im Kollektiv, hatten wir mehr und mehr auch einen Stamm von freien, jedoch sehr sachkundigen Mitarbeitern um uns aufgebaut. Unter unserer Verantwortung erschien nach dem Vorbild der *Humanité* in der *Freiheit Halle* als erster Tageszeitung in der DDR jeweils zum Sonnabend eine Wochenendbeilage von vier Seiten. Daran wirkten Maler und Zeichner, Literaten und Kunstwissenschaftler – ich will die Namen hier nicht alle aufzählen – aus unserem Verbreitungsgebiet mit, die sich später auch deutschlandweit, einige sogar international einen beachtlichen Ruf erwarben. Wir hatten auch ausländische Autoren eingeladen. Mich verbanden bald freundschaftliche Beziehungen zu Theun de Vries aus den Niederlanden und Frank Hardy aus Australien, deren Romane ich besprochen hatte. Der Abdruck von Kurzgeschichten und Lyrik aus neuster Produktion war bei uns an der Tagesordnung. Neben anderen veröffentlichte z. B. Reiner Kunze seine Gedichte in unserer Beilage, mit Illustrationen versehen manchmal über eine halbe Seite. Und eines Tages riefen wir zu einem literarischen Preisausschreiben auf, das republikweit sein Echo fand und aus dem Heiner Müller mit seiner Geschichte »Das eiserne Kreuz« als Sieger hervorging.

Wir waren angestachelt von den kulturellen Traditionen der Kommunistischen Partei während der Weimarer Republik und ehrgeizig genug, sie in unserer Zeitung wieder aufleben zu lassen. Das hieß für mich allerdings auch, gegenüber Kunstwerken, die nur die Oberfläche ankratzten, keine Strahlkraft besaßen, gar dilettantisch daherkamen, höchst kritisch zu sein. So kam es, daß z. B. auf unseren Seiten, wenn wir es für nötig hielten, nicht nur DEFA-Produktionen, sondern treuen Herzens auch sowjetische Filme ihr Fett wegkriegten. Bis, ja, bis das ein paar Genossen im Zentralkomitee der SED über die Hutschnur ging, und da mal wieder im Lande nach Konterrevolutionären gefahndet wurde, die es ja zweifellos auch gab, sich im Politbüro Karl Schirdewan aus irgendwelchen Gründen dafür anbot, suchte man also auch in der Provinz nach den kleinen Schirdewans. Offenbar schien ich ihnen als ein solcher geeignet zu sein, mit meinen in ihren Augen reichlich spleenigen Ansichten, was die Öffnung von Kunst und Literatur betraf, und hinzu kam auch noch, daß ich mir gerade ein Gemälde von Willi Sitte gekauft hatte. Es stellt eine Harpyie dar, gemalt in wunderschönen, mich überaus faszinierenden Farben – und das hatte ich über meinen Schreibtisch gehängt. Wie auch konnte ich nur ahnen, daß meine Genossen aus Berlin damit nichts anzufangen wußten, den bunten Vogel mit dem hübschen Mädchenkopf natürlich für ein formalistisches Machwerk hielten und Odysseus gar, als ich ihnen von seinen Irrfahrten erzählte, für einen zumindest nicht ganz linientreuen Griechen. Was mir von damals allerdings bis heute blieb, ist meine Freundschaft mit Willi Sitte. Und selbstverständlich, wie du siehst, schmückt die Harpyie bis heute mein Arbeitszimmer.

Du erhieltest also eine Parteistrafe und wurdest in die Wirtschaftsredaktion versetzt. Dein Arbeitsgebiet war fortan das Bauwesen. War auch das für dich, der du ja bisher vornehmlich mit Kunst und Literatur, gegebenenfalls noch mit der Volksbildung zu tun gehabt hast, eine zusätzliche Bestrafung?

Nein, auch wenn ich's vorerst so empfand. In der SED war es üblich, bei ähnlichen Anlässen die Genossen, wie es hieß, »zur Bewährung in die Produktion zu schicken«, damit sie von den Arbeitern dort »ihren Klassenstandpunkt« wieder gelehrt bekämen. An mir, obwohl zunächst daran gedacht war, wurde nichts dergleichen vollzogen. Mich – so ulkig es klingen mag – »rettete« das Chemiebauprogramm. Man wußte, daß ich gut schreiben konnte, für meine Reportagen war ich schon mehrmals ausgezeichnet worden, also erhielt ich den Auftrag, das Chemiebauprogramm, das von der Partei und der Regierung gerade beschlossen worden war, als verantwortlicher Journalist zu begleiten. Und das, im wahrsten Sinne des Wortes, Tag und Nacht. Wenn Bernard Koenen, ein alter Kommunist und Widerstandskämpfer gegen die Nazis, nunmehr Erster Sekretär der Bezirksleitung Halle der SED, rief, hatte ich auf dem Sprunge zu sein und zu spurten. Einmal, weiß ich noch, fand sogar noch am Heiligabend eine Beratung mit ihm und Chemiedirektoren und Bauleitern darüber statt, wie noch bis zu Silvester der Plan hätte erfüllt werden können. Wenn ich jedoch heute darüber nachdenke, so möchte ich vom Glück sprechen, daß mir diese Wegkrümmung in meinem Lebenslauf widerfuhr. Abgesehen davon, daß ich anders nicht den Stoff für »Spur der Steine« gefunden hätte. Nein, mehr. Ich kriegte wieder den Kopf frei für die Probleme, die Freuden und Sorgen der arbeitenden Menschen, die mir während der Jahre als Student und in der Umfangenschaft von den »schönen« Künsten fast schon abhanden gekommen waren.

Stimmt es, wenn ich mich recht erinnere, daß du später auch mal den Plan hattest, diesen Roman zu straffen, zu kürzen?

Nein. Das wollten mir immer nur Kritiker einreden, vielleicht auch mal dieser oder jener Kollege, denen der Roman, wie sie meinten, zu wenig kunstvoll erschien. Ich denke, sie hingen alten, überlieferten Maßstäben an und kamen, im Gegensatz zu den Lesern, mit meiner Art zu schreiben nicht zurecht. Wo hätte ich denn anfangen sollen zu kürzen? Die Geschichte ist doch völlig in sich verwoben, eins kommt vom andern. Da hätte ich ganze Handlungsstränge streichen müssen; hier eine Seite und dort eine, das wäre nicht möglich gewesen. Außerdem frage ich mich: wozu, warum? Das hätte etwas völlig anderes ergeben. Einmal hörte ich den Vorwurf, der Neutsch, der schaufelt geradezu die Realität in seine Bücher. Mir soll's recht sein. Besser so, als daß die Realität bei mir mit Teelöffeln serviert wird.

In einem Brief aus jenen Jahren erklärt Werner Steinberg, ein Schriftstellerkollege, der ja aus Westdeutschland zunächst nach Leipzig und dann nach Dessau übergesiedelt war, daß du auf einer Tagung des Schriftstellerverbandes folgendes gesagt hast: »Wir dürfen als Schriftsteller nicht einfach nur leben, wir müssen revolutionär leben und dort Verbindungen suchen, wo die Brennpunkte unseres Lebens sind. Wir müssen uns Aufträge geben lassen, selbst mitzuhelfen in einem Betrieb eventuell die Seifert-Methode einzuführen oder auf dem Bau das Dreischichtsystem durchzusetzen.« Ob du das nun wirklich so gesagt hast oder nicht, aber war das nicht eine Haltung, die einfach die Möglichkeiten von Literatur überschätzte?

Ich weiß nicht, wo Werner Steinberg diese Äußerung von mir aufgetrieben hat. Sicherlich hat er sie in seinem Sinne auch noch kommentiert, denn er war mir, obwohl wir kaum miteinander zu tun hatten, weshalb ich es erst später erfuhr, nicht gerade sehr freundlich gesonnen. Wie dem auch sei. Gewiß hast du recht, wenn du die *Literatur* meinst. Doch meine Forderung richtete sich nicht an sie, sondern an die *Literaten*, an diejenigen, die zu schreiben versuchten, und zwar auch wiederum an jene, die wie ich aus dem Leben schöpfen wollten, um eine Literatur innerhalb *sozialistischer* Gesellschaftsbedingungen zu schaffen, eine, die sich auch dem Volke zuwendet, die die Gefühlswelt und das Gedankengut der arbeitenden Menschen gestaltet. In dieser Beziehung war Steinberg sicherlich ein anderes Kaliber, und er konnte mich nicht verstehen. Er kam, denke ich, obwohl ein gestandener Antifaschist, von bürgerlichen Traditionen. Wenn ich freilich das Zitat heute lese, so kommt es mir schon ein wenig avantgardistisch vor, wenngleich es genau das benennt, was meine Methode war und ist, um die Wirklichkeit zu erforschen. Ich habe mit solchen wie den Ballas in Bauhütten gelebt, bin mit ihnen vom Gipsschwefelsäurewerk Coswig nach Buna gezogen, um dort, was für Bauarbeiter bisher unmöglich schien, das Dreischichtsystem einzuführen, also auch nachts, unter Scheinwerferlicht zu arbeiten; ich habe im Kombinat Bitterfeld an den Chlorzellen gestanden und die Giftdämpfe über mich ergehen lassen; ich war in der Werkzeugmaschinenfabrik Aschersleben, um mit den Drehern und Schlossern die Seifert-Methode zu erproben, das heißt, in der Produktion die Verlustzeiten zu senken, und, und, und ... Ich habe selbst mich nicht gescheut, freiwillig für ein dreiviertel Jahr in der Nationalen Volksarmee zu dienen, um das Leben von Soldaten und Offizieren kennenzulernen. Das alles hielt ich für mich für nötig.

Laß uns zur »Spur der Steine« zurückkehren. Wir haben hier über Balla und seinen Weg gesprochen, aber der andere Handlungsstrang wurde wohl von den Lesern mit mindestens ebensoviel Interesse aufgenommen. Du hast selbst von der Doppelmoral gesprochen, in der die Beteiligten lügen, weil die Lüge zur Wahrheit stilisiert wurde, ein Vorgang, den die Leser wohl nicht nur auf die Beziehungsgeschichte bezogen, und war das nicht etwas, was sich nicht änderte?

Doch! Es ließ sich ändern. Ich weiß zwar nicht, welche Erfahrungen du gesammelt hast, ich jedenfalls erlebte, wie mein Roman mithalf, gewisse moralische Verkrustungen sowohl in der Partei als auch in der Gesellschaft aufzubrechen. Nachdem er erschienen war, begann ja, ähnlich wie bei Christa Wolfs »Geteiltem Himmel« und Strittmatters »Ole Bienkopp«, ein Gerausche durch den gesamten Blätterwald der DDR, was mich betrifft, über Wochen auch im *Neuen Deutschland*, dem Zentralorgan der SED. Es läßt sich doch wohl kaum denken, daß die dort veröffentlichten Leserbriefe ohne Wirkung blieben. Es war nicht nur eine Literatur-, sondern eine Moraldebatte sondergleichen. Da verlangten manche sogar meinen Parteiausschluß, andere stellten sich entschieden hinter mich und die von mir vorgeführte Geschichte, wobei immer wieder auch auf Kati und Horrath Bezug genommen wurde. Bereits vor der Buchausgabe zur 2. Bitterfelder Konferenz war ja der Roman im *Forum* abgedruckt worden, in der Studentenzeitung, die inzwischen, eben weil sie sich der neusten Literatur widmete, eine Auflage in die Hunderttausende erreicht hatte. Als es an der Universität in Halle zu einer ähnlichen Parteiversammlung kam, wie ich sie beschrieben hatte, eine Wissenschaftliche Assistentin sich partout dagegen wehrte, den Namen des Vaters ihres neugeborenen Kindes preiszugeben, dafür mit Schimpf und Schande bedacht werden sollte, berief sie sich auf die soeben veröffentlichte Szene des Romans und verteidigte sich damit, daß ich ein dergleichen »hochnotpeinliches Verhör« als spießbürgerlich, menschenverachtend, sozialistischer Moral völlig entgegengesetzt und was immer noch angeprangert hatte. Fortan, wurde mir berichtet, war Ruhe.

Bei dieser Gelegenheit wollen wir vielleicht einmal die direkte Welt des Buches verlassen und uns auf die Spur deines eigenen Lebens begeben: Du warst ja freischaffend geworden. Wie sah denn jetzt so ein Arbeitstag bei dir aus?

An seinem Verlauf hatte sich kaum etwas geändert. Natürlich war ich nun aller Sitzungen, Beratungen, auch des Dreinredens in meine Artikel ledig, aber wie von der Redaktion jahrelang gewöhnt, saß ich täglich gegen acht Uhr am Schreibtisch.

Auch brauchte ich morgens nun nicht mehr unsere Tochter Marita in den Kindergarten zu bringen, das besorgte jetzt Helga, meine Frau, auf ihrem Weg in den Unterricht. Sie war Lehrerin, und später befanden die beiden sich dann auch in derselben Schule. Ich arbeitete bis vierzehn Uhr, dann kam Helga meistens zurück, und wenn ich in die Geschichte vertieft war, die Handlung lief und weitergeführt werden wollte, hängte ich oft auch nachmittags noch zwei Stunden an. Ich schrieb ja alles mit der Hand ...

In einer mikroskopisch kleinen Schrift.

Ja. Ich benutzte dazu einen ausgesuchten Füllfederhalter mit sehr spitzer Feder. Auf eine DIN-A4-Seite meines Schreibblocks mit holzfreiem Papier paßten etwa 75 Zeilen mit jeweils über hundert Buchstaben, Zeichen, wie man heute wohl sagt, und das konnte ich gut berechnen. Eine solche Seite ergab dann auf der Schreibmaschine und später auch im Druck ziemlich genau vier Seiten. Allerdings gingen dem immer auch noch jede Menge Korrekturen, Einfügungen und Streichungen voraus, wobei ich dann stets bestrebt war, den Text ins Reine zu bringen und erneut abzuschreiben. Ja, es war mühsam, es entstanden so in sich vielleicht vier oder fünf Überarbeitungen, und wenn ich's insgesamt betrachte und zusammenzähle, hatte ich am Tage etwa eine Buchseite geschafft, von der ich sagen konnte, daß sie meinen Vorstellungen entsprach. An der »Spur der Steine« habe ich knapp drei Jahre geschrieben.

Ähnlich frappierend an deiner Arbeitsweise ist ja auch, daß du, noch ehe die erste Zeile geschrieben wird, deine Geschichten völlig – wie soll man es nennen – durchgeplant hast, fixiert in einer Art Diagramm.

Ja. Zunächst das gesamte Buch. Wieviel Kapitel soll es umfassen und welche Handlungsstränge kreuzen sich wo. Dann Kapitel für Kapitel, gegliedert in die einzelnen Teile. Und das alles schön überschaubar wiederum auf einer DIN-A4-Seite, mit Filzstiften in mehreren Farben gekennzeichnet und auch schon mit geschätzten Zeilenumfängen versehen. Ein solches Blatt liegt mir dann die ganze Zeit über zur Seite, links neben dem Manuskript, und natürlich wird daran auch immer wieder herumgebastelt – verbessert, hoffe ich. Das klingt zwar sehr bürokratisch, ist es aber nicht, jedenfalls nicht für mich. Ich nenne es Disziplin, was für das Fabulieren, besonders das in Prosa, eine Grundvoraussetzung ist. Daran hat sich auch nichts geändert, nachdem ich vor Jahren einen Schlaganfall erlitt und auf den Laptop umsteigen mußte. Sechs bis acht Stunden am Tage mit der Hand zu schreiben wie früher, das war nicht mehr möglich.

Laß uns nochmals auf die Spur des Lebens in jenen Jahren zurückkommen. Von Steinberg wurde ja schon gesprochen, und auch Reiner Kunze und Heiner Müller hast du bereits erwähnt. Hattest du Freunde im Schriftstellerverband, und wie war das mit dem Verlag?

Zum Mitteldeutschen Verlag, der ja in Halle beheimatet war und sich auch die größte Mühe bei der Herausgabe von Gegenwartsliteratur gab, hatte ich bereits seit meiner Tätigkeit als Leiter der Abteilung Kulturpolitik bei der *Freiheit* engste Beziehungen. Seine Lektoren waren ja zum Teil auch unsere freien Mitarbeiter. Heinz Sachs, den im literarischen Leben damals jeder kannte, Egon Günther, Martin Gregor-Dellin, und selbstverständlich hatte ich bald auch engere Verbindungen zu den Autoren geknüpft, die dort veröffentlichten. Die allerdings hier alle zu nennen, das würde ein Lexikon füllen. Oder andersherum. Mit einem Großteil all der Autoren, die dann früher oder später im Lexikon genannt wurden, war ich bald auf irgendeine Weise bekannt, und es ließe sich meinerseits zu diesem und jenem manche Episode oder Anekdote zum besten geben. Das jedoch widerstrebt mir, ich möchte keine Retourkutschen bedienen und mich gar, wie es nach der sogenannten Wende von etlichen sehr marktbeflissenen Kollegen bereits im Übermaß praktiziert wurde, auf Kosten anderer zu profilieren suchen. Heinz Sachs war es dann auch, der nach der Parteistrafe, die mir hart zu schaffen machte, an mich herantrat und fragte, ob ich mir denken könne, für den Verlag eine Erzählung zu schreiben. Es wurde schließlich ein ganzer Band daraus, die »Bitterfelder Geschichten«.

Damit sind wir wieder an deinem Anfang. Danach ging es ja ungeheuer schnell bergauf, wenn man das so sagen darf. Du erhieltest den Literaturpreis des FDGB. Für »Spur der Steine« bekamst du 1964 den Nationalpreis, übrigens im gleichen Jahr wie Christa Wolf, Erwin Strittmatter, Max Walter Schulz und Jurij Brězan. Das waren sehr unterschiedliche Autoren und Bücher. Welche Verbindungen gab es zwischen euch?

Die vielfältigsten. Ich sagte ja, ich könne von vielen Autoren Anekdoten ohne Ende erzählen. Mit Christa und Gerhard Wolf wurde ich Anfang der sechziger Jahre in der Arbeits-

gemeinschaft Junger Autoren des Schriftstellerverbandes in Halle bekannt, nachdem sie von Berlin hierhergezogen waren. Damals gab es, denke ich, zwischen uns ein ziemlich ungetrübtes Verhältnis. Sie wohnten um die Ecke, wie man so sagt, im Amselweg, wir, Helga und ich, im Vogelherd, zwei- oder dreimal besuchten wir auch einander. Mit Max Walter Schulz war ich später fast befreundet, obwohl er nur zehn Jahre älter war, fand ich seine Weisheiten nahezu unendlich, und einmal schlug ich ihm sogar vor, daß wir beide in einen literar-philosophischen Briefwechsel treten sollten. Daraus wurde leider nichts.
Meine Bekanntschaft mit Jurij Brězan begann, als wir beide vom Schriftstellerverband zu einer Reise nach Polen geschickt wurden. Das mag etwa 1960 gewesen sein. Er ein längst gestandener Autor, Nationalpreisträger, ich ein blutiger Anfänger, mit der gerade gedruckten »Regengeschichte« im Gepäck. Wir fuhren von Bautzen aus mit seinem Wolga über Görlitz zunächst nach Warschau und Posen. Ich hatte noch sehr viel Respekt vor ihm. Doch schon nach ein paar Kilometern raunzte er mich an, ich solle nicht immerzu nur schweigen, sondern irgendwas erzählen, damit er am Steuer nicht einschlafe. In Thorn später, erinnere ich mich, einer Stadt, in der er Widerstand gegen die Nazis geleistet hatte, traf ihn dann ein Mißgeschick übelster Sorte. Aus dem Auto war ihm seine Aktentasche, worin er ein Manuskript zu einer noch unfertigen Erzählung aufbewahrt hatte, gestohlen worden. Zwar hatten wir es sofort bei der nächsten Polizeistation angezeigt, doch Jurij fand keine Ruhe, er glaubte, daß zwar die Tasche, aber nicht das Bündel Papier für die Diebe von Interesse sei, so daß sie es fortgeworfen hätten. Stundenlang, bis in die Nacht hinein fuhren wir noch durch die Straßen von Thorn, bei jedem durch die Dunkelheit schimmernden weißen Fleck hielten

wir an, jedoch ohne Erfolg. Das Schlimmste daran war, daß Jurij von dem Text keinen Durchschlag besaß, womit die Geschichte vorerst verloren war.

Meine erste Begegnung mit Erwin Strittmatter vollzog sich auf ganz andere, fast schon humorige Art. Ich befand mich Ende April 1959 im Elektrochemischen Kombinat Bitterfeld, um dort für vier Wochen meinen Produktionseinsatz abzuleisten. Zu dieser Zeit gab es nämlich einen von der SED für ihre Funktionäre verbindlichen Beschluß, nach dem sie einmal im Jahr für die Dauer eines Monats, um nicht zu verknöchern, zu bürokratisieren, an der »Basis« arbeiten sollten. Zu demselben Zeitpunkt, ohne daß es für mich von Belang gewesen wäre, war die 1. Bitterfelder Konferenz einberufen worden, auf der Fragen zur Literatur und Kunst behandelt werden sollten. Es war mit dem Besuch von vielleicht Hunderten auserlesener Leute zu rechnen: Schriftsteller, Maler, Künstler aller Gattungen und Kulturfunktionäre, wobei zur Spielregel gemacht wurde, daß sich einzelne Brigaden des Riesenbetriebs, mit einer Belegschaft damals von etwa zwanzigtausend Angehörigen, einen der Gäste einladen sollten.

Ich befand mich also in der Chlorelektrolyse des Werks, war in der Zeitung gerade aus der Kulturredaktion entfernt worden und begab mich nun mit einem Gewerkschaftsmann in den Kulturpalast von Bitterfeld, um Erwin Strittmatter in unseren Betrieb zu bitten und abzuholen. Auf den Gedanken, ihn einzuladen, war natürlich ich gekommen. Ich kannte so ziemlich alle seine Bücher, hatte soeben den »Wundertäter« gelesen, war von ihm hin- und hergerissen und versprach mir für den Nachmittag in unserer Kantine, im Kreise der Kumpel und bei Kaffee und Kuchen, eine gute Veranstaltung. Das war sie denn auch, Erwin hatte aus einem neuen Manuskript gelesen, und er und Eva, die

ihn begleitete, beantworteten geduldig die vielen Fragen. Meine Leute vom Chlorbetrieb sprachen noch lange von diesem Nachmittag, dieser und jener hatte sich auch ein Buch gekauft, mit Widmung, versteht sich.
So weit, so gut. Für Erwin Strittmatter, schon auf dem Weg vom Palast in die Elektrolysehalle, wurde aber wohl vor allem meine Person zum Rätsel. Ich stak natürlich in der Kluft der Chemiearbeiter, doch da sich unser Gespräch schon bald der Literatur zugewandt hatte, wobei ich mich auf mein Wissen und die Erfahrungen als ehemaliger Kulturredakteur stützen konnte, geriet Erwin über meine Kenntnisse von einem Staunen ins andere, fragte sich wohl, was für ein gescheiter Arbeiter da an seiner Seite lief. Bis, ja, bis wir in den Chlorbetrieb gelangt waren und er von mir erklärt haben wollte, welche chemischen Prozesse sich in den Zellen vollzögen. Ich begann zu stottern und überließ ihn dem Meister, der ihm statt meiner Rede und Antwort stand. Mein Inkognito war damit geplatzt, und auch die Strittmatters fragten mich noch am selben Tage, ob ich mich nicht an eine Erzählung wagen wolle. Einen Monat später fand ich mich wieder im Mönchsgut auf Rügen, die »Regengeschichte« zu schreiben.

II.

Du bist 1931 in Schönebeck an der Elbe geboren, diese Jahreszahl ist wohl für mehr als die Hälfte unserer Mitbürger ein historisches Datum ...

Du meinst mit »historisch«: zurückliegend in der Geschichte, entfernt für jüngere Generationen?

Ja. – Kannst du etwas über frühe Kindheitseindrücke erzählen, über dein Elternhaus, die Landschaft, in der du Kind warst?

Ich denke, daß ich mich darauf auch schon in meinen Büchern immer wieder bezogen habe: Kindheit, Elternhaus, Landschaft ... Allerdings, ich gebe zu, verstreut auf vielen Seiten. Am deutlichsten in den vier Büchern des »Frieden im Osten«, besonders im Ersten Buch »Am Fluß«. Graubrücken und der Lerchenschlag, wo Achim Steinhauer und seine Eltern wohnen – das sind Schönebeck an der Elbe und Sachsenland, eine so benannte Arbeitersiedlung im Vorfeld der Stadt. Ein paar Dutzend Doppelhäuser, hinter jeder Hälfte ein halber Morgen Wind, wie man zu sagen pflegte, darin alle möglichen Beete mit Gemüse, Kartoffeln, Kohl, Mohrrüben, Erbsen, Gurken usw., Obstbäume, Äpfel, Birnen, Pflaumen, Kirschen, in Abständen gepflanzt zur Mitte hin, und Stachelbeer- und Johannisbeerbüsche entlang der Zäune zu den Nachbarn. Meine Eltern hielten sich im Eigenbau das, was sie zum Leben brauchten, manchmal auch zum Überleben, dann, wenn das leibhaftig gewordene Gespenst der Arbeitslosigkeit umging. Jährlich schlachteten sie ein Schwein, in den Ställen stand eine Ziege, in der Voliere waren Hühner (Orpingtons mit viel Fleisch) und täglich frische Eier. Auch Kaninchen kamen vor, auch Tauben, ständig zwei Katzen und zeitweilig einmal ein Schäferhund, Asta gerufen, ein ganz liebes Tier, freundlich, zum Kuscheln und zum Spielen, bis er mir eines Tags in den Unterarm biß ... Da war ich drei, vier Jahre alt, glaube ich.

Sachsenland, mit dem ersten Spatenstich etwa um 1920, unmittelbar nach dem Ersten Weltkrieg angelegt, war eine typische Arbeitersiedlung, wie sie, befördert wohl vor allem durch die Sozialdemokratie, in vielen deutschen Industriegebieten entstanden waren. Jedenfalls habe ich sie später fast deckungsgleich in der Dortmunder Gegend wiedergesehen, dort, wo in den sechziger Jahren Max von der Grün zu Haus war. Hier übte man Solidarität von der ersten Stunde an, half sich gegenseitig, beginnend schon mit dem Ausbau der Häuser, die man fertigzustellen den Siedlern überließ. Sie hatten ja alle, bis auf zwei Sparkassenangestellte, handwerkliche Berufe, waren Zimmerleute und Maurer, Schlosser, Dreher, Salinearbeiter, Maschinisten usw. Mein Vater war Former in einem Betrieb für Radiatoren. Viele von ihnen waren auch politisch organisiert, gehörten der SPD oder der KPD an oder sympathisierten mit diesen beiden Parteien. Mein Vater, bei Kriegsende im Soldatenrat, hatte sich dem Reichsbanner angeschlossen, einer Art Schutztruppe der Sozialdemokraten, meine Mutter, Fabrikarbeiterin in den Schönebecker Zündhütchenwerken Sellier & Bellot, war dort 1918 in den Arbeiterrat gewählt worden. Die rote Armbinde, die sie damals getragen hatte, hob sie über alle Jahre auf, so daß sie sich heute in meinem Besitz befindet. Zwei Dinge möchte ich noch zum Charakter dieser Siedlung sagen: Noch lange nach der Machtergreifung der Nazis, bis in die Mitte der dreißiger Jahre hinein, getrauten sich, wie andernorts längst üblich, keine Uniformierten von SA und SS in ihre vier Straßen zwischen den Gärten. Hakenkreuzfahnen zu hissen, den Hitlergruß zu zeigen, das war wie Hochverrat. Und als dann dieser verdammte Krieg überstanden war, fast in jeder Familie mit Blutopfern, Väter und Söhne auf den Schlachtfeldern und etliche auch in den Folterkammern der Nazis, galt es den Arbeitern dort, den Kommunisten ebenso wie den Sozialdemokraten, als oberstes Gebot, sich jetzt zu einer kraftvollen Einheitspartei zusammenzuschließen, ohne Druck, ohne Zwang, wie das heutzutage manchmal unterstellt wird. Die Genossen hatten ganz einfach die Nase voll, noch länger getrennt zu marschieren. Ich weiß es und erfuhr es durch meine Mutter, daß auch sie und mein Vater noch bis kurz vor seinem Tod – er starb im November 1943 an Silikose – solchen Gedanken anhingen und mit den Nachbarn solche Gespräche führten. Einmal, entsinne ich mich, war ich selbst sogar Zeuge einer solchen Unterhaltung. Ich muß etwa zwölf Jahre alt gewesen sein und verstand zwar nicht einmal die Hälfte, aber ich wußte, worum es ging, zumal mein Vater mir anschließend ein paar Tips gab.

Laß dich nochmals ein wenig ausführlicher über deine Kindheit befragen, das interessiert mich.

Aus meiner bisherigen Schilderung ist wahrscheinlich schon zu entnehmen, daß ich, jedenfalls was meine häus-

liche Umgebung betraf, eine überaus glückliche Kindheit verbrachte. Trotz der Kriegsjahre und allem, was damit zusammenhing. An den Folgen eines tragischen Unfalls war mein Bruder Werner 1933, als ich erst zwei Jahre alt war, mit knapp dreizehn Jahren gestorben; er soll sehr an mir gehangen haben. Sein Tod hatte meine Eltern zutiefst erschüttert, meine Mutter litt längere Zeit an einer nervlichen Krise, und sie überwand sie schließlich nur, indem sie all ihre Liebe mir schenkte. Sie war bereits achtunddreißig, als sie von mir entbunden wurde, und zwar im Kaiserschnitt, wie ich später über meine erste Frau von ihr erfuhr. Ich war wohl ursprünglich in ihrer Ehe gar nicht mehr »eingeplant«, aber dann, nach dem Verlust von Werner, waren beide, Vater und Mutter, sehr froh, daß wenigstens ich ihnen geblieben war. Demzufolge, wie sich denken läßt, wurde ich in vielerlei Hinsicht »verwöhnt«, zumal ich offenbar auch ein sehr anhänglicher Junge gewesen sein muß, leicht zu führen, und, nachdem ich in der Dorfschule des Ortsteils Felgeleben eingeschult worden war, auch die besten Zensuren mit nach Haus brachte.
Meine Eltern jedenfalls waren stolz auf mich, und ich, sooft ich mich heute ihrer erinnere, hätte mir keine besseren wünschen können. Prügel, über die andere Jungen in meinem Alter klagten, waren mir so gut wie unbekannt. Während zwar meiner Mutter schon manchmal die Hand ausrutschte, hatte mir mein Vater nur einmal eine Ohrfeige verpaßt, die aber auch die erste und einzige blieb, die ich von ihm erhielt. Der Anlaß war mehr als ein läppischer gewesen, und das mußte er wohl umgehend bereut haben. Er war ein starker Raucher und hatte mich wieder einmal zu Tante Stiele geschickt, der Frau eines Maurers, die wenige Häuser weiter aus dem Flurfenster heraus einen kleinen Verkaufsladen für Tabak, Getränke

und Süßigkeiten betrieb. Ich sollte ihm eine Schachtel Zigaretten holen, unterlag aber unterwegs der Verlockung, auf der Straße aufgefordert von ein paar Nachbarskindern, mit ihnen Fußball zu spielen. Zu Haus indes »gieperte« mein Vater nach seinen Zigaretten. Dann suchte er mich, und schon war's geschehen. Doch anschließend entschuldigte er sich dafür bei mir.

Und wie sah die Landschaft in der näheren Umgebung eurer Siedlung aus? Sie ist ja wohl so eine Art Ausläufer der Magdeburger Börde.

Ja. Und wie ich bereits sagte, liegt Sachsenland, die Siedlung, am Rande von Schönebeck, in Richtung Süden. Vom hinteren Zaun unseres Gartens konnte ich weit über eine Fläche von landwirtschaftlich genutzten Feldern, platt wie ein Tisch, bis zur nächsten, etwa zehn Kilometer Luftlinie entfernten Stadt blicken, Barby, vor allem an den hoch aufstrebenden Silos seiner Nährmittelfabrik zu erkennen, den Maizena-Werken. Das war typisch Börde, Kultursteppe, wo auf den Äckern, unterschiedlich von Jahr zu Jahr, Getreide, Kartoffeln oder Zuckerrüben angebaut wurden und sich im Winter der Schnee bis an den Horizont dehnte. In meiner Phantasie, da ich ein eifriger Leser von den Büchern Karl Mays und Rolf-Torring-Schmökern war, nahm das bald die Gestalt der endlosen Prärien Nordamerikas und der Savannen in den ehemaligen deutschen Kolonien Afrikas an. Gleich hinterm Gartenzaun sozusagen ließ sich vorzüglich Trapper und Indianer spielen, auf Büffel- und Verbrecherjagd gehen, wobei mir Winnetou genauso lieb war wie Old Shatterhand. Und wenn dann die Felder erst abgeerntet waren, suchten wir sie, meine Gefährten und ich, schon ungeduldig nach Übriggebliebenem ab. Wir stoppelten

Ähren, um das Korn den Hühnern vorzuwerfen, gruben auch manchen Hamster aus, um an seine oft halbzentnerschweren Vorräte zu gelangen, und brieten in der Glut von verbranntem Kraut die eingesammelten Kartoffeln.
Zur Linken, vom Dachboden aus, war dann das Land über etwa zwei Kilometer von der Siedlung entfernt bis zu dem Auenwald einzusehen, hinter dem die Elbe floß, im Sommer unsere Badeanstalt auf den Sandbänken zwischen den Buhnen. Rechter Hand zogen sich von Felgeleben her die Dämme der Eisenbahnstrecke von Magdeburg über Halle nach Leipzig hin, die in den hohen, uralten Bäumen des Herrnhuterdörfchens Gnadau den Augen entschwanden. Aus diesem Blickwinkel betrachtet, lagen im Rücken, dem Norden zu, Schönebeck, die Stadt, und, schon mit einer Straßenbahnlinie verbunden, Magdeburg. Als es in einer Februarnacht 1945 bombardiert wurde, standen meine Mutter und ich mit den Nachbarn im Garten, an allen Gliedern bibbernd, und zwar nicht vor Kälte, denn wir sahen bis zu uns herüber lichterloh den Himmel brennen.

Manche Autoren haben sehr ausschweifend über ihre Kindheit berichtet, bei dir ist das nicht so. Für andere aber wird die Kindheit immer wichtiger, wie ist das bei dir?

Ich sehe mein Leben ganz, als *Ganzes*. Ohne meine Kindheit wäre ich zwar nicht das geworden, was ich bin, das aber wäre ich auch nicht ohne meine Geburt, gar schon pränatal nicht, ohne die Geborgenheit im Mutterleibe. Dennoch, du hast recht, jetzt, auf die Achtzig zugehend, möchte ich zumindest von meiner Kindheit noch immer mehr erfahren und bedaure, daß ich darüber nicht mehr meine Eltern befragen kann, vor allem meine Mutter, die ja erst 1982 starb, mit neunundachtzig Jahren, noch bis kurz zuvor in unserem Siedlungshaus wohnte und die ich möglichst oft, auch mit Frau und Kindern, besuchte.

Heute verbringen Anne, meine zweite Frau, und ich manchen Abend damit, uns unserer Kinder- und Jugendzeit zu erinnern. Es ist, als tauchte man in eine Dunkelheit und wollte das Leben noch einmal beginnen, diesmal nur gründlicher, intensiver. Aber das hängt auch schon wieder mit meinem Schreiben zusammen, mit meinem Manuskript vom 5. Buch des »Frieden im Osten«.

Deine frühen Schuljahre fielen in die Zeit des Nationalsozialismus, was ist da erinnerlich? Welche Freundschaften gab es, welche Feindschaften, welche Lehrer?

Freundschaften – na ja, wohl eher Spielgefährten und Klassenkameraden. Da könnte ich eine endlose Reihe aufzählen. Ich besaß womöglich ein solch sonniges Gemüt, daß ich von vielen als angenehm empfunden wurde und nicht wenige Freund mit mir sein wollten. Ich kann jedoch kaum jemanden nennen, der, wie ich's von anderen oft gehört habe, über Jahre mein Vertrauter gewesen wäre. Das ergab sich erst viel später, da allerdings nicht ohne Enttäuschungen. Und Feindschaften? Dazu fand sich wohl ebenfalls keine Gelegenheit, als daß sich mir eine solche über längere Zeit eingebrannt hätte.

Die Lehrer freilich, die Lehrer! Von einigen Aufrichtigen abgesehen, die es mit ihrem Beruf gewiß ehrlich meinten, waren da auch Nazis darunter, überzeugte oder auch nur schlampige. Die einen liefen mit dem Parteiabzeichen herum und hielten, zwischendurch auch im Unterricht, wehrhafte Vorträge, die anderen saßen faul hinter ihrem Katheder und gewährten sich auch manchmal ein Nikkerchen. In der 2. Klasse der Volksschule, wie es damals hieß, hatte ich einen, dem war folgendes eingefallen: Er unterrichtete Deutsch, Lesen und Schreiben, und hatte erfahren, daß ich Bücher schmökerte, Rolf Torring zum Beispiel, wie schon erwähnt. Also gab er mir eines schönen Tages den Auftrag, eine solche Schwarte mitzubringen, setzte mich in seiner Stunde vorne auf die Bank, mit dem Gesicht zur Klasse, und befahl mir, aus dem Heftchen bis zum nächsten Klingelzeichen vorzulesen, und das dann gleich mehrere Male hintereinander, bis die Geschichte endlich zu Ende ging und Pongo, der »Neger«, Torrings gutgehaltener Bodyguard, vor irgendwelchen »Negern« gerettet war. In der Mittelschule hingegen traf ich dann später auf einen Lehrer, der, kirchlich gebunden, etwas toleranter war. Mit ihm stritt ich mich einmal ziemlich heftig vor versammelter Klasse im Geschichtsunterricht über die Moral der Preußen, weil ich es empörend ungerecht fand, daß der Leutnant Katte hingerichtet wurde, der Kronprinz Friedrich jedoch davonkam, obwohl ja eigentlich er den Landesverrat angezettelt hatte.

Überhaupt Schule, du besuchtest eine Mittelschule von 1940 bis 1945, was war das für eine Schulform? Was warst du überhaupt für ein Schüler? Übrigens, gehörtest du zur nazistischen Kinderorganisation des Jungvolks und später der Hitlerjugend? Da mußte man wohl damals dabei sein?

In die Mittelschule ging man von der 5. bis zur 10. Klasse und schloß sie mit der sogenannten Mittleren Reife ab. Sie war wohl gedacht, die Reserve für Beamte und höhere Angestellte auszubilden, mit Sprachunterricht und solidem mathematischen Wissen. Ein Lehrer aus der Volksschule hatte meine Eltern bewogen, mich dorthin zu schicken. Also muß ich wohl ein Schüler gewesen sein, der als begabt galt. Nicht anders empfand ich mich auch selber. Bisher war ich stets der Primus in den Klassen gewesen, erbrachte gute Leistungen und wurde erst durch die Wirren am Ende des Krieges, die mit meiner pubertären Entwicklung zusammenfielen, ein weniger strebsamer Junge.

Auch der Tod meines Vaters trug dazu bei, mich aus den mir bislang gewohnten Bahnen zu werfen. Denn meine Mutter, bei all ihrer Sorge um mich, hatte wohl nicht die Kraft, einen größeren erzieherischen Einfluß auf mich auszuüben. Schon gar nicht, als es dann darum ging, daß sich mir die braunen Machthaber immer öfter näherten, mich mit ihren Mythen vom germanischen und deutschen Wesen berauschten, mit ihrer Heldenverehrung bis zum Kitsch, und sie schließlich, wie der Rattenfänger einst die Kinder von Hameln, so mich einfingen. Die Jagdflieger Mölders und Galland statt Winnetou und Old Shatterhand, der U-Boot-Kapitän Prien anstelle von Kara Ben Nemsi und dazu die Verlockungen, selber ein wenig Krieg zu spielen, den Umgang mit Waffen zu lernen und schon morgens in der Schule, wohlgelitten von den Paukern, eine Uniform mit Rangabzeichen, Schnüren und sonstigem Lametta zu tragen – das verführte. Anders jedenfalls kann ich mir bis heute nicht erklären, wieso es in meinem Kopf eine solche Wende gegeben hatte, keinesfalls plötzlich, eher schleichend, aber doch innerhalb eines Jahres und mit den Konsequenzen für die Zeit danach.

Solange mein Vater lebte, wachten er und meine Mutter vereint über mein Befinden, körperlich, charakterlich, ethisch, obgleich sie – sie waren, wie man so sagt, sehr einfache Leute – einen solchen Begriff kaum kannten. Rechtschaffen sollte ich sein und es einmal besser haben als sie. Beide machten sich auch um die Siedlung sehr verdient. Willi, wie mein Vater hieß, spielte Schifferklavier und, sobald es Festlichkeiten zu gestalten gab, in einer Vier-Mann-Kapelle zum Tanze auf. Alljährlich zu Weihnachten übte er mit den Kindern aus Sachsenland ein Theaterstück ein, ein Märchen. Meine erste Rolle bei ihm, glaube ich, war der letzte Zwerg im »Schneewittchen«. Selma hingegen, meine Mutter, widmete sich vor allem der Organisation von Kinderfesten, die in jedem Sommer im Garten und im Saal der Gaststätte stattfanden, die sich die Siedler in den dreißiger Jahren selbst gebaut hatten.

Wenn mein Vater Episoden aus seinem Leben erzählte, manchen Abend in der Wohnküche, ich am Daumen lutschend (was ich zum Gespött meiner Cousinen noch bis ins zehnte Jahr tat) in der einen Ecke des Sofas, er in der anderen, vor dem Mende-Radio, meine Mutter in einem Korbsessel, Strümpfe stopfend, irgendwelche Sachen flikkend – wenn also mein Vater erzählte, konnte ich mich nicht satt hören daran. Wie sie sich, seine Kameraden und er, als Soldaten an der Ostfront, schon im Jahre 1917 an einem Brunnen, der zwischen den Schützengräben lag und bis dahin heiß umkämpft war, mit den Russen verbrüderten. Wie sie zum Ende des Krieges, von Frankreich kommend, auf dem Kölner Bahnhof die kaiserlichen Offiziere entwaffneten und ihre Epauletten abrissen. Wie er sich, dreizehnjährig, nachdem sein Vater als Facharbeiter mit der Familie vom Radiatorenwerk nach Hull, der Hafenstadt in England, versetzt worden war, er jedoch mit seiner Stiefmutter ständig im Streit liegend, als blinder Passagier auf ein deutsches Frachtschiff geschmuggelt hatte, um zu seinen Großeltern zurückzukehren, und erst auf hoher See im Kohlenbunker entdeckt wurde. Wie es war, wenn gestreikt wurde, er auch einmal, zur Streikführung gehörend, meinem Großvater, der als Streikbrecher auftrat, am Fabriktor gegenüberstand …

Und dann, was sich mir bis heute fest eingeprägt hat. Es ist eine Art Lehrstunde, die er mir auf seine Weise, Solidarität mit dem ersten sozialistischen Land zu bekunden, gab und von der ich wohl schon mehrmals berichtet habe. Nach dem Aufenthalt in einem Sanatorium für Lungenkranke wurde ihm eine Art Schonplatz als Dreher in einem Zweigbetrieb der Junkerswerke zugewiesen. Von dort, mitten im Krieg, brachte er eine Europakarte mit, im Format von etwa einem Meter mal anderthalbem. Mit Fähnchen an kleinen Nadeln, die gleich mitgeliefert wurden, sollte darauf, zur patriotischen Erbauung sozusagen, der jeweils aktuelle Verlauf der Fronten abgesteckt werden, an denen sich die »siegreichen« Truppen der Wehrmacht von Sondermeldung zu Sondermeldung im Radio fortbewegten. Mein Vater heftete die Karte zwar sichtbar an einen Holzverschlag, der hinter sich die Kellertreppe verbarg, doch mit den Fähnchen begann er die Fronten erst dann zu markieren, als ein Einbruch nach dem anderen erfolgte und immer öfter zum Rückzug geblasen wurde. Eines Tages, wohl noch während der Schlacht um Stalingrad, nahm er mich beiseite und zeigte auf die Sowjetunion, die auf der Karte rot, und auf Deutschland, das blau eingetragen war. »Sieh mal«, sagte er, »hier das riesige Reich, das ist Rußland, und da, das ist Deutschland. Niemals, nie wird dieser kleine blaue Fliegendreck den großen russischen Bären besiegen.«
Trotzdem, trotz solcher Worte ließ ich mich, wie schon gesagt, verführen, und angesichts dessen, meiner eigenen Erfahrung, schüttelt es mich, ich erschrecke, wenn ich daran denke, wie leicht doch Jugendliche in meinem Alter zu manipulieren sind, ob nun mit Drogen oder stumpfsinnigem, faschistoidem Getöne. Nein, in der Hitlerjugend, der man erst ab vierzehn Jahre angehören konnte, war ich nicht, aber im Jungvolk, und dort hatte ich mit dreizehn,

im April 1945, beim Einmarsch der Nordamerikaner in Schönebeck, in der militärisch geordneten Rangfolge die Stellung eines Hauptjungzugführers inne. Zu deiner letzten Frage: Ich persönlich kannte damals niemanden, der nicht zumindest formell Mitglied dieser Organisation gewesen wäre.

Nun hast du mir schon vieles vorweggenommen. Ich wollte dich fragen, wie erlebtest du in Schönebeck die Zeit des Krieges. Lebensmittelkarten, Not und Hunger, Tod des Vaters. Wie erlebtest du das Kriegsende?

Ich kann nicht sagen, daß ich zur Zeit des Krieges Hunger gelitten hätte. Erstens, denke ich, war die Logistik der Naziführung total auf den Krieg eingestellt, das Leben der Bevölkerung bis ins Kleinste durchorganisiert, eben bis hinein in die Verteilung der Lebensmittel durch Karten und Punktabschnitte, eine Art Gutscheine. Zum anderen war meine Mutter eine vortreffliche Haushälterin, und wir besaßen noch über den Krieg hinaus genügend Vorräte von der letzten Schweinsschlachtung und dem Eingemachtem von Obst und Gemüse aus dem Garten. Als Hungerjahr gestaltete sich für mich 1947. Monatelang kochte meine Mutter Suppenbrei aus Getreide, Weizen, Roggen oder Hafer, das wir in der Kaffeemühle geschrotet hatten. Da blieb ich auch von Ruhrbakterien nicht verschont.
Was mir mein Vater bedeutet hatte, sagte ich ja schon. Als er starb, im Schlafzimmer meiner Eltern, saß ich – ich glaube, bei den Schularbeiten – in der guten Stube nebenan, und ich hörte plötzlich einen Entsetzensschrei meiner Mutter, der sich kurz darauf in einem Weinkrampf erstickte. Sie stöhnte nur immer noch seinen Namen: Willi, Willi …
Den für Schönebeck letzten Tag des Krieges verbrachte ich,

vorerst noch kampfentschlossen bis zum »Endsieg«, an einer Panzersperre am Dorfeingang von Felgeleben, bewaffnet mit einem Kleinkalibergewehr und einer Panzerfaust, an der ich kurz zuvor erst ausgebildet worden war. Wir älteren Pimpfe von unserem Jungvolkfähnlein gehörten seit einigen Tagen dem Volkssturm an, dem paramilitärischen letzten Aufgebot der Nazis, in Reih und Glied mit Männern um die Sechzig. Das war am Nachmittag des 11. April 1945, einem Mittwoch. Unser Kommandeur war ein Jüngerer, ein Leutnant, dem an der Ostfront ein Arm abgeschossen worden war. Als dann die nordamerikanischen Panzer kamen, zu erkennen am Gedröhn ihrer Motoren auf der Chaussee zwischen Calbe und dem Ortsteil Salzelmen, hatte der Leutnant eine glückliche Idee, indem er unversehens den Befehl gab, daß wir uns auflösen sollten: »Haut alle ab, zu euren Frauen und Müttern.«
Ich glaube nicht, daß das damals, so verbohrt wie ich inzwischen war, in meinem Sinne lag, aber allein gelassen hätte ich ja auch nichts retten können, kein Nibelungenreich und kein Großdeutschland. In der Stadt allerdings – wovon ich später erfuhr –, an der Panzersperre auf einer der Hauptstraßen Schönebecks leisteten einige Jungen meines Alters, während die SS bereits die Elbebrücke sprengte, erbitterten Widerstand. Zwei von ihnen, die ich persönlich kannte, Schulkameraden, wurden dabei elendig hingemetzelt.

III.

Damit sind wir auch bei den Ereignissen, die dich unter Werwolfverdacht in ein Gefängnis des NKWD brachten. Da sicher nicht alle Leser jene Situationen in »Der Friede im Osten« gelesen haben, wäre es interessant, sozusagen die Realität von dir zu erfahren.

Sie entspricht im Wesentlichen jener, die ich in meinem Roman geschildert habe. Vor allem das 1. Buch vom »Frieden« ist ja auch das Autobiografischste, was ich je geschrieben habe, zu vergleichen nur noch mit der »Verdämmerung«, die für mich eine Trauerarbeit war, um den Tod von Helga zu bewältigen, die im Herbst 1996 starb. In beiden Büchern finden sich dann auch, zumindest was unsere gemeinsame Jugendzeit betrifft, dieselben Szenen.
Im Juli 1945 wechselten in Schönebeck die Besatzungsmächte, die Demarkationslinie verlief jetzt, wie im Jahr zuvor von den Alliierten in Jalta vereinbart, Hunderte Kilometer weiter westwärts. Es kamen die Russen, und natürlich machte sich da zunächst bei vielen Menschen lähmendes Entsetzen breit. Die Nazis hatten während des gesamten Krieges, schon seit ihrem Bestehen die Furcht vor dem Bolschewismus geschürt, und ich hatte ja schon gesagt, wie sehr ihr Fanatismus inzwischen auch mich infiziert hatte. Ich hielt in einem Verschlag auf dem Heuboden über

dem Ziegenstall, was auch meine Mutter nicht ahnte, noch allerhand Hitlerzeugs versteckt, einen Wimpel mit aufgesticktem Symbol, einem der letzten Ostgotenkönige gewidmet, Alarich oder Teja, Hitlers Glaubensbekenntnis »Mein Kampf«, das mir noch von Amts wegen im März auf einer Feierstunde, als Konfirmationsersatz gedacht für Jugendliche, die keiner Konfession anhingen, geschenkt worden war, und eine Walther, die Armeepistole vom Kaliber 6,35, die irgendein Alter an der Panzersperre weggeworfen hatte. Monatelang lief ich auch noch mit dem Jungvolkabzeichen herum, einem zehnpfenniggroßen Rhombus mit Hakenkreuz. Ich trug es in einem Wahn von Nibelungentreue unterm Hemdkragen.

Es hatte also nicht viel gefehlt, und sie hätten mich tatsächlich noch in den sogenannten Werwolf kriegen können, einer – im Klartext gesprochen – von der SS im Untergrund geführten Terrororganisation. Die Dinge entwickelten sich dann aber anders. Ich hatte schon immer leidenschaftlich Sport getrieben, und als nun mit Billigung der Militäradministration ein neuer Verein gebildet wurde, benannt nach dem deutschen Philosophen Fichte, schloß ich mich ihm an und spielte Handball, wie früher schon einmal Fußball beim TSV 1860 – später Motor, jetzt wohl erneut SV Schönebeck – und in einer Mannschaft, die sich bereits wieder mit anderen in einer Liga maß. Das Vertrackte daran allerdings war, daß der Verein zwar unterm Dach der neugegründeten Antifa-Jugend fungierte, unserer Mannschaft jedoch auch einige ältere HJ-Führer angehörten. Bald vermutete man dahinter eine Verschwörung, und der Platzwart, hieß es, der für das NKWD spitzelte, den sowjetischen Geheimdienst, soll uns, um seinen eigenen Hals zu retten, der Mittäterschaft im Werwolf beschuldigt haben.

Das Ergebnis war niederschmetternd. Eine ganze Stadt geriet in Aufregung. Denn im Verlaufe von nur zwei, drei Wochen wurden zum Jahresende 1945/46 in Schönebeck etwa zwei Dutzend Jugendliche verhaftet, vierundzwanzig Jungen im Alter von vierzehn – wie bei mir – bis zu achtzehn Jahren. Es blieb nicht bei den Mitgliedern unserer Handballmannschaft, sondern zielte darüber hinaus, was wohl auch daran lag, daß der eine und andere unter dem Druck der nicht gerade zimperlich geführten Verhöre noch andere Namen preisgab, selbst die seiner Freunde. Während der Arbeit hier an diesem Buch erfuhr ich zufällig, daß auch Werner Tübke, der Maler, der ja ebenfalls aus Schönebeck stammt, Anfang Januar 1946 aus gleichem Anlaß festgenommen worden war. Obwohl wir uns später öfter begegneten, ich ja auch schon in meinem »Frieden« darüber geschrieben hatte, brachten wir nie das Gespräch darauf; ich wußte es gar nicht von ihm.

Gestatte, daß ich dich unterbreche. In diesem Zusammenhang, in einem Gedenkartikel über Werner Tübke, der ja vor längerem verstorben ist, las auch ich darüber. Dort wurde allerdings auch behauptet, daß es während der NKWD-Haft Folterungen gab.

Es ist hier nicht der Platz dafür und würde unser Vorhaben sprengen, wollte ich noch einmal bis in alle Einzelheiten meine Erlebnisse in der Gefangenschaft schildern. In meinem Roman umfaßt das immerhin an die hundert Seiten, und wenn du denselben Artikel meinst, den auch ich kenne, so benutzt da einer einen Ton, den ich für völlig deplaziert, um nicht zu sagen: diskreditierend halte, immer mal wieder mit dem gewissen Schuß von Antikommunismus. Darüber, wie meine geistige Beschaffenheit zu jenem Zeitpunkt war, haben wir ja schon gesprochen. Ich war doch aber nicht die Ausnahme. Als die Sowjets kamen, nur wenige Monate (drei oder vier!) nach dem mörderischsten aller Kriege, unter dem sie überdies am meisten gelitten hatten, einmal abgebrannt bis Moskau hin und einmal abgebrannt von Moskau zurück, und zwar unter *deutschen* Truppen – da fanden sie ein ganzes Volk vor, das faschistisch verseucht war, das noch vor kurzem nach dem »totalen Krieg« geschrieen hatte. Werwolf hin und Werwolf her, wem wohl sollten sie da *nicht* mißtrauen und mit Samthandschuhen anfassen? Bei Hermann Kant, meinem Kollegen, fand ich neulich einen Gedanken, zu dem er sich nach als ähnlich bitter empfundenen Erlebnissen in polnischer Gefangenschaft bekannte und dem ich mich ohne zu zögern anschließe: »Es war widerwärtig, gefangen zu sein, aber widersinnig wäre es gewesen, das für ungerecht zu halten. Und geradezu widerlich mutet mich der Einfall an, man könne Ursache und Wirkung verkehren ...«

Ich wurde am 21. Dezember 1945 verhaftet, an Stalins Geburtstag, was ich jedoch erst nach meiner Freilassung erfuhr, und die geschah, wie übrigens bei allen Inhaftierten, im September 1946. Von zu Haus, schon in der Dunkelheit und völlig überraschend, da ich mich gerade mit Bastelarbeiten beschäftigte, mit denen ich ein paar Kleinkinder in der Siedlung zu Weihnachten beschenken wollte, hatten mich zwei Polizisten in blauen Uniformmänteln abgeholt. Meiner völlig hilflosen, nur noch von Angst befallenen Mutter trugen sie auf, einige Sachen für mich zusammenzupacken und führten mich dann zu einem Auto, das in der Straße nebenan wartete und an dessen Steuer, unverkennbar, ein Russe in Zivil saß. Was sich dann alles daran anschloß, sich in dem dreiviertel Jahr danach für mich ereignete, war, um sich eines Begriffes von Gorki zu bedienen, die Universität meines Lebens. Ich kam aus dem Gefängnis als ein anderer Mensch heraus, als ich hineingegangen war.

Das müßtest du genauer erklären.

An diesem Winterabend war ich auf den Tag vierzehneinhalb Jahre alt, und meinen fünfzehnten Geburtstag verbrachte ich dann mitten im Juni, zusammengepfercht mit vier anderen, in einer völlig überhitzten Zelle, die nur für einen Mann gedacht war. Bis dahin hatte ich Höllenstationen durchlaufen, so jedenfalls für die Psyche eines Jungen meines Alters, die unterschiedlichsten Menschen kennengelernt, mit den häßlichsten Gepflogenheiten und skurrilsten Ansichten, und ich war so etwas wie auf der Sinnsuche nach meiner Existenz. Begonnen hatte das schon an jenem ersten Abend in der Untersuchungshaft des Polizeikreisamtes. Man hatte mich mit einem Familienvater zusammengesperrt, der ohne die geringsten Skrupel zugab, seine Tochter sexuell mißbraucht zu haben, und nun mit den unflätigsten Worten sie und seine Frau verfluchte, weil sie ihn angezeigt hatten.
Von dort wurde ich am Heiligabend in die nahgelegene, von der GPU besetzte Fabrikantenvilla gebracht und meinem ersten Verhör unterzogen. Grelles Lampenlicht, griffbereit auf dem Tisch eine Pistole, dahinter im Schatten des Zimmers der Offizier, der auf russisch seine Fragen stellte, die schrille Stimme der Dolmetscherin, die sie ins Deutsche übersetzte, ich auf einem Schemel mit nur zwei Beinen, so daß ich ständig um Balance bemüht war, hinter mir ein Toffel von Kerl, der mir nach Belieben Ohrfeigen versetzte, da sie mit meinen Antworten nicht zufrieden waren, und immer wieder dieses stereotype Gefrage: Wo Waffen, wer Freunde, wie viele, wo Waffen, wer Freunde, wie viele ...

Im wahrsten Sinne des Wortes, ich war wie zerschlagen, als mich die Wachtposten dann eine Treppe hinunterschleiften und auf eine Pritsche in einem von lauter Inhaftierten überfüllten Keller warfen, wohl an die dreißig Mann, dicht an dicht auf Strohsäcken: SA-Leute, Blockwarts, der Kreisleiter der NSDAP und, und ... Und auch schon einige aus unserer Handballmannschaft. Im Stroh, auch das erfuhr ich bald, wimmelte es nur so von Flöhen.
Bis Mitte Januar lagen wir dort, immer wieder zum Verhör gerufen, und immer neue Jungs kamen hinzu. Die Silvesternacht war ich nach einer Menge heftiger Prügel in eine Dunkelkammer gesperrt, an den Wänden fühlte ich Wasser rieseln und von draußen hörte ich zum Jahreswechsel die Glocken läuten. Hier muß mir zum ersten Mal die Idee gekommen sein, zu fliehen. Aber wie, immerfort strengstens bewacht. Man gab uns Kernseife zum Waschen, und ich glaubte, wenn ich die äße, würde ich über kurz oder lang Bauchschmerzen kriegen und mich krank melden können. Und tatsächlich, mein Plan schien aufzugehen, jedoch erst nach mehreren Tagen, nachdem wir, die Jugendlichen, von Schönebeck nach Magdeburg in das dem Kommando der Sowjets unterstellte Gefängnis in unmittelbarer Nähe des Justizpalastes transportiert worden waren. Ich wurde dort sofort ins Lazarett verlegt, befand mich aber immer noch hinter Gittern, nunmehr in einer Zelle mit drei anderen, älteren Männern. Der eine, Mitte zwanzig, etwas undurchsichtig, war offenbar bei der SS gewesen, er litt an Diphtherie, wie sich nach einigen Erstickungsanfällen herausstellte, der andere, in meinen Augen schon ein Greis, ein Ingenieur, der nur zwei Tage nach meiner Einlieferung auf dem Bett mir gegenüber starb, und der dritte ein Gymnasiallehrer, mit dem ich mich anfangs noch darüber stritt, wer der größere deutsche Dichter sei, Schiller oder Goethe, ich

favorisierte Schiller. Das kam daher, daß ich Goethe bisher nur von den Pflichtgedichten her aus der Schule kannte, während ich hell begeistert mit zwölf Jahren schon Schillers »Räuber« gelesen hatte, in einem Reclam-Bändchen, das mir mein Vater, wie er es an Lohntagen stets mit den Rolf-Torring-Heften tat, an einem Kiosk in der Stadt gekauft hatte. In den Monaten nach dem Krieg griff ich dann lesewütig auch zu anderem, hatte beispielsweise den Ehrgeiz, Artikel für Artikel aus einem Brockhaus-Lexikon, das meinem Vater von den Junkerswerken wie schon die Karte von Europa zum Vorzugspreis abgegeben worden war, auswendig zu lernen und kam bis D. Von einem Freund, dem ich offenbar von Karl Moor und seiner Bande vorgeschwärmt hatte, erhielt ich zwei Bände mit den Dramen Schillers geliehen, die ich ebenfalls verschlang.
Das war der Beginn meiner – nennen wir's mal – Bildung, und nun nahm sie im Gefängnis auf die merkwürdigste Art ihren Fortgang. Denn nachdem der Ingenieur gestorben war, erhielt das Zimmer einen neuen Insassen. Der nahm bald einen Platz in meinem Leben ein, wie ich nicht hatte erwarten können und worauf ich noch zu sprechen komme. Zunächst aber merkte ich, daß ich mit meinem Plan zu fliehen auf der Stelle trat, nichts sich bewegte. Also mußte ich weitergehen, und so entschloß ich mich, einen Verrückten zu spielen, einen Geisteskranken zu markieren. Was sollte man, dachte ich, mit so einem im Gefängnis anfangen, also würde man ihn in eine Heilanstalt bringen – die nächste, die ich kannte, lag vor Thale in Neinstedt am Harz – und von dort würde ich dann abhauen in die Westzonen. Früh aufgewacht, gab ich den Blöden, verdrehte die Augen, stieß Urlaute aus und warf mit Gegenständen um mich, dem Arzt, der das Lazarett von außen her betreute, mich nun begutachtete und pro-

gnostizierte, daß ich simuliere, eine Tasse an den Kopf. Meinen Wortschatz reduzierte ich auf drei Begriffe, ich sagte »esse«, wenn ich Hunger hatte, »trinke«, wenn ich Durst verspürte und »musse«, wenn ich den Fäkalienkübel im Zimmer benutzen wollte.

Meine Erinnerung an »Friede im Osten« ist hier lückenhaft, deshalb ist es wohl auch für andere Leser interessant, den Ablauf jener Wochen und Monate genauer zu erfahren.

Da war es schon im März, und während das Gefängnis bisher von deutschem Personal bewacht worden war, wurde es jetzt vollends von der Roten Armee übernommen und mit sowjetischen Posten besetzt, meist blutjungen Burschen, die zwar aller paar Stunden, mit Maschinenpistolen bewaffnet, die Zellen kontrollierten, jedoch weniger martialisch waren, als sie aussahen. Auch dieser deutsche Arzt, der in Magdeburg eine Praxis unterhielt und dem man bisher die medizinische Kontrolle des Lazaretts überlassen hatte, wurde abgelöst, aber mit ihm, oder mit dessen Unterstützung, hatte noch kurz zuvor jener in unser Zimmer neu eingewiesene Insasse einen Deal – würde man heute sagen – ausgehandelt. Irgendwie, aber gewiß mit der Begründung, die anderen von meinem irren Verhalten verschonen zu müssen, sich selber jedoch um mich zu kümmern, war es ihm gelungen, daß wir beide in eine separate Zelle verlegt wurden.

Er hieß – nun, nennen wir ihn hier: Helmut K. Welcher Straftat er sich schuldig gemacht hatte oder auch nur gemacht haben soll, habe ich nie erfahren. Er war Mitte Zwanzig, etwa zehn Jahre älter als ich, stammte ebenfalls aus Magdeburg und hatte vor seiner Verhaftung gerade ein Gesangsstudium aufgenommen, weshalb er mehrmals täglich in voller Lautstärke seine Stimme übte, sich immerzu an der Arie Taminos aus der »Zauberflöte« erprobte: »Dein Bildnis ist bezaubernd schön ...« Als Soldat, wohl im Range eines Gefreiten, hörte ich von ihm, war er in Rußland gewesen und hatte dort bei den kämpfenden Truppen als Sanitäter gedient. Von daher besaß er eine Menge medizinischer Kenntnisse, und so war es nur eine Frage der Zeit – es bedurfte dreier Tage und Nächte, in denen er mich beobachtet hatte –, daß er hinter mein Versteckspiel kam. Das aber geschah auf eine mich völlig schockierende, auf mein noch immer naives, verschlossenes Sexualleben abscheulich wirkende Art. Helmut K. war schwul und machte sich, indem er mich zu pflegen vorgab, an mir zu schaffen.

Daß ich geschlechtsreif war, hatte ich natürlich schon längst an mir wahrgenommen, mit zwölf Jahren, glaube ich, habe ich zum ersten Mal onaniert, und auch hier, im Gefängnis, hatte ich mich heimlich befriedigt. Stets aber hatten mich dann die Bilder von Mädchen begleitet, zu denen ich mich, ohne sie je berührt zu haben, hingezogen fühlte, verbunden mit Phantasievorstellungen, von einer hübschen Blonden aus der Mittelschule, auch von einer meiner Cousinen, und immer wieder von einer, der ich bei einem Theaterbesuch in Magdeburg noch kurz vor der Bombardierung der Stadt im Februar begegnet war, und zwar während einer Aufführung ausschließlich für Jungvolkführer des gesamten Gebietes. Sie hatte mit einer Freundin, einer dunkelhaarigen Schönheit, die am meisten die Blicke auf sich zog, eine Reihe hinter mir im zweiten oder dritten Rang gesessen, wo offenbar die Plätze für die Jugendlichen aus Schönebeck reserviert worden waren, und war mir sofort aufgefallen. Später, nachdem Helga und ich bereits ein Paar bildeten, kamen wir zufällig einmal auf diesen Theaterbesuch zu sprechen, und plötzlich fand ich bestätigt, was ich längst, kaum daß ich sie in der Schule wiedergesehen, geahnt hatte: *Sie* war es gewesen, die mich dann in meinen Gedanken bis ins Gefängnis verfolgte ... Das Schauspiel übrigens hieß »Goldene Lilien«, handelte zur Zeit der Französischen Revolution und drehte sich wohl hauptsächlich um Marie Antoinette, ob allerdings ihr gegenüber mit Sympathie oder Antipathie, vermag ich nicht mehr zu sagen. Erst jetzt, nach Recherchen, die die Dramaturgie des Magdeburger Theaters für mich angestellt hatte, erfuhr ich, daß das Stück von einem mit Mussolini verbandelten Italiener namens Giovacchino Forzano stammte.

Darin bestand nun mein psychisches Dilemma: Einerseits ekelte es mich, von Helmut K. sexuell belästigt zu werden, andererseits, denn inzwischen hatte ich mich ihm ja anvertraut, war ich froh, nicht mehr einen Irren vortäuschen zu müssen, da ich mit seiner Hilfe aus der »Schußlinie« der Russen genommen worden war. Später allerdings trat genau das Gegenteil ein, das war, als mich der sowjetische Posten dabei überraschte, daß ich, und zwar noch nach dem Zapfenstreich, als in den Zellen längst alles Licht hätte gelöscht sein sollen, Gedichte schrieb. Fairerweise aber ist es an dieser Stelle vielleicht auch angebracht zu sagen, daß Helmut K. von mir abließ, nachdem er bemerkt hatte, wie sehr mir seine Annäherungen zuwider waren.

Trotzdem (und wie hätte ich es bei meiner Unerfahrenheit verhindern können?) verstand er sich weiterhin als mein Wohltäter. Er half mir, meine Rolle nach außen hin fortzusetzen, so daß ich die Hoffnung nicht aufzugeben brauchte, aus der Haft zu entkommen, und sorgte dafür, daß ich mich abends, nach Einbruch der Dunkelheit, wie ein normaler Mensch benehmen konnte. Niemand sonst kümmerte sich um mich, um uns, muß ich schon sagen, in der etwas abgelegenen Zwei-Mann-Zelle, und gewiß wurde das Ganze dadurch begünstigt, daß in diesen Tagen auch die Verwaltung des Gefängnisses von den deutschen in sowjetische Hände gelegt wurde. Helmut K., der, wie er mir bald zu erklären versuchte, dem Glauben der Zeugen Jehovas anhing und was es damit auf sich hatte, gelang es dann in dem Durcheinander des Wechsels ebenfalls, offensichtlich über die Kalfaktoren, die täglich das Essen brachten, eine Bibel aufzutreiben. Während seiner Gespräche mit mir zitierte er mehrfach daraus, meist Sprüche, wenn ich mich recht erinnere, aus der Offenbarung des Johannes, wo von Harmagedon und der Weltzeit Ende die Rede war, so daß ich sehr neugierig auf die Heilige Schrift wurde und sie nun, freilich stets auch uneinsehbar vom Spion in der Tür, selbst zu lesen begann. Hier jedenfalls machte ich den Anfang und zu Haus, wieder in Freiheit, brachte ich's dann bis zum allerletzten Amen der Lutherübersetzung. Zwar war ich dadurch ziemlich bibelfest geworden und parallel dazu, weil ich zufällig im Zimmer meines verstorbenen Bruders eine dementsprechende Lektüre fand, fürs erste auch einigermaßen bewandert in der griechischen Mythologie – doch weder wurde ich ein Jünger der Götter noch einer, bei allem Respekt, des Gottes der Christen.

Doch zurück ins Gefängnis, es lag ja noch, ohne daß ich es hätte wissen können, ein halbes Jahr vor mir. Ich erwähnte ja bereits, daß ich eines Tages von einem der Wachtposten, einem, wenn man so sagen kann, asiatischen Milchgesicht, dabei erwischt wurde, daß ich Gedichte schrieb. Damit angefangen hatte ich schon früher, in Freiheit noch, als mir plötzlich die Lust zu reimen gekommen war und ich mit Versen auf allerhand banales Zeug meine Spielgefährten unterhalten hatte. Hier aber war es mir ernster damit bestellt, ich suchte nach tieferen Themen, solchen, die

wohl schon den Sinn des Lebens betrafen. Als Helmut K. davon erfuhr, zum ersten Mal etwas Gottesfürchtiges in Reimen las, geriet er in Bewunderung für mich, blies mir bald auch ein, ich dürfe mich nun getrost einen »Dichter und Dialektiker« nennen und unternahm alles, daß ich ungestört meinen poetischen Ambitionen nachgehen konnte. Unser Toilettenpapier bestand aus Bergen von Verpackungstüten für Kaffee der Firma Kathreiner, die wohl früher hier von den Häftlingen zusammengeklebt wurden. Die glatten, unbedruckten Innenseiten eigneten sich vorzüglich dafür, sie wie die Blätter von Schreibblöcken zu benutzen. Da ich aber weder Federhalter noch Tinte zur Verfügung hatte, tat ich es, indem ich aus dem Holzstuhl ein griffelähnliches Stück herausbrach und an der einen Spitze zerkaute. Dadurch recht fasrig geworden, nahm sie die mit Spucke verrührte braune Tünche des Streifens auf, der den Ölfarbesockel von der Schlämmkreide der oberen Zellenwandhälfte trennte, und ich konnte, wenngleich zwar mühselig, so doch leserlich Wort für Wort aufmalen. Helmut K. stand währenddessen stets Schmiere, horchte zum Korridor hinaus, sicherte mich ab, und bis in die Tage um Ostern ging es auch gut.
Dann aber, wie gesagt, es war schon spät am Abend, krachte die Tür auf und der Posten, nach ein paar Schritten und mit der Maschinenpistole fuchtelnd, stand mitten im Zimmer. »Was du da machen«, schrie er, »was du machen.« Von der Decke strahlte noch die Lampe, ich saß im Bett, über das Papier der Kathreiner-Tüten gebeugt und mit dem Holzpinsel irgendein Wort hinschreibend. Er riß es mir aus der Hand.

Und wie ging es weiter?

Ich erinnere dich, daß ich ja noch als verrückt galt, als Geisteskranker und ich mich als solcher auch der sowjetischen Wachmannschaft dargestellt hatte. Und nun das! Ein Idiot, der Verse schmiedet! Mir war klar, daß es jetzt zur Katastrophe kommen mußte. (Meine Gedichte übrigens sah ich später wieder; Helmut K. hatte sie bei seiner Entlassung aus dem Gefängnis geschmuggelt.)
Alles Bangen jedoch war vorerst sinnlos. Ein Sergeant wurde geholt, der mich übernahm, und unter Bewachung brachte man mich über mehrere mit Stahlnetzen abgesicherte Treppen und Gänge ins Hauptgebäude, dem eigentlichen Gefängnis, in den Trakt, wo die Schönebekker lagen, und stopfte mich in eine Zelle, die bereits von vier anderen Jungen besetzt war. Einer, Walter Peters, war früher beim Jungvolk Fähnleinführer gewesen, mein Vorgesetzter, zwei andere, ebenfalls aus der Stadt, kannte ich bisher nicht, und der vierte, schon etwas älter, kam aus der Altmark, Salzwedel, glaube ich. In diesem überfüllten, im Normalfall höchstens für zwei Personen gedachten Raum, in dem die Luft, bei den bald ansteigenden Temperaturen des Sommers dann erst recht, immer stickiger wurde, beim penetranten Gestank des Kotkübels, was ebenfalls kaum zu vermeiden war, und unseren unter der Hitze über und über von Schweiß bedeckten Körpern – wir trugen nur kurze Höschen, die wir uns aus Stoffetzen selbst genäht hatten –, in dieser Vorhölle also blieb es nicht aus, daß es zwischen dem einen und anderen auch zu Prügeleien kam, Haßtiraden, Schuldzuweisungen. Sofort am Tage nach meiner Einweisung in diese Zelle wurde ich, wobei ich schon das Schlimmste befürchtete, herausgeholt, jedoch lediglich einem Friseur übergeben, der mir, was ich bisher stets, wie eben ein Blöder wild um mich schlagend, zu verhindern gewußt hatte, ratzekahl die Haare vom Kopf schor, so daß

ich jetzt wie alle Häftlinge eine Glatze hatte. Eine Woche später etwa wurde ich ein zweites Mal nach draußen gerufen, diesmal aber zu einem höheren Offizier geführt, einem Oberst, dessen Namen dem Hören nach wie Woinow oder Iwanow klang (ich bin mir nicht sicher) und vor dem schon mancher zu zittern begann, sobald er ihn nur vernahm. Im »Frieden im Osten« später nannte ich ihn Koschkin.

Also sind diese Episoden im »Frieden im Osten« keine Erfindung oder poetische Umschreibung, sondern Beschreibungen der Realität?

Was nun geschah, entspricht – ich kann es beschwören – voll und ganz der Wahrheit. Nachdem ich es jedoch vor Jahren schon in meinem Roman gleichermaßen wahrheitsgetreu beschrieben hatte, mußte ich mich dem Vorwurf aussetzen, Klischees zu bedienen, gar Schönfärberei zu betreiben. Ach, ihr armseligen Skeptiker! Oberst Woinow oder Iwanow oder Koschkin, nachdem ich ihm vorgeführt worden war und er mich zunächst stumm eine Weile gemustert hatte, fragte mich tatsächlich als erstes: »Gennst du Geinrich Geine?«

Nein, ich kannte ihn nicht, weder ihn noch Heinrich Heine. Erst als er die ersten Zeilen der »Loreley« zu singen anhob, war mir, als hätte ich das Lied schon einmal gehört. Danach, nachdem er einen Dolmetscher hinzubefohlen hatte, vernahm mich der Oberst, stellte mir Fragen über Fragen, wobei ich glaubte, daß er den Inhalt meiner Antworten bereits begriff, ehe sie übersetzt worden waren, er also Deutsch verstand.

Zur gleichen Zeit, erfuhr ich dann ebenfalls später, hatten die Schönebecker Leitungskräfte der im Frühjahr aus Sozialdemokraten und Kommunisten neugegründeten Einheitspartei, der SED, immer auch wieder bei der sowjetischen Besatzungsmacht darauf gedrängt, eine rechtmäßige Klärung der gegen uns Jugendliche vorgebrachten Straftaten zu schaffen, denn natürlich wollte man endlich auch der Unruhe in der Bevölkerung der Stadt Herr werden. Zwar dauerte es dann nach meinem Verhör noch einige Zeit, bis wir entlassen wurden, bei mir bis zum 19. September des Jahres, doch bin ich überzeugt, daß auch Koschkin-Woinow seinen Anteil daran hatte, indem er eine gründlichere Untersuchung als bisher anordnete. So dämmerten wir, mich einbezogen, noch eine Weile dahin, brüteten in den Zellen wie die Hühner, die täglichen halbstündigen Rundgänge auf dem Gefängnishof kaum noch als Erfrischung empfindend, warteten, wußten nicht, worauf wir warteten, hörten hin und wieder nachts, wie die Türen aufgeschlossen, Namen aufgerufen, Transporte nach Torgau oder vielleicht schon nach Sibirien zusammengestellt wurden, und stumpften immer mehr ab. Doch nein, nicht ganz! Mit derselben Technik wie bei meinen Gedichten, nämlich mit den Kaffeetüten, der in Speichel aufgelösten Tünche und den zerkauten Holzspänen, stellten wir uns auch Spielkarten und Schachfiguren her, indem wir das Papier mit den entsprechenden Bildern und Zeichen bemalten, und ich lernte Skat und Schach spielen.

Und noch eins brachte ich aus der Gefangenschaft in die Freiheit mit: Ich hatte, und zwar ohne mein Wissen oder gar Zutun, einen anderen Vornamen erhalten, hieß nunmehr statt *Erich*, wie mich meine Eltern nach dem jüngeren Bruder meines Vaters, der schon zu Beginn des Ersten Weltkrieges vor Verdun gefallen war, genannt hatten, *Erik*, wurde manchmal auch Erick geschrieben, gar Eryk, und da mir als nunmehr Fünfzehnjährigem von im Grunde sehr romantischem Wesen dieser Name weit besser gefiel als mein angetaufter, behielt ich ihn bei, nicht selten, wie man noch sehen wird, unter trickreicher Umgehung der Standesämter und anderer Behörden, zum ersten Mal beispielsweise bei meiner Eheschließung, als ich auf der Geburtsurkunde Erich in Erik verwandeln musste. Die Änderung meines Namens in den Entlassungspapieren rührte allerdings daher, daß die Russen unser deutsches CH nicht weich wie eben bei weich aussprechen konnten, sondern hart wie bei ach, noch, Buch oder daraus ein K machten.

IV.

Nun kamst du also ins zivile Leben zurück. Wie wurdest du von deiner Mutter, von deinen Verwandten empfangen?

Ich bin mir sicher, daß die gesamte Siedlung, die ganze Stadt bei unserer Entlassung aufatmete, meine Onkel und Tanten und meine Großmutter, die noch lebte, ohnehin. Meine Mutter, glaube ich, fand wieder zu sich selbst. Mit den Eltern der anderen inhaftierten Jungen war sie monatelang vor dem Gefängnis in Magdeburg, das mit seiner einen Mauer an eine Straße grenzte, auf- und abgeschritten, Sonntag für Sonntag, und das mehrmals im Fünf-Minuten-Takt und immer wieder Ausschau haltend nach mir, ihrem ein und alles, wie sie zu sagen pflegte. Denn irgendwie hatte es sich herumgesprochen gehabt, daß unsere Zellen eben zu jener Straße hin lagen, in einem oberen Stockwerk, und daß man hinter den Gitterstäben sogar unsere Gesichter sehen und auch Zurufe hören konnte. Bis dann die sowjetischen Wachmannschaften hinter den sonntäglichen Auflauf kamen und uns in Zellen zum Innenhof verlegten. Am 19.9.1946, gegen Mittag, holte meine Mutter mich vor dem Gefängnistor ab, wir lagen uns weinend in den Armen und fuhren mit der Straßenbahn nach Schönebeck, nach Hause. Was in uns beiden da vor sich ging, läßt sich so kurz nicht schildern.

Und dann schickte euch die Stadt sozusagen zur Erholung?

Ja. Doch erst ab Mitte Oktober und nur für zwei Wochen. Zuvor aber hatte ich mich noch beim Arbeitsamt zu melden, denn ohne den provisorischen Ausweis von dort (wohl eher eine Identitätskarte von blaßroter Farbe) hätte ich künftig keine Lebensmittelmarken bekommen. Ich war nun Erik Neutsch, und die junge Frau hinter dem Schalter fragte mich, was für einen Beruf ich hätte. – Dichter und Dialektiker, sagte ich, denn auch diese Bezeichnung war mir ja im Gefängnis zugelegt worden und hatte mein Wohlwollen gefunden. Wie bitte?, fragte sie zurück. – Dichter und Dialektiker. – Sie wiederholte ihre Frage. Auch noch ein drittes oder gar viertes Mal. – Dichter und Dialektiker. – Ich war überzeugt von der Richtigkeit meiner Antwort, sie wohl eher skeptisch. Jedenfalls stand dann auf der roten Karte unter Beruf: Tischler und Elektriker.

Warst du enttäuscht?

Vielleicht. Ich weiß es nicht mehr. Aber meine Mutter war glücklich. Das ist doch etwas Schönes, sagte sie, was Handfestes. Da haste immer viel zu tun und Arbeit.
Zur Erholung schickte uns die Stadt, weil sie es selbstverständlich für geraten hielt, uns nach der langen Haft- und Schmachtzeit von einem dreiviertel Jahr ein wenig aufzupäppeln, körperlich, seelisch, vielleicht auch geistig, wie auch immer. Wir fuhren nach Köckte, einem Dorf im Drömling, gelegen zwischen Oebisfelde, der späteren Grenzstation, und Gardelegen. Wir fuhren in ein Schloß, das den Besitzern des größten Rasierklingenmonopols in Deutschland, der Marke Rotbart gehört hatte, im Zuge der demokratischen Bodenreform ein Jahr zuvor enteig-

net worden war und nun nach den Beschlüssen des I. Parlaments der FDJ, der Freien Deutschen Jugend, in Brandenburg zu einer Schulungs- und Erholungsstätte für Jugendliche umgebildet werden sollte. Und wir fuhren in einen sonnenüberfluteten Herbst mit tiefen bunten Wäldern.

Das hört sich gut an. Ihr habt dort gefaulenzt?

In gewisser Hinsicht schon. Jedenfalls gab es Freizeit über Freizeit, und die Erwachsenen, die uns behüten sollten, gingen uns auch nicht auf die Nerven. Die Abende waren meist von Gesellschaftsspielen erfüllt. Das Schloß, erinnere ich mich, besaß eine riesige Diele mit breitem Treppenaufgang, zwei große Salons und eine Bibliothek in bis zur Decke reichenden Schränken. Die Klassiker, auch die Geibels und Freytags, so ziemlich alles, was beim Bürgertum Rang und Namen hatte, war vorhanden, ich glaube, sogar ein Buch mit Gedichten von Heine, und zum ersten Mal begegnete ich hier einem mehrbändigen Werk mit den Schriften Friedrichs des Zweiten. Tagsüber durchstreiften wir die Wälder, ich lernte die Pilze kennen, in giftige und eßbare unterscheiden und sammelte sie für die Schloßküche, die sie uns zu den Mahlzeiten briet. Noch nie zuvor und nie wieder danach habe ich so viele Pellkartoffeln gegessen wie in Köckte, wir machten uns einen Spaß daraus und schlossen Wetten ab, wer von uns zu Mittag wohl die meisten würde verdrücken können. Ich schaffte an die vierzig, Sieger wurde Egon Hufenbach, einer unserer Handballer, mit 62 (zweiundsechzig!) auf einmal. Es kamen auch ein paar Leute, um uns zu agitieren, und es gab die heftigsten Debatten. Zum ersten Mal erfuhr ich in Zusammenhängen von den Kriegsgreueln der Nazis, der Verfolgung der Juden und den Konzentrationslagern und – glaubte es nicht. Ich durchstöberte immer wieder die Bibliothek.

Wenn ich mich an frühere Gespräche erinnere, begann auch für dich hier eine neue Zeit des Lesens? Und eine Zeit des Schreibens ...

Ich las nur und las, sobald ich mich hatte davonstehlen können, und schrieb, wie schon in den Wochen zuvor zu Haus, Gedichte. Die Titel hörten sich dann so an: Der Schnitter (über den Tod) – Meinungen (ein Streit im Heerlager über Wallenstein) – Von der Natur – Geheimnis des Waldes – Verkannte Kunst (gegen Kitschanhänger) – In Eros' Armen – Oktoberlied – Von einem Poeten (»Von vielen verspottet, als Träumer verkannt, so sing' ich der Welt meine Klagen. Schafft Klarheit mir, Götter! Bin ich wirklich nur das, was sie von mir sagen?«) – Histiäos (ein Kerl, zerrieben zwischen Persern und Griechen) – Sehnsucht – Geständnis vom neuen Leben, den Erinnyen zu bringen (in 18 Versen zu acht Zeilen). – Da also, als sich auch hier meine Ambitionen nicht länger verbergen ließen, konnte es gar nicht ausbleiben, daß die Genossen mich für klug hielten, sich meiner annahmen und mich drängelten, an das, sowohl von Lehrern als auch Schülern, noch ziemlich bürgerlich besetzte Realgymnasium zu gehen.

Das hast du dann getan. Und wie wurdest du aufgenommen?

Zunächst aber mußte erst einmal meine Mutter davon überzeugt werden. Denn sie hatte noch nie erlebt, daß einer aus der Arbeiterklasse, der eine Höhere Schule besucht hatte, seine Herkunft später nicht verleugnet, seine Klasse nicht verraten hätte. Davor, mich zu verlieren, hatte sie Angst, und es bedurfte mehrmaligen Zuredens der Genossen, bis sie einwilligte. Erleichternd für sie wirkte sicherlich, daß es ja zum Teil die alten Weggefährten meines Vaters waren, die mich zum Gymnasium schicken wollten, und denen konnte sie nicht mißtrauen.

Ich aber erlebte schon beim Vorstellungsgespräch meine erste große Feuertaufe. Der Direktor war ein gewisser Dr. Elsässer und hatte schon, wenngleich wohl nicht an exponierter Stelle, in der Nazizeit unterrichtet. Ihm mußte einer wie ich, von den »Roten«, den Kommunisten gefördert, nicht ganz geheuer sein, und so bemühte er sich, was ich natürlich bemerkte, von Anfang an, mich wieder zu vertreiben, mir zwischen die Beine Knüppel zu werfen, die da hießen: Latein, Mathematik, Chemie, ach, eigentlich ein Fach nach dem anderen. In gewisser Hinsicht hatte er ja recht, von Latein hatte ich gar keine Ahnung, und im Lehrstoff der anderen Fächer lag ich, verschuldet durch das niedrigere Niveau der Mittelschule und die Gefängniszeit, um zwei Jahre zurück. Das wollte Dr. Elsässer mir begreiflich machen, und schließlich riet er mir: Seien Sie vernünftig, junger Mann. Schuster, bleib bei deinem Leisten, heißt es, und Handwerk hat goldenen Boden. Suchen Sie sich dort einen guten Beruf. – Es fehlte nicht viel, und ich hätte zurückgefragt: Etwa Tischler und Elektriker?

Mein Zorn war jedenfalls erwacht und auch mein Stolz. Ich wollte es diesen hochnäsigen Affen, denn in meinen Augen waren sie nichts anderes, beweisen, daß ich es allemal mit ihnen aufnehmen konnte. Zuallererst mußte ich Anschluß in Latein gewinnen. Mir wurde Nachhilfeunterricht bei einem pensionierten Studienrat vermittelt. Er war ein liebenswerter Mann, ich widmete ihm auch ein Gedicht,

»Novembertage«, in dem viel Nebel wallt, aber er verlangte für die Stunde fünf Mark. Einen Monat lang, zweimal in der Woche eine Stunde hielt ich durch, doch dann war's abzusehen, daß weder die finanzielle Zuwendung vom Studienförderungswerk in Halle noch die schmale Rente meiner Mutter, auch beides zusammen nicht, auf die Dauer für die Bezahlung reichten. Ich war soweit gekommen, daß ich die Regeln von Deklination und Konjugation beherrschte, und die Vokabeln mußte ich nun eisern selber pauken. Zwei Jahre holte ich nach oder auf, allein in Latein, und zwar in wenigen Wochen. Für mich war es eine große Genugtuung.

Und wie reagierten deine Mitschüler auf dein Kommen? Es war doch wohl die neunte Klasse, in die du eintratest.

Ja, in die Untersekunda nach alter Bezeichnung. Außer einer gehörigen Portion Neugier, sowohl bei Jungen als auch Mädchen, habe ich nichts Nachteiliges bemerkt. Sieh mal, mich kümmerte es auch wenig, was sie über mich dachten. Was sollte mir schon passieren? Ich sah gut aus, war eins achtzig groß und sportlich durchtrainiert, denn ein paarmal hatte ich im TSV auch schon wieder Fußball gespielt, im Stoff der Fächer, die mich interessierten, Deutsch, Geschichte, Geographie, fühlte ich mich bald sehr sicher, kaum einer schrieb bessere Aufsätze als ich, und außerdem hielt ich die meisten Schüler in meiner und der Parallelklasse für nichts weiter als Pennäler, für Milchbubis. Ich hingegen war, in dem einen Jahr nach dem Krieg, ein Mann geworden, zwar mit Flausen im Kopf und noch nicht gefestigten Gedanken, aber ein Mann. Das einzige, was mir noch anhaftete und wessen ich mich schämte, war, daß ich gelegentlich partout den Dativ nicht vom Akkusativ unterscheiden konnte und daher echt magdeburgisch mir und mich verwechselte.

Fandest du jetzt Freunde?

Einer, den ich so hätte nennen können, war Walter Peters, mit dem ich bereits im Gefängnis in derselben Zelle gesessen hatte. Er war der Sohn eines Bauunternehmers und hatte schon vor der Haft das Gymnasium besucht; er kam zurück in die Klasse, die auch Werner Tübke und andere in den Kriegswirren um einen geregelten Schulbesuch gebrachte Jugendliche aufnahm. Ich wüßte allerdings nicht, daß nicht alle schon von früher her das Innere dieser in den Augen des Direktors »zuchtvoll liberalen Geistesstätte« gekannt hätten, womit ich sagen will: Ich war das erste Arbeiterkind an dieser Schule.
Walter Peters und ich gingen dann aber schon im Laufe des kommenden Jahres wieder auseinander. Ich fand zu anderen Interessen, war bereits kurz nach dem Aufenthalt im Schloß Köckte Mitglied der FDJ geworden, zunächst noch eher formal, doch bald, nachdem ich auch darum gebeten wurde, engagierte ich mich sehr stark im Schönebecker Theater der Jugend, spielte dort mehrere Rollen in recht fortschrittlichen Stücken, zum Beispiel in Weisenborns »Die Illegalen« und, was mich sehr prägte, den Anton Grabar in Friedrich Wolfs »Matrosen von Cattaro«, lernte auf diesem Wege, weniger als anfangs im Deutschunterricht, die bei den Nazis verfemten Dichter kennen, Becher, Brecht, die Seghers, Weinert etc., und so war wohl unsere Trennung mit der Zeit auch eine politische.
Was jedoch in der Hauptsache dafür den Ausschlag gab, war, daß ich – nein – nicht einen neuen Freund gewann, sondern eine – Freundin. Und das kam so: Sehr schnell, schon

nach wenigen Wochen, hatte sich herausgestellt, daß ich im Rezitieren von Gedichten nicht zu schlagen war, sowohl der Deutschlehrer als auch die Englischlehrerin schmolzen geradezu dahin, wenn sie mich hörten. Weihnachten nahte und somit die aus diesem Anlaß übliche Feier in der Aula. Mir wurde aufgetragen, ein Gedicht von Conrad Ferdinand Meyer vorzutragen:

> Da die Hirten ihre Herde
> Ließen und des Engels Worte
> Trugen durch die niedre Pforte
> Zu der Mutter und dem Kind,
> Fuhr das himmlische Gesind
> Fort im Sternenraum zu singen,
> Fuhr der Himmel fort zu klingen:
> »Friede, Friede! auf der Erde!«

Doch kaum hatte ich geendet und wieder in der vordersten Reihe Platz genommen, war da ein Mädchen aufs Podest gestiegen und sprach die Verse:

> Ein frommer Zauber hält mich nieder,
> Anbetend, staunend muß ich stehn;
> Es sinkt auf meine Augenlider
> Ein goldner Kindertraum hernieder,
> Ich fühl's, ein Wunder ist geschehn.

Lange hatte ich den Autor des Gedichts vergessen, nun weiß ich wieder, daß Theodor Storm der Verfasser ist.
Sie stand da in einem kaffeebraunen (im Roman hatte ich fälschlicherweise marineblau geschrieben, doch es war tiefbraun), enganliegenden Kleid mit weißen Kordeln und es war das Mädchen, dessen Gesicht mich schon lange beglei-

tet hatte – die Blonde mit der zarten Gestalt vom zweiten oder dritten Rang des Magdeburger Theaters. Ich ließ sie nun nicht mehr aus den Augen, weder auf dem Schulhof noch an den Wochenenden, wenn wir Oberschüler uns auf den Tanzböden vergnügten, im für jedermann zugänglichen Stadtpark oder in der für die Pennäler feineren Villa Bismarck. Ich brachte sie auch manchmal schon nach Hause; sie ging zwei Jahrgänge über mir zur Schule, mit Walter Peters in dieselbe Klasse, kam aus einem Elternhaus, das bereits über Generationen Lehrer aufzuweisen hatte, väterlicherseits Staats- und Postbeamte besaß, mütterlicherseits Großbauern, und hieß Helga Franke. Ich war fünfzehneinhalb, sie wurde achtzehn.
Ein gutes Jahr verging noch. Doch wir sahen uns immer öfter, gingen im Sommer, gemeinsam noch mit anderen, in der Elbe baden, fuhren parallel zu Veranstaltungen in andere Städte, sie im Chor und in der Tanzgruppe mit der weithin sehr angesehenen Schönebecker Sing- und Spielgemeinschaft unter der Leitung des Komponisten Hans Naumilkat (»Unsre Heimat, das sind nicht nur die Städte und Dörfer ...«), ich mit dem nicht weniger bekannten Jugendtheater, von Mal zu Mal wurde ich, was nicht meine stärkste Seite war, eifersüchtiger, einen Kursus lang besaß ich auch noch eine Tanzstundendame, Gisela, die Tochter eines Molkereibesitzers, bei deren Familie ich aufgrund meiner ihren Kreisen nicht gerade ebenbürtigen Manieren durchfiel. Einmal weilten wir, Helga und ich, gleichzeitig zum Pfingsttreffen der FDJ in Halle an der Saale, sonderten uns ab und durchstreiften die Stadt, wobei sie mir ihren Teil der Marschverpflegung, eine dicke Schlackwurst, schenkte, immer öfter suchten wir uns auch, um nichts weiter voneinander zu haben, als uns zu küssen, und schließlich, zu ihrem Abiturientenball, nachdem ich

sie ziemlich brachial ihrem Tischherrn entführt hatte, war es soweit, daß wir uns schworen, für immer zusammenzubleiben.
Von da an verging tatsächlich kaum ein Tag, an dem wir uns nicht sahen. Helga hatte eigentlich Medizin studieren, Kinderärztin werden wollen, doch sie erhielt eine Absage, wohl wegen ihrer Herkunft, da ihr Vater einer Gliederung der NSDAP angehört hatte, und so bewarb sie sich für ein Studium als Neulehrerin mit den Hauptfächern Russisch und Deutsch. Die nächstgelegene hierfür geschaffene Ausbildungsstätte befand sich in Magdeburg, so daß sie sie täglich bequem mit den Zügen erreichte und ich sie, kehrte sie von dort zurück, vom Schönebecker Bahnhof abholen konnte. Du hattest nach Freunden von mir gefragt. Jetzt, da ich meine Freundin hatte, blieb mir keine Zeit mehr für Freunde.

Zwei Jahre später, 1950, legtest dann du das Abitur ab?

Ja, und in den beiden Jahren bis dahin bin ich erneut von Geschehnissen dermaßen überhäuft, sowohl bedroht als auch befreit worden, daß sie für mich die eigentliche Reifeprüfung waren, nicht die Zensurenhascherei bis zum Abitur, dessen Abschluß ja im allgemeinen so genannt wird. Von jetzt an vollzog sich mein Leben auch immer zu zweit, Helga und ich, wir entdeckten uns von Tag zu Tag mehr, über jede Kleinigkeit tauschten wir uns aus, fanden, daß unsere Wünsche, Ansichten und Emotionen in vielem übereinstimmten, und war es nicht sofort der Fall, so stritten und küßten wir uns so lange, bis wir uns einig waren. Eines Tages, als sie von Magdeburg kam, holte ich sie vom Bahnhof ab und zeigte ihr meinen Aufnahmeantrag für die Partei, die SED. Sie griff spontan zu dem Papier und zerriß es mir. Ich mußte nun wählen zwischen ihr und den, wie sie sie abschätzig nannte, Kommunisten. Ich bat erneut um einen Fragebogen, geriet aber arg in Erklärungsnot, als die Genossen wissen wollten, wo denn das erste Formular geblieben sei.

Wann war das?

Das war im Herbst 1948. Das Gymnasium war inzwischen in Oberschule umbenannt worden und hatte einen neuen Direktor bekommen. Er hieß Hans Hinze, hatte während der Nazizeit als überzeugter Sozialdemokrat Berufsverbot erhalten, sich in Jahrmarktsbuden und der Requisite von Theatern durchgeschlagen, war aber nach dem Kriege sofort wieder als Lehrer eingestellt worden, zunächst am hochrenommierten Domgymnasium in Magdeburg, unterrichtete dort auch in den alten Sprachen – Latein, Griechisch, Hebräisch –, war also, wenn man das als Zeugnis nehmen will, durch und durch humanistisch gebildet, und übernahm nun die Leitung unserer Schule. Vom ersten Tage an »krempelte« er sie um, ließ kein verfilztes Haar mehr am anderen, schnitt alle alten Zöpfe ab, kam in die Klasse zum Deutschunterricht und veranlaßte als erstes, die Tische und Stühle (Bänke waren ohnehin schon abgeschafft) nicht mehr hintereinander, sondern in Hufeisenform aufzustellen, damit man über alle möglichen Themen, im wahrsten Sinne über Gott und die Welt debattieren und sich dabei in die Augen sehen konnte, lud eines Tages Maler aus Magdeburg und Halle ein, ihre Bilder auf den Fluren und in der Aula aufzuhängen (ich entsinne mich, es waren Leute darunter wie Knispel, Bachmann, einige, die bald als Formalisten attackiert wurden), wir diskutierten uns die Köpfe davor heiß, und bald folgten ihm auch noch andere Lehrer, jüngere, einer, der Geschichte unterrichtete, und zwar keinesfalls aus jener sturen Sicht von später, sondern auf eine höchst genußvolle Art des historisch-dialektischen Denkens, ein anderer im Fach Biologie, wo die Käfer und alles sonstige Getier sich sehr schnell Darwin und der Evolution zu unterwerfen hatten, und beide erschienen auch manchmal im Blauhemd, da sie der FDJ angehörten. Wir diskutierten ernsthaft, ob wir uns auch im Unterricht duzen sollten, beließen es aber beim Sie und beschlossen, uns nicht länger in den Toiletten zu verstecken, wenn wir rauchen wollten, sondern taten es fortan in den Pausen auf dem Schulhof, sehr zum Naserümpfen der Spießer in der Stadt, und wir gründeten einen Zirkel, woran mir zuliebe auch Helga oftmals teilnahm, in dem wir uns abends trafen und mit marxistischer Literatur beschäftigten, »Vom Ursprung der Familie, des Privateigentums und des Staats« lasen, »Lohn, Preis und Profit«, »Das Kommunistische Manifest«, das bis heute meine »heilige Schrift« geblieben ist.

Hans Hinze, der für mich zu einer Art Vaterfigur wurde und dem wir beide, Helga und ich, bis ans Ende seines Lebens verbunden blieben, da er uns in einer unserer schwersten Schicksalsprüfungen zur Seite stand, war damals, als ich meinen Aufnahmeantrag für die SED gestellt hatte, einer meiner Bürgen gewesen, der zweite war ein Arbeiter aus Sachsenland, jener Nachbar, der das Nazizeug vom Heuboden geräumt hatte. 1948 war ich auch zum Sekretär der FDJ-Schulgruppe gewählt worden, nach wie vor spielte ich Theater, mehrmals setzte mich der Kulturbund als Rezitator bei seinen Veranstaltungen ein, so vor Hunderten von Lehrern zur offiziellen Feier anläßlich des hundertsten Jahrestages der Revolution von 1848 mit Freiligraths »Die Toten an die Lebenden«, den nicht enden wollenden Langzeilen darin: Die Kugel mitten in der Brust, die Stirne breit gespalten ..., und einmal, auf der Suche nach Nachwuchstalenten, erschien auch die DEFA und bot mir an, mich als Schauspieler auszubilden. Ich aber hielt nichts davon, ich wollte Theaterwissenschaft studieren, und weil man dazu jede Menge schöner Literatur braucht, mehr als nur die Schullektüre, wo ich allerdings an »Dantons Tod« wie an eine Offenbarung geraten war, kaufte ich von meinem schmalen Taschengeld dies und das, auch ziemlich unökonomisch, einfach wild drauflos, sechzehn antiquarische Bände Christoph Martin Wielands zum Beispiel, sah mich intensiv bei der Gesellschaft mit dem langen Namen um (»G. zum Studium der Kultur der Sowjetunion«), lernte die Romane von Gorki und anderen Russen kennen, Ehrenburg, Scholochow, Fedin, die ungemein aufrüttelnden Verse Majakowskis und lieh nicht nur, sondern stahl auch mal manche SMAD-Ausgabe. Endlich, da es zum Stoff des »Abzeichens für Gutes Wissen« der FDJ gehörte, bekam ich auch Heinrich Heines »Deutschland. Ein Wintermärchen« in die Hände, und im Hauptgang, neben den vielen Gedichten, die ich weiterhin reimte, die meisten natürlich für meine Liebste, meine Eurydike, verfaßte ich drei Bühnenstücke, eins über den Cid, den spanischen Nationalhelden, in mehreren tausend jambischen Fünfhebern und von fünfdreiviertel Stunden Spieldauer; das andere mit dem Titel »Thermidor« handelte von der Studentenrevolte um Georg Büchner und den Pfarrer Weidig mit dem »Hessischen Landboten« als Programm, und das dritte hieß »Die goldene Wanne«, steckte voller Anarchismus und spielte halb und halb in einer Bourgeoisfamilie und unter Proletariern zur Zeit der Novemberrevolution 1918 in Schönebeck. Wenngleich sie auch allesamt stümperhaft waren, als Dramen nichts taugten, so erweiterten sie dennoch, da bin ich mir sicher, meinen geistigen Horizont.

Du hast aber auch alles genutzt, um Bildung in dich hineinzufressen.

Ja, aber das alles war, wenn man so will, auch nur der vergnügliche Teil meines Aufbruchs in die nächste Stufe meiner Lebensreife. Der andere, der bittere Teil, der bis an die Bedrohung unserer Existenz reichte, ließ dann allerdings nicht mehr lange auf sich warten. Ich befand mich in der Abiturklasse, Helga hatte in dem strahlenden Sommer 1949 bereits das Lehrerseminar beendet und war den beiden Dorfschulen Plötzky und Pretzin zugeteilt worden, etwa zehn Kilometer von Schönebeck entfernt hinterm jenseitigen Ufer der Elbe gelegen. Nach wie vor sahen wir uns täglich, und so blieb nicht aus, was wir stets, unter Beachtung aller Vorsichtsmaßnahmen, zu verhindern versucht hatten. Mit schreckweiten Augen teilte sie mir mit, daß sie schwanger war.
Es begann für uns ein Leidensweg sondergleichen. Wir waren uns beide einig, daß wir noch kein Kind haben wollten, aus den unterschiedlichsten Gründen, Helga wollte in ihrem Beruf erst Fuß fassen, ich hätte die Schule verlassen und mir eine Arbeit suchen müssen, um zum Unterhalt hinzuzuverdienen. Weit erheblicher aber war, daß es in der Öffentlichkeit zu dieser Zeit, erst recht bei Helgas Eltern und Verwandten, in höchstem Maße als unmoralisch galt, würden wir in unserer Lage, sie bei ihrer Herkunft und ich in meinem Alter, an die Geburt eines Kindes auch nur denken!
Als Ausweg sahen wir nur, die Schwangerschaft zu unterbrechen. Dagegen aber stand noch immer der berüchtigte

Paragraph 218 des Strafgesetzbuches, wonach Kindsabtreibung mit Gefängnishaft geahndet wurde. Trotzdem unternahmen wir beide fortan alles, um mitfühlende Helfer zu finden. Von ihrer Schneiderin, der sie sich anvertraut hatte, erfuhr sie von diesem und jenem Hausmittel, kleinen Gaben von Chinin, heißem Rotwein mit Kümmel vermengt als Getränk usw. Heimlich suchten wir Ärzte auf, bettelten förmlich um Hilfe, wurden jedoch sofort, kaum daß wir unser Anliegen genannt hatten, vor die Tür gesetzt, und schließlich gelangten wir an eine jener Frauen, die man gemeinhin als Pfuscherinnen bezeichnet. Helga befand sich da bereits im vierten oder gar fünften Monat.
Auch das war vorauszusehen gewesen und von uns befürchtet worden: Der Eingriff mißlang. Und ich bitte nun, mir all die Einzelheiten zu ersparen, die Schilderung der Qualen, körperlich wie seelisch, die nun folgten. Ich habe schon mehrmals darüber geschrieben, wenngleich auch hier und dort verfremdet. Ihre um ein Jahr jüngere Schwester, Gerlinde, war inzwischen eingeweiht, wir fanden Unterschlupf bei Bekannten von ihr. Helga versank in eine tiefe Bewußtlosigkeit bei zunehmend steigendem Fieber, und wir mußten nach einer Hebamme rufen. Die vermutete eine Sepsis, Blutvergiftung. Gerli sah keinen anderen Ausweg mehr, als Helga nun doch nach Haus zu bringen, und die Mutter holte den Arzt der Familie. Der wiederum bestellte sofort einen Rettungswagen, die Fahrt ging ins Krankenhaus nach Magdeburg, und Gerli und ich begleiteten sie. Es war spät am Abend, auf einem Korridor, von Angst gelähmt, warteten wir die erste Untersuchung ab. Bis ein Arzt auf uns zutrat und zu mir sagte: »Wenn Sie morgen wiederkommen, um Ihre Freundin zu besuchen, müssen Sie damit rechnen, daß sie nicht mehr lebt.«

Aber sie lebte noch ...

Das Penizillin, das selbst erst kurz zuvor entdeckt worden und in die DDR gelangt war, rettete ihr das Leben, obgleich ihr Abwehrkampf gegen das Gift in ihrem Körper noch Wochen dauerte. Es war Adventszeit, ich hatte nur noch ein halbes Jahr bis zum Abitur, aber jeden Tag fuhr ich sofort nach dem Unterricht ins Krankenhaus nach Magdeburg-Sudenburg. Die Schwestern auf der Station dort gewöhnten sich an mich, sie waren freundlich, und ich durfte ihnen ein wenig die Arbeit abnehmen, Helga füttern und säubern.

Eine schlimme Geschichte, die ja in jenen Zeiten immer wieder einmal junge Leute betroffen hat. Und du warst ja Schüler, standest kurz vor dem Abitur ...

Ich ließ es treiben. Außerhalb der Schule hatte ich tatsächlich kaum noch Zeit, Muße schon gar nicht, mich um die Prüfungen zu kümmern. Sicher fühlte ich mich nur in den Fächern, die mich immer interessiert hatten, und so ist wohl nachzuvollziehen, daß ich mein Abitur nur mit Ausgleich bestand. Das aber war zu ertragen, schlimmer hingegen traf es mich vorher, als in der Stadt, in der man uns schon als unzertrennliches Paar kannte, durchsickerte, daß Helga eine Fehlgeburt gehabt hatte. In der Schule – ließ ich mir später sagen – hatte sich daran das Lehrerkollegium gespalten. Einige Lehrer, die Helga als fleißige, sittsame, gar »züchtige« Schülerin geschätzt hatten, fielen allein über mich her, verziehen mir wohl auch meine »plebejischen« Auftritte nicht, hängten mir »pure Unreife« an, und das ausgerechnet vor der *Reife*prüfung, und plädierten für meine sofortige Relegation. Doch was ich bereits angedeutet habe: Ich verdankte es vor allem dem Einsatz Hans Hinzes, meines Direktors, daß ich die Schule, und zwar in meinem Sinne recht ehrenvoll, mit dem Abitur abschließen konnte.

Helga überstand die Krankheit, genas, wir hingen wieder, wie man so sagt, »wie die Kletten« aneinander, es gab keinen Schritt, den wir nicht gemeinsam gingen. Helga fand eine neue Anstellung als Lehrerin in der Stadt Burg, und ich, da ich ja Theaterwissenschaft studieren wollte, bewarb mich am Theaterinstitut in Weimar, das seinen Sitz im Schloß Belvedere hatte. Eine theoretische Arbeit hatte ich eingeschickt, Gedanken zum Schauspiel »Haben« von Julius Hay, und als ich daraufhin eine Einladung zur Aufnahmeprüfung erhielt, fuhr ich natürlich in Begleitung von Helga.

Dein Weg nach Weimar blieb ja wohl eine kurze Episode, wie du mir erzählt hast?

Diese Exkursion entwickelte sich dann allerdings zum Reinfall. Die zwei oder drei Etüden, die ich dort vorzuspielen hatte (ein Empfänger – also ich – erhält einen Brief, ob allerdings freudigen oder traurigen Inhalts, das muß er vorführen), überstand ich, glaube ich, mit Bravour, aber die anderen Bedingungen, die mit dem Studium in Weimar zusammenhingen, gefielen mir nicht, z. B., daß ich über mehrere Jahre hätte Schauspielunterricht nehmen müssen. Der eigentliche Grund aber war folgender: Während ich im Schloß meine Rollen vorgetragen und mit der Leitung der Hochschule ein Eignungsgespräch geführt hatte, war Helga im Park geblieben und hatte auf mich gewartet. Dort muß jedoch ein ständiges Flanieren von Schauspielschülerinnen gewesen sein. Denn auf dem Weg über die dicht und hoch von Bäumen gesäumte Allee hinunter nach Weimar, als ich ihr von meinen Eindrücken berichten wollte, unterbrach sie mich und sagte: »Wenn du hierher gehst, brauchst du auf mich nicht mehr zu hoffen.« Mir fiel es daraufhin leicht, mich zwischen dem berühmten Theaterprofessor Maxim Vallentin und seinem liebäugelnden Anhang und meiner Liebsten zu entscheiden.

V.

Wir sitzen hier im Jahre 2009 in deinem Haus in der Ellen-Weber-Straße in Halle, einem Viertel, das erst nach der Wende entstanden ist. Warum bist du hierher gekommen?

Es gab verschiedene Ursachen. Begonnen hatte das wohl damit, daß wir uns beide, Helga und ich, nach den, geschichtsphilosophisch betrachtet, letztendlich konterrevolutionären Ereignissen des Jahres 1990 und darüber hinaus in Deutschland nicht mehr zu Hause fühlten. Ich erinnerte mich an Peter Weiss, der ja in Schweden gelebt hat, auch als es für ihn möglich gewesen wäre, sich nach seiner Emigration wieder in Deutschland niederzulassen, und so überlegten wir, ob wir nicht ebenfalls nach Schweden auswandern, also das Exil suchen sollten, wobei Helga die »treibende Kraft« war und ich mich ihr einfach nur anschloß. Schreiben, dachte ich, könne ich überall, und wenn bisher immer nur sie mir gefolgt war, so könnte es doch diesmal durchaus umgekehrt sein. Da wir vom Studium her zwei Kommilitonen kannten, schon damals ein Ehepaar, Anne und Bruno Storm, die lange Zeit in Skandinavien als Korrespondenten des Rundfunks und der Zeitungen der DDR gewirkt hatten, trafen wir uns mit ihnen, um ihren Rat einzuholen, vor allem auch, was die Lebensumstände dort betrifft. Aber sie nahmen uns unsere Illusionen, rieten uns davon ab, nach Schweden zu gehen, zumal, wenn man kein Schwedisch spricht.

Als nächstes kam uns dann der Gedanke, uns in Westdeutschland anzusiedeln. Das hing mit Corinna zusammen, unserer jüngeren Tochter. Sie hatte als Hebamme gearbeitet, jedoch nach ihrer eigenen Entbindung Ende 1989 hier in Halle keine Anstellung mehr gefunden, sich nach dem Beispiel einer Freundin in Krankenhäusern von Köln und Umgebung beworben und war schließlich in Bad Godesberg angenommen worden. Während sie dort ihrer Arbeit nachging, betreuten wir und natürlich vor allem Helga ihre beiden Kinder, unsere Enkel, Michael, der zehn Jahre alt war, und Susanne, die unter unserer Obhut eingeschult wurde und es noch bis zur dritten Klasse brachte, bis zu einem Monat dann vor Helgas Tod.

Schon lange zuvor jedoch hatten wir nach einer Lösung gesucht, wie die Trennung zwischen Corinna und ihren Kindern behoben werden könnte, und so hatte Helga mit Immobilienfirmen Verbindung aufgenommen, um unser Haus im Spechtweg in Halle zu verkaufen und ein in etwa ebensolches in der Rheingegend um Bonn zu suchen, und war an zwei Makler geraten, einen in Halle und einen in Euskirchen, die beide, muß ich sagen, sehr gewissenhaft waren. Ich glaube, sie konnten auch gar nicht anders. Denn was ich damals ebenso bewunderte, war das Geschick meiner Frau, mit dem sie diesen doch durch und durch kapitalistischen Vorgang lenkte. Ende 1995 war es dann auch soweit, daß wir uns mit den Maklern einig geworden waren, wobei uns auch ein inzwischen guter Bekannter geholfen hatte, Wilhelm Boeger, ein Ministerialbeamter aus Bonn, aber auch ein Literaturbesessener, der sofort nach der sogenannten Wende durch die DDR gereist war und ihre Literatur für Augen der westdeutschen Leser hatte retten wollen. Unser künftiges Haus jedenfalls stand ein wenig hügelan in einem Städtchen in der Eifel, mit wunderbarem Blick über die Landschaft.

Wir hätten nur noch den Umzug zu bestellen brauchen. Doch dann überraschte uns Helgas Krankheit, und nur wenige Monate später schon lebte sie nicht mehr. Sie starb am 21. Oktober 1996, und ich war allein im Spechtweg.

Was dann folgte, hat für mich bis heute etwas Gespenstisches, als sei alles unwahr, nur ein Alptraum. Denn was ich nicht erwartet hatte, war, daß schon ein halbes Jahr nach Helgas Tod meine beiden Töchter ihr Pflichtteil vom Erbe verlangten und es sofort in Geld ausgezahlt haben wollten. Ich kenne bis heute ihre Gründe nicht, und ich kann nur sagen: Gott sei Dank, daß ich anderweitig durch ein beiderseitiges Testament abgesichert war. Sie ließen sich auch, trotz allen Bitten und Bettelns meinerseits, auf keinen Kompromiß ein, so daß mir nichts anderes übrigblieb, als einen Kredit aufzunehmen, unser Haus zu verkaufen und mich nach einem kostengünstigen Objekt umzusehen. Erleichtert wurde es mir, weil ich ohnehin nicht mehr im Spechtweg wohnen wollte, da ich in jedem Zimmer immerzu Helga vermutet hätte. Nach mehreren Anläufen, nun auch überworfen mit meinen Töchtern, jedoch ermutigt und beraten von guten Bekannten, stieß ich dann auf diese Neubausiedlung hier am Rande von Halle und zog im Juli 1998 ein.

Mit den Häusern verbinden sich auch Geschichten mit den Menschen, mit denen man dort lebt. Soeben hast du schon deine beiden Töchtern erwähnt, sie sind im Spechtweg aufgewachsen. Du hast zwanzig Jahre dort gelebt, du hast Bücher dort geschrieben. Woran erinnerst du dich, wenn du an jene Jahre denkst?

Wenn es nicht abgedroschen klingen würde, würde ich antworten: Ich war, und das in jeder Beziehung, glücklich. Das begann ja bereits damit, daß wir uns den Bau dieses Hauses leisten konnten, bezahlt auf Heller und Pfennig, und zwar aufgrund redlichen Tuns, durch Hingabe und teils auch zähe Arbeit, und nicht, wie es ein besonders neidvoller Dichterkollege über alle Gazetten glaubte verbreiten zu müssen, daß es uns die Partei, die SED, »geschenkt« hätte. Hier war jederzeit noch Platz für unsere Töchter, auch das eine und andere Enkelkind wuchs bei uns auf. Ich war, in der DDR sowieso, aber auch über die Grenzen hinaus, ein anerkannter und geachteter Autor, Helga, die eine sehr engagierte und beliebte Lehrerin war, arbeitete zwar zunächst nur noch halbtags in ihrem Beruf, später dann nicht mehr, nahm aber statt dessen so etwas wie die Rolle meiner Sekretärin ein und war wie schon immer, wenn ich das so sagen darf, die »Organisatorin« unseres Familienlebens. Keine Angst, weder sie noch ich empfanden das so, als sei sie unterdrückt und ich ein Macho gewesen. Wir halfen uns gegenseitig. Bis dann der Tod unsere Ehe zerriß und ich in ein tiefes Loch fiel … Aber darüber wird noch zu sprechen sein.

Gab es auch einen Freundeskreis, der in jenen Jahren mit euch lebte, der vielleicht auch für deine Arbeit wichtig war?

Ich habe es ja schon angedeutet. Freundschaften im tieferen Sinne gab es nicht, jedenfalls niemanden, mit dem wir des öfteren, Woche für Woche etwa, zusammensaßen. Gute Bekannte, ja, die hatten wir, solche, auf die man sich freute, wenn man sie wiedertraf oder gar, meist wechselseitig, zu geselligen Abenden einlud. So hielten wir es zum Beispiel mit Reinhard Mocek, dem Philosophieprofessor, und seiner

Frau, zumal sie auch noch in der Nachbarschaft des Spechtweges gewohnt hatten. Das Ehepaar Günter und Helga Wahrmund von gegenüber, beide Bauarchitekten, nahmen sich meiner dann besonders in meiner Trauer an. Und natürlich traf ich mich immer auch wieder, seit meiner Zeit in der Redaktion bereits, mit Willi Sitte.

Es geht ja nicht darum, daß man ständig zusammenhockt, wie du das formulierst, sondern vielmehr um den Einfluß von Menschen auf die Arbeit des Autors Neutsch. Und wenn du von den zwanzig Jahren Spechtweg redest, dann ist diese Zeit ja auch mit der Arbeit an dem Romanzyklus »Der Friede im Osten« verknüpft. Hat es da Beziehungen gegeben, die damit zusammenhingen?

Das läßt sich so nicht sagen. Meine Geschichten, vor allem die der Romane, trage ich ja jahrelang mit mir im Kopf herum, ehe sie Gestalt annehmen. Über den »Frieden im Osten« dachte ich nach, seit ich Student war, von der Stunde an, als ich begriff, daß ich dem Faschismus entronnen war und über eine wissenschaftliche Weltanschauung zu einem durch und durch humanistischen Denken gefunden hatte. Jahrelang lebte ich dann selber die Handlung, wie sie heute nachzulesen ist, lernte die Konflikte anderer kennen, ließ weg, fügte hinzu, baute daraus die Fabel und konnte noch jederzeit die Geschichte durch gezielte Recherchen vertiefen. Es sind nicht gerade Hunderte, aber doch eine Menge von Schicksalen, die sich mit ihren Erfahrungswerten darin bündeln, beitragen zu einem runden Ganzen. Und dazu gehören dann natürlich konkrete Personen mit ihren konkreten Urteilen, die mich beim Schreiben begleiten, schon in Gedanken, aber auch während der Arbeit am Manuskript. Sehr oft habe ich Fachleute hinzugezogen, die meine Texte sachlich überprüfen sollten. Im Detail steckt bekanntlich der liebe Gott oder der Teufel, bei der Erzählung »Der Hirt« war es ein Viehpfleger, bei »Akte Nora S.« ein Ingenieur für Pumpenbau, der damals zufällig mit mir im selben Haus zur Miete wohnte. Auch daraus ergab sich dann eine Art Freundschaft. Aber es ist mir unmöglich, alle jene aufzuzählen, die mir irgendwie, und sei es nur mit Ratschlägen, zur Seite standen, die Personnage im »Frieden« ist doch unendlich: Schüler, Lehrer, Studenten, und natürlich gehörten ab dem 2. Buch auch schon die Genetiker dazu, die aus den Instituten in Jena und Gatersleben. Neuerdings, während der Arbeit am 5. Buch, erinnere ich mich wieder all der Regisseure und Schauspieler, mit denen ich in näherer Verbindung stand, Gerhard Wolfram, Horst Schönemann, Frank Beyer, Ulrich Thein, Eberhard Esche. Selbstverständlich legte ich Wert auf die Gespräche mit Heinz Sachs, Cheflektor und später Verlagsleiter des Mitteldeutschen Verlages, wo meine Bücher erschienen. Streckenweise zählte auch Werner Felfe dazu, als er noch 1. Sekretär der Bezirksleitung Halle der SED war, und nicht zuletzt, lieber Klaus, hast ja auch du meine Arbeit beeinflußt, da du vom Verlag zu meinem Lektor bestellt worden warst. Die Liste ließe sich noch lange fortsetzen. Meine erste Kritikerin allerdings, meine erste kluge Leserin war stets Helga gewesen, vor der ich keine Hemmungen zu haben brauchte, wenn ich mich vor ihr sozusagen literarisch auszog, mich mit meinen Texten noch völlig nackt fühlte. Ich las ihr an vielen Abenden aus dem Manuskript vor, und sie ging dann später noch einmal in aller Ruhe dem Geschriebenen nach. Heute, das ist kein Geheimnis, nimmt Anne diesen Platz ein.

Ist eigentlich von jenen anderen Beziehungen etwas geblieben bis heute, wenn wir einmal von dem Faktum absehen, daß wir beide hier in einem Gespräch zusammensitzen?

Das ist sehr unterschiedlich. Wie du ja selber weißt, hängten 1989 und danach die einen und anderen ihre Fahnen nach dem Wind, entlarvten sich als »Wendehälse« oder ganz einfach nur als Charakterlumpen. Viele von meinen ehrlichen Freunden hingegen (nachdem ich erklärt habe, wie ich verstanden sein will, nennen wir sie fortan so) weilen leider nicht mehr unter uns, sind gestorben. Eine über Jahrzehnte andauernde Verbundenheit hat sich von mir zu einem Arzt erhalten, einem Chirurgen, Dr. Reiner Matthes, der bereits während unserer Studentenzeit, da wir in Leipzig-Schönefeld vis-à-vis wohnten und uns in die Fenster gucken konnten, bei Helga und mir ein und aus ging und mit Vorliebe kam, wenn sie Kartoffel- oder Grüne-Bohnen-Suppe gekocht hatte. Er übrigens war es (etwa ein Zeichen dafür, wie klein doch die Welt oder nur die DDR war?), dem eines Tages Hermann Kant nach seinem schweren Autounfall ins Krankenhaus eingeliefert wurde, wo er ihn sofort operierte. Freilich gab es auch einmal eine Verstimmung zwischen uns, die uns beinahe auseinandergetrieben hätte, doch wir ließen Vernunft walten und sprachen uns aus, wobei ich fast annehmen möchte, daß zuvor, da er von uns beiden wußte, Hermann Kant ein wenig seine Diplomatie hat spielen lassen.

Etwas ähnliches, lieber Klaus, seien wir ehrlich, bestand ja zeitweilig auch zwischen dir und mir. Und so gab es sowohl eingebildete, herbeigeredete als auch echte Enttäuschungen und Zerwürfnisse. Umgekehrt jedoch fanden auch neue Begegnungen statt, oder es wurden alte erneuert. So ging es mir mit Dr. Wolfgang Hütt, dem Kunstwissenschaftler aus

Halle. Ich kannte ihn bereits aus meiner Zeit als Kulturredakteur der *Freiheit*, in der er einer meiner Autoren gewesen war. Danach sahen wir uns nur gelegentlich auf der Straße, und ich wußte von ihm, daß er bei der politischen Führung in Ungnade gefallen war. Als dann aber nach der sogenannten Wende die Eigentumsverhältnisse umgewälzt wurden, die neuen Herren vom Stadtrat die DDR-Gesetze für nichtig erklären und die Grundstückspreise für alle Häuschenbauer von Halle in typisch westdeutsch anmutende Höhen treiben wollten, trafen wir uns wieder, bei Protestmärschen von betroffenen Einwohnern, die ihn zu einem ihrer Sprecher gewählt hatten. Eine der Figuren in meinem Roman »Totschlag« lebt von ihm, und andererseits, nachdem ich dann auch wieder die Arbeit an meinem Roman über Matthias Grünewald aufgenommen hatte, über den ich schon früher mit ihm in Gedankenaustausch getreten war, gab ich ihm schließlich das gesamte Manuskript zur Begutachtung. Ich bereute es nicht, im Gegenteil. In den letzten Jahren, über die Rosa-Luxemburg-Stiftung, erneuerte ich meine Bekanntschaft mit Klaus Höpcke, den ich bereits vom Studium her kenne.

Vielleicht darf ich in diesem Zusammenhang noch die Frage stellen, wie das Verhältnis zu Kollegen war, also zu den Schriftstellern, mit denen du hier in Halle lebtest?

Ja, natürlich, man kannte sich, man traf sich ohnehin zu den monatlichen Tagungen des Bezirksverbandes der Schriftsteller und der ihm angeschlossenen Arbeitsgemeinschaft Junger Autoren. Wir waren ja damals in Halle, Ende der Fünfziger, Anfang der Sechziger, eine ziemlich illustre Runde, aus der nicht unbedeutende Erzähler und Lyriker meiner Generation hervorgingen: Hans-Jürgen Steinmann,

Sarah und Rainer Kirsch, Werner Heiduczek, Christa und Gerhard Wolf, Manfred Jendryschik. Bernd Jentzsch, Heinz Czechowski, Dieter Mucke, später kam noch Werner Bräunig hinzu, und – habe ich jemanden vergessen? Gewiß. Doch dann möge er mir verzeihen. Meinerseits gediehen die Beziehungen meist nur sporadisch oder hatten oft nur einen kulturpolitischen Hintergrund. Mit diesem und jenem war ich ja auch in der Parteigruppe des Verbandes organisiert. Solange Heinz Sachs noch lebte, versuchte er die Autoren in Halle-Neustadt, wo ja etliche wohnten, um sich zu sammeln, privat und mit ihren Frauen. Aber auch das schlief ein.

Hat das nicht auch mit dem Metier des Schreibers, des Autors zu tun, daß man eben, wie es einmal formuliert wurde, in der »unverschuldeten Einsamkeit des Schreibens« lebte?

Wenn ich noch eins hinzufügen darf. Zu Kollegen außerhalb Halles hatte ich oft engere Beziehungen, obgleich manche auch nur zeitweilig und andere, die sich bis heute fortsetzen. Da wären Eberhard Panitz und Günter Görlich, Bernhard Seeger und Dieter Noll, als sie noch lebten, und selbst mit Max von der Grün aus der alten Bundesrepublik war ich näher verbunden.

Was nun die, wie du es nennst, »unverschuldete Einsamkeit« betrifft, so kann das durchaus so sein, Klaus, aber ich vermag es nicht so recht zu beurteilen. Ich hatte mit Leuten, die schreiben, schon immer auch gewisse Probleme. Der vielgelobte, sogenannte »kameradschaftliche« Erfahrungsaustausch, wie er ja in den Verbandsversammlungen gepflegt werden sollte, war mir eigentlich nie geheuer. Denn mit Recht hat natürlich jeder Autor seine eigenen Vorstellungen von Literatur und erhebt in diesem, *seinem* Sinne auch die Wertmaßstäbe. Manch einer freilich findet auch seine Befriedigung darin, damit über andere herzufallen.

Lieber Erik, Autoren sind auch nur Menschen: mit Eitelkeiten, Bosheiten, Mißgunst, und natürlich sind sie auch oft der Meinung, daß sie allein das Pulver erfunden haben.

Ein Beispiel für mich war, als ich, naiv wie ein Gralssucher, glaubte, das Präsidium des Schriftstellerverbandes der DDR um Rat und Hilfe bitten zu müssen. Das war 1970, und es ging um meinen Roman »Auf der Suche nach Gatt«. Seit fast zwei Jahren lag er bereits gedruckt vor, war aber nun vom Kulturministerium auf die Verbotsliste gesetzt worden und konnte demzufolge nicht erscheinen. Da ich von meiner Geschichte überzeugt war, sich für sie im Manuskript auch schon interessierte Verlage im Westen gefunden hatten, ich aber meine Republik, die DDR, nicht hinterrücks vor vollendete Tatsachen stellen wollte, hoffte ich, das Präsidium, dieses erlauchte Gremium, würde sich bei der Debatte unter den Augen des Ministeriums, was für mich eine Existenzfrage gewesen wäre, auf meine Seite schlagen. Doch nichts dergleichen geschah. Jeder der Anwesenden, hatte ich das Gefühl, sprach zur Hälfte dafür, zur anderen dagegen. Helmut Sakowski fand schon das Warten an der Bahnhofssperre zu düster, Fritz Selbmann stieß sich an der Zuspitzung der Konflikte, Max Walter Schulz wollte mir, dem Autor, noch einmal eine schöpferische Pause gönnen, Jurij Brězan meinte, Gatt erwecke den Eindruck, klüger als die Gesellschaft zu sein, und meiner von mir hoch verehrten Anna Seghers paßte es ganz einfach nicht, daß sich Ruth ihr Kind abtreiben ließ. So wollte jeder aus meiner Geschichte eine andere, seine eigene schreiben, die Mitarbeiter des Ministeriums aber sahen sich bestätigt und legten den Roman weitere drei Jahre auf Eis. Später, nachdem ich schließlich meinen Kampf um die Veröffentlichung gewonnen hatte, stürzte sich dann auch Heinrich Böll auf mein Buch und nahm mir übel, daß ich erstens *Gatt*, wenn schon mit diesem Namen bedacht, zu wenig in die Nähe von *Gott* gerückt hätte, und zweitens, daß ich zu freundlich mit den Russen umgegangen sei. Was also soll's?

Nun ja, wahrscheinlich ist es doch so, daß man als Autor alle Begegnungen mit anderen Menschen mittelbar oder unmittelbar auch unter dem Gesichtspunkt erlebt, dies könnte in einer entsprechenden Form auch in eine erfundene Figur eingehen. Also, um mal ein berühmtes Beispiel aus der Literaturgeschichte zu nennen: Thomas Mann haben die Begegnungen mit seinem Kollegen Gerhart Hauptmann dazu verführt, muß man sagen, ihn ziemlich direkt im »Zauberberg« in der Figur des Minheer Peppercorn abzubilden. Das hat natürlich Hauptmann gemerkt, und eine mögliche Freundschaft zerbrach.

Das ist sicher richtig. Bei der Gestaltung konkreter Erlebnisse sehe ich nicht selten auch dahinter dieses und jenes, im Leben stehende Menschen verwandeln sich plötzlich in Kunstfiguren. Da sind natürlich manche, wenn sie sich, auf Papier gebracht, durch die eine oder andere Kleinigkeit an sich erinnert fühlen, beleidigt. In der DDR hatten wir Autoren damit doch immer unsere Probleme. Beschrieben wir einen Bäcker, der sich einen Fehltritt leistete, hieß es doch gleich: Unsere Bäcker sind nicht so, war es ein Friseur, dann: Unsere Friseure sind nicht so. Ernst wurde es allerdings, wenn es sich um einen Parteisekretär handelte.

Ich erinnere mich da auch an die Anekdote, die du gelegentlich erzählt hast, wie du nämlich von sogenannten prominenten Funktionären gefragt worden bist, wer denn nun eigentlich dieser Weißbecher in deinem »Gatt« sei. Vielleicht kannst du das noch einmal erzählen?

Na gut, das war so: 1973. Der Roman war nun endlich erschienen, und zwar in der Fassung, wie sie bereits seit 1968 vorlag, ohne Änderungen aus opportunistischen Gründen, wie mir manch einer bis heute noch unterschieben will. Zur gleichen Zeit fand ein Kongreß des Schriftstellerverbandes statt, der erste nach dem VIII. Parteitag der SED, besucht von einer Reihe wirklich prominenter Funktionäre. Man hatte mich ins Präsidium gewählt, und bevor die Tagung begann, konnten die Präsidiumsmitglieder in einem gesonderten Raum noch einen Imbiß zu sich nehmen. Weißbecher, sollte man noch wissen, ist der von mir erfundene, nicht immer freundlich gesehene Chefredakteur an der Zeitung, an der Gatt arbeitet.

Also, ich hatte kaum Platz genommen, kam Heinz Adameck, der Chef des DDR-Fernsehens, auf mich zu und fragte: »Sag mal, Erik. Ich habe den ›Gatt‹ gelesen. Aber wer soll denn dieser Weißbecher sein? Rudi Singer oder Horst Sindermann?« Beide, einst Widerstandskämpfer gegen die Nazis, waren nacheinander die Chefredakteure der *Freiheit* gewesen, an der ich gearbeitet hatte, wobei Singer inzwischen den Rundfunk leitete und Sindermann Ministerpräsident war, und gewiß trug manche Episode Züge vom einen oder vom anderen. Ich antwortete: »Ach, Heinz, weder der eine noch der andere. Du weißt doch, Literatur geht ihre eigenen Wege.« Ein wenig enttäuscht, wie es schien, verließ mich Adameck, und Rudi Singer, kaum daß er mich begrüßt hatte, fragte: »Sag mal, Erik. Ich habe den

›Gatt‹ gelesen. Aber wer soll denn Weißbecher sein? Horst Sindermann oder etwa ich?« Ich entgegnete: »Aber, Rudi, weder du noch Horst. Du weißt doch, Literatur geht ihre eigenen Wege.« Er war über meine Auskunft sichtlich froh, und nachdem er gegangen war, trat, brötchenkauend wie ich, Horst Sindermann an meinen Tisch. »Sag mal, Erik. Ich habe den ›Gatt‹ gelesen. Wer aber soll denn Weißbecher sein? Rudi Singer oder ich?« Ich hatte schon meinen Spruch drauf: »Horst, du weißt doch, Literatur geht ihre eigenen Wege. Weder du noch …« Er unterbrach mich: »Na, dann ist's ja gut. Aber Rudi, muß ich dir sagen, kommt bei dir viel zu gut weg.« Jetzt, nach über fünfunddreißig Jahren, kann ich ihn ja verpetzen.

Aber kommen wir mal aus diesem heiteren Teil zu einer ganz anderen Frage, die Autoren, wohl auch dir, nach der Wende gestellt worden ist. Es geht dabei um die tatsächlichen oder die vermeintlichen Privilegien, die Autoren in der DDR hatten. Sie durften nach dem Westen reisen, sie bekamen Autos schneller und anderes auch. Hat man da als Autor nicht die wirkliche Situation verkannt, wußtest du, was die Leute beschäftigte?

Was eigentlich soll denn das! Das, was die »Leute beschäftigte«, wie du sagst und was dabei noch zu fragen wäre: *wer* sind die Leute und *wen* beschäftigte was, erfährt man doch nicht in den Füßen über Bremse und Gaspedal, sondern im Kopf durch den Gebrauch der Sinne. In diesem Sinne also, was heißt denn nun: Privilegien? Auch die DDR hat doch nie behauptet, daß sie eine Gesellschaft der Gleichmacherei sei, auch in ihr zählte Leistung, die in dieser oder jener Form vergütet wurde. Gewiß, bei dem Mangel an Autobelieferung, den langen Wartezeiten, war das für manchen sehr schmerzlich, aber ich persönlich habe jeweils mein Auto deshalb bevorzugt kaufen können, weil ich Schriftsteller war, es war ein Arbeitsmittel, ich fuhr zu Recherchen, zu Lesungen.

Und nun zu den Westreisen. In den meisten Fällen erhielt ich Einladungen von dort zu Lesungen, von Universitäten, Buchhandlungen, auch zu Veranstaltungen der DKP und von den Botschaften der DDR hier und dort, zum Beispiel in Finnland und Frankreich. Ich las aus meinen Büchern und diskutierte anschließend bis in die Nächte hinein mit den Zuhörern, Studenten, Bibliothekaren, Gewerkschaftern, ganz einfach mit Interessierten, an der Literatur, aber auch an der DDR. Einmal war ich zu mehreren solcher Lesungen gemeinsam mit Max von der Grün und Christian Geissler unterwegs, zwei westdeutschen Autoren, dann auch zu den internationalen Friedensgesprächen, die Stephan Hermlin ins Leben gerufen hatte, von Berlin (Ost und West) bis Amsterdam. Erspare mir bitte, all die Orte und vor allem die Gründe für die Orte aufzuzählen. Auch wurden meine Reisen, abgesehen von ein paar Spesen, von den Veranstaltern finanziert, zum Teil auch von mir selbst durch die Honorare für meine Bücher. Ich sehe also keine Veranlassung, mich dafür zu entschuldigen. Im Gegenteil, ich finde die Anwürfe dumm.

Wenn du allerdings auf das restriktive Reiserecht für die Bevölkerung der DDR anspielst, so habe ich zwar gesehen, daß es ein Kretin des Kalten Krieges war, hielt es dennoch für bedauerlich und fand es, auf den Einzelfall bezogen, sehr deprimierend, etwa dann, wenn jemand nicht zu seiner Mutter fahren durfte, die krank darniederlag ...

Da hatte ja fast jeder eine Tante, die achtzig Jahre alt wurde. Aber mir scheint heute, daß es nicht nur um diese verwandt-

schaftlichen Beziehungen ging, sondern ganz einfach auch darum, daß man etwas von der Welt sehen konnte. Andere sozialistische Länder, wie Ungarn oder die CSSR, hatten das anders gelöst, da durfte man reisen und es gab dafür jährlich einen kleinen Devisenbetrag. Es kam aber in der DDR verschärfend hinzu, daß wir neben dem anderen Deutschland lebten, in dem die Leute ständig in der Welt herumfuhren und dann ihre Ansichtskarten in die DDR schickten.

Trotz aller Bitterkeit, die einen dabei befällt, jedenfalls mich. Es herrschte der Kalte Krieg, wie schon gesagt, mit zwei sich mitten in Deutschland diametral, und zwar nicht nur national, sondern *weltweit* gegenüberstehenden Gesellschaftsformationen, auch mit allem, was dazugehört: befestigte Grenze, Militär, Wirtschaft, Eigentumsverhältnisse. Die DDR, um das einmal beim Namen zu nennen, war der Staat der Arbeiter und Bauern, das bedeutete aber auch: eine Republik der Habenichtse, die sich ständig der Herrschaften von einst und ihrer Raubzüge erwehren mußte. Wer also sollte denn, wenn jemand den schiefen Turm von Pisa besuchen wollte, die Reise dorthin bezahlen? Die DDR hatte keine konvertierbare Währung, um nicht zu sagen: sie hatte kein Geld.

Du hast vielleicht vom Materiellen her recht, aber Leute mit Zwang zurückhalten, das war keine Alternative. Das hätte man erkennen müssen. Aber wir wollen da mal einen Punkt machen, das ist ein Thema, über das man aus Vergangenheit und Gegenwart lange reden könnte.

Ich denke, erst heute erkennen viele Leute, daß es in dieser DDR ja auch Werte gab, die inzwischen längst wieder begraben sind: soziale Gerechtigkeit, Arbeit, ja, und weder ein Bildungsprivileg noch ein Gesundheitswesen in zwei Klassen ...

Es ist uns aber nicht gelungen, das sichtbar zu machen!

Ja, das ist sicherlich wahr. Das aber besaß doch auch, im Verlaufe der Zeit, seine eigene Genesis, entwickelte sich peu à peu. Sieh mal, nach diesem furchtbaren Krieg, der bis tief in die Familien eingedrungen war, Verwüstung der Heimstätten und unzählige Opfer an Toten gebracht hatte, war es ein leichtes, die Menschen für den Aufbau eines neuen, friedliebenden und antifaschistischen Deutschland zu gewinnen. Man begann bei Null, sowohl im Osten wie im Westen. Danach allerdings, nach der Spaltung, von Jahr zu Jahr mehr und potenziert später mit dem Geprassel aus der Kiste im Wohnzimmer, der Reklame Tag und Nacht für »den Duft der schönen, weiten Welt«, haben sich, wenn sie uns nicht von vornherein feindlich gesonnen waren, vor allem Angehörige der Generationen, die nach uns kamen, auch blenden lassen. In diesen Fällen muß ich sagen, das lag ja wohl nicht nur an uns, trotz allen Dogmatismus und aller Besserwisserei, auch Dummheit hierzulande, die natürlich manchem die sozialistische Idee vergruseln konnten. Das aber hätten sie sich bei klarem Verstande doch auch selber »sichtbar machen« können. Zwei Staaten daran zu messen, ob sie zur Genüge Bananen zu verkaufen haben (wer übrigens von ihren Verbündeten konnte der DDR welche liefern?) oder die besseren Autos (woher sie nehmen und nicht stehlen?) – das hat doch mit Souveränität im Denken nichts zu tun.

In meinen Augen hat die DDR, der zum ersten Mal in der tausendjährigen Geschichte Deutschlands staatlich gewordene Versuch, eine Gesellschaft ohne Banken und

Monopole, Hochadel und Großgrundbesitzer und deren Macht- und Militärapparat zu errichten, womit die Quellen für Ausbeutung und Kriege trockengelegt wurden, eine ähnliche große Bedeutung wie die frühbürgerliche Revolution zu Beginn des 16. Jahrhunderts mitsamt den Bauernkriegen und der Reformation. Was auch damals folgte, weiß man ja. Nach der Niederschlagung der Aufstände »für nichts als die Gerechtigkeit Gottes«, wie auf den Fahnen der Bauern zu lesen war, die blutigste Rache der Fürsten, die Restauration und die Gegenreformation.
Wie sich jedoch gezeigt hat, ist diese Art zu denken vielen Leuten zu anstrengend gewesen. Danach zu leben erst recht.

Ich denke, wir beenden erst mal hier die Diskussion um die großen politischen und gesellschaftlichen Bewegungen, die unser Leben natürlich entscheidend beeinflußt haben ...

Laß mich noch hinzufügen: Ohne ein wissenschaftlich sauberes Geschichtsbild ist eine Literatur, die realistisch sein will, nicht einmal die Hälfte wert.

Da bin ich doch ein wenig anderer Meinung. Also erstens kann man Literatur nicht auf Ideologie reduzieren, und zweitens sind die Zusammenhänge zwischen Literatur und Wirklichkeit oder Geschichte gelegentlich ziemlich kompliziert. Ist etwa Knut Hamsun kein bedeutender Autor? Ist etwa Thomas Mann nur die Hälfte wert, weil er die »Betrachtungen eines Unpolitischen« geschrieben hat? Ich denke, man muß bei der Bewertung von Literatur sehr behutsam und differenziert vorgehen. Solche »Böllerschüsse« sind da nur die Hälfte wert.

Ach, lieber Klaus, alle Kunst und Literatur ist kompliziert. Wenn ich recht informiert bin, hat sich Thomas Mann später von diesen »Betrachtungen« distanziert, obgleich das für meine Behauptung ohne Belang wäre. Denn natürlich lässt sich kaum über die Tiefe des Realismus streiten, der die Prosa von Thomas Mann trotz seiner weltanschaulichen Abhängigkeit von Nietzsche oder Freud durchströmt. Vielleicht irre ich mich, aber ich sehe auch bei ihm ein ähnliches Phänomen wie das, auf das Friedrich Engels schon in seiner Einschätzung von Balzacs Romanen verwies und das er den »größten Triumph des Realismus« nannte.

Bei Knut Hamsun hingegen – ich will mich vorsichtig ausdrücken – scheinen die Dinge wohl anders zu liegen. Allerdings, ich kenne hier zu wenig. In seinem Roman »Segen der Erde« geistert mir neben kräftiger Figurengestaltung und beeindruckender Naturwüchsigkeit zuviel an Blut und Bodenmythos über die Buchseiten, so daß für mich zwar seine Bewunderung für Hitler und die Kollaboration mit den Nazis erklärlich wird, jedoch kann ich sie ihm nicht verzeihen, davor schützt auch der Nobelpreis nicht. Im übrigen: Ein bedeutender Autor, auch wenn er nicht meinen Beifall findet, kann natürlich ein bedeutender Autor bleiben und einen Platz in meiner Bibliothek einnehmen ...

Da könnte ich nun sagen: Auch die Betrachtung von Literatur ist kompliziert und vielschichtig. Und wir könnten sicherlich noch lange kontrovers diskutieren. Aber bleiben wir mal bei den Problemen, die wir hier vor allem besprechen wollen. Und ganz können wir dieses Thema auch nicht abschließen, wenn wir nicht auf das Problem zu sprechen kommen, das Staatssicherheit hieß.

Es hieß zwar, die Organe der Staatssicherheit seien Schild und Schwert der Partei, was aber letzteres betrifft, so war es doch recht zweischneidig. Es wäre naiv zu behaupten, daß nicht jeder Staat angesichts der Bedrohungen, die ihn umgeben, seine Staatssicherheit braucht. Das praktizieren alle, und kaum einer geht dabei sehr zimperlich mit seinen Gegnern um. In der DDR allerdings schien es zuletzt als ein System angelegt zu sein, das wie ein Netz das gesamte Land überzog. Dafür muß es eine Ursache gegeben haben, und die erwies sich dann, nach meiner Sicht, als ein nicht wieder zu reparierender Grundschaden: das Mißtrauen gegenüber der eigenen Bevölkerung.

Nicht so sehr die Angst des Einzelnen davor, ob er bespitzelt würde, war – wie gesagt, nach meiner Erfahrung – das eigentliche Problem, sondern die Überwachung der Bürger insgesamt als des Staates Volk. Ich selbst hatte ja auch erst nach der Offenlegung der Stasi-Akten diejenigen kennengelernt, über ein Dutzend an der Zahl, die mich in Etappen an die dreißig Jahre observiert und Berichte über mich geschrieben haben. Das *Neue Forum* hatte schon vorher, zum Herbst 1989, in Halle in einer Zeitung die Liste der IM, der Informellen Mitarbeiter des MfS, preisgegeben, in der auch Namen von mir teils sehr nahen Bekannten auftauchten, aber das war ja noch zu verschmerzen, wenngleich mancher, zur Rede gestellt, es nicht einmal für angebracht hielt, sich zu entschuldigen.

Doch du hast recht, das alles ist ja schon zur Genüge behandelt und wird von anderen immer noch durchgehechelt, so daß auch ich hier nicht noch einmal meine Akte von Hunderten von Seiten aufdröseln will. Dem Schwert und dem Schild nehme ich allerdings bis in alle Zukunft übel, daß sie mich, meine Frau und selbst meine Kinder »bespitzelt« haben, obwohl ich mich für einen der treuesten Sozialisten im

Lande des angehenden Sozialismus hielt. 1963 allerdings, als man, ohne daß ich davon erfuhr, versucht hatte, auch mich für die Spitzeldienste des MfS zu werben, war dieser Vorgang auf höheren Beschluß abgebrochen worden. Die Veröffentlichung der »Spur der Steine« zeichnete sich ab, und nun, heißt es in meiner Akte, sei ich zu berühmt geworden. Ich bin aber ebenso fest davon überzeugt, daß ich nie und nimmer, hätte man mich gefragt, meine Zustimmung gegeben hätte.

VI.

Wir haben schon bei Gelegenheit der »Spur der Steine« über deine literarischen Anfänge gesprochen, und du hast die hübsche Anekdote erzählt, wie du als angeblicher Chemiearbeiter mit Erwin Strittmatter ins Gespräch kamst, und da sagtest du: »Einen Monat später fand ich mich wieder im Mönchsgut auf Rügen, die ›Regengeschichte‹ zu schreiben«. Vielleicht kannst du über diese Situation noch ein wenig ausführlicher reden, denn hier haben wir ja wohl den Übergang des Journalisten zur Literatur?

Ach, der Übergang ... Mit ihm begann es doch schon viel früher. Von meinen Schauspielen und Gedichten sprach ich ja schon, gut, auch wenn sie nur wenig taugten. Aber in mir, in meinem Kopf war es doch wie eine Sucht nach Schreiben. Ich war bereits Redakteur, da verfaßte ich einen ganzen Roman, einen satirischen. Der Schuhmacher Goethes einst auf Erden, nunmehr ein Engel, erhält vom lieben Gott Urlaub und darf seine Heimat besuchen, Deutschland, so, wie es um 1953 etwa mit ihm bestellt war. Es strotzt in dem Manuskript von politischen Anspielungen, und nachdem ich es ein paar Vertrauten zu lesen gegeben hatte, konnte ich froh sein, daß es nicht in die Hände von Unbefugten geraten war. Das Manuskript ist verschollen.
Für die Wochenendbeilage unserer Zeitung schrieb ich

danach auch selbst einige literarische Beiträge, und zwar in der Form von Short Stories. Die eine heißt »Der Widerruf«, spielt zu Anfang des 17. Jahrhunderts und zeigt einen Anhänger Giordano Brunos und dessen Lehre von der Weltunendlichkeit, der wie dieser auf den Scheiterhaufen geschickt wird, jedoch ebenfalls nicht widerruft. Eine andere nennt sich »Der letzte Kunde« und schildert, wie SA-Leute in einem Kleinkramgeschäft für Papierwaren das Material zusammenkaufen und gründlich deutsch und pingelig das bezahlen, womit sie dann am Ende das Schaufenster bekleben: JUDE. Die dritte war überschrieben mit »Die Armut« und entwarf das Bild einer Landarbeiterin, die, angestellt bei einer Genossenschaft, bei der Ernte nun nicht mehr wie früher auf ihr Deputat – die »Armut« genannt – besteht. Sehr viel später erschienen diese drei Kurzgeschichten dann in einem Band mit gesammelten Erzählungen von mir, der den Titel »Heldenberichte« trägt.

Doch kommen wir zur »Regengeschichte«. Auch sie war ja zuerst in der *Freiheit* gedruckt worden, und zwar über mehrere Wochen in Fortsetzungen.

Also die »Regengeschichte«. Vielleicht kannst du auch über die Hintergründe und den Titel der Erzählung etwas sagen, die ja die Aufmerksamkeit von Anna Seghers erreichte, als sie von der Literaturzeitschrift ndl *übernommen wurde und dort erschien?*

Ich habe ja schon gesagt, daß ich, was sich zufällig ergab, während der 1. Bitterfelder Konferenz einem Parteibeschluß zufolge im Elektrokombinat meine vier Wochen praktische Arbeit absolvierte. Ich wohnte auch dort, in den Baracken der auswärtigen Chemiearbeiter, und fuhr nur an den Wochenenden nach Hause. Zugleich, als Kulturredakteur sowieso, hatte ich neben der Sucht des Schreibens natürlich auch die des Lesens im Kopf, und schon lange oder immer wieder probierte ich mich an Texten aus, die über die täglichen Artikel oder auch Reportagen hinauswiesen. Ich war ehrgeizig und wollte mich in einem Buch veröffentlicht sehen. Meine Erlebnisse in der Chlorelektrolyse brachten mich dann auf die Fabel, auf die Tüfteleien des Arbeiters Urbanczyk, der am Laufe des Regenwassers die Vorgänge in den Chlorzellen nachempfindet und, indem er seine Erkenntnisse auf seine Arbeit im Betrieb anwendet, Besitz von ihm ergreift, also ihn als das Eigentum des Volkes betrachtet ...

Nach der »Regengeschichte« kamen dann die »Bitterfelder Geschichten«. Gab es da auch so etwas wie literarische Anregungen, niemand schreibt ja nur aus Wirklichkeitserfahrung, sondern auch aus literarischen Anregungen, wenn ich das mal so zugespitzt sagen darf.

Wenn du mich nicht unterbrochen hättest ... Darauf wollte ich soeben hinaus. Die »Regengeschichte« war ja nur ein Teil des Planes zu einem Buch, das ich vor Augen hatte. Denn wie ich meine Texte organisiere, so bildet immer erst ein Gerüst den Anfang, formt sich die Struktur, bevor auf der fast qualvoll wartenden leeren Seite Papier das erste Wort erscheint.
Also: Ich hatte über Weihnachten die »Briefe aus meiner Mühle« von Alphonse Daudet zu lesen bekommen und mich von den Erzählungen derart inspirieren lassen, daß ich für mich an ein ähnliches Werk dachte. In Bitterfeld kam ich darauf zurück, sammelte nach und nach zwölf spruchreife Geschichten und wollte sie im Stile meines

Vorbildes »Briefe aus meiner Fabrik« nennen. Wieso aber das damals in meinem Kopf zusammenging, die Entdeckung der zwar liebenswerten, doch kleinbürgerlichen Idylle der Provence bei Daudet und meine doch immerhin sozialistisch erlebte Arbeitswelt, ist mir heute ein Rätsel, auch, was den Titel betrifft. Ich nehme an, er ist nachträglich vom Verlag für wirksamer erachtet worden: Bitterfelder Geschichten. Seither jedoch wurde mir sehr oft nachgesagt, vor allem auch im Westen, wo man natürlich nicht einmal den Hauch einer Ahnung von unserer Kulturentwicklung besaß, ich sei der Prototyp des Bitterfelder Weges. Das ist Unsinn. Wenn schon Prototyp, dann hat das weniger mit Bitterfeld zu tun als vielmehr mit der Brechung des Bildungsprivilegs in der DDR. Ich bin so geworden, auch Schriftsteller, weil ich als Arbeiterjunge alle Möglichkeiten hatte, sorgenfrei und ohne mich verkaufen zu müssen zu studieren und mir auch sonst ein umfangreiches Wissen anzueignen.

Vielleicht können wir hier das Thema der literarischen Vorbilder noch ein wenig vertiefen. Natürlich sieht der kundige Leser an deinen späteren Romanen die Nähe zum kritisch-realistischen Gesellschaftsroman des 19. Jahrhunderts, aber was hat dich aus der deutschen Literatur des 20. Jahrhunderts beschäftigt – und vielleicht sogar sichtbar oder unsichtbar beeinflußt?

Lieber Klaus, ich glaube, ich kenne die Weltliteratur, quer durch die Zeiten und rund um den Erdball, von den alten Griechen bis zur – sagen wir – sächsischen Dichterschule, von der kirgisischen Steppe bis zu den Großstadtdschungeln Südamerikas. Auch habe ich schon als Student meine Realismustheorie von Georg Lukács sehr gut gelernt. Also

verschone mich mit der leidigen Frage nach meinen Vorbildern, jetzt gehe ich ohnehin auf die Achtzig zu und hoffe, bald selber einmal eins zu sein. Seit ich zu lesen begann, zum ersten Mal darauf stieß, was Literatur ist und was sie vermag, ging ich in ihr auf Suche, nach dem Lebensgehalt zum einen, aber zum anderen auch nach dem Schönen. Bei allen Autoren habe ich, wozu sich Strittmatter einmal bekannte, »mit den Augen gemaust«. Ob das die Nibelungen Saga war oder der große Krieg der weißen Männer bei Arnold Zweig, einfach bei allen. Also wirklich, erspare mir, all die Namen und Titel zu nennen.
Allerdings, jeder, der schreibt, hat gewiß auch seine Lieblingsautoren, die berühmten Fünf, die man wie Thomas Mann mit auf eine einsame Insel nehmen würde. Bei mir wären das: »Rot und Schwarz« von Stendhal, »Krieg und Frieden« von Tolstoi, »Johann Christof« von Romain Rolland, »Früchte des Zorns« von John Steinbeck und »Der Stille Don« von Michail Scholochow. Aller paar Jahre freilich ändert sich das auch wieder. Wenn es jemanden geben sollte, der mich, wie du wissen willst, sichtbar beeinflußt hat, so könnte es, oder mit Bestimmtheit gar, Hemingway sein. Unter dem Eindruck, den der »Alte Mann und das Meer« bei mir hinterlassen hatte, entstand meine Erzählung »Der Hirt«.

Ich komme aber nochmals auf die »Bitterfelder Geschichten« zurück. Dieses Bitterfeld spielte ja in der Literaturentwicklung der DDR eine wichtige Rolle. Hier fand ja jene Konferenz statt, für die dein Kollege Werner Bräunig, der mit seinem nachgelassenen Roman erst jetzt in aller Munde war, den Slogan prägte: Kumpel, greif zur Feder! Darüber sind ja immer wieder Witze gemacht worden, und ich denke, dieser Versuch, direkt den Arbeiter zum Schreiber zu machen, das war wohl auch ein Irrtum, der freilich ein paar Ausnahmen hatte. Du hast ja nie, wie etliche deiner Kollegen, einen Zirkel schreibender Arbeiter oder Brigadetagebuchführer angeleitet. Wie schaust du heute auf solche Vorstellungen und auf solche Zeiten?

Es war ja hier schon mehrfach von den Bitterfelder Konferenzen die Rede, doch an dieser Stelle, denke ich, sollte man den Fragenkomplex von dir, dem man ja – Nachtigall, ick hör dir trapsen – seine Skepsis oder gar Abneigung anhört, erst einmal entrümpeln.
Ich will keinen Vortrag darüber halten, wie es zur ersten der beiden Konferenzen kam, aber ich möchte klären, worum es in beiden, die von vornherein als Beratung verstanden wurden, ging. Es war an eine Bewegung gedacht, die nun auch kulturpolitisch mit den anderen Umwälzungen im Lande Schritt halten sollte, mit dem neuen Bildungssystem, der Bodenreform, dem Volkseigentum an den Produktionsmitteln usw., die *revolutionär* war. Bis auf zaghafte Bemühungen von Sozialdemokraten und Kommunisten früher, hatte sich dergleichen niemals in Deutschland zugetragen. Es betraf die seit Jahrhunderten existierende Kluft zwischen der Kunst und dem Volk, deren Überwindung von hier, endlich, vom Weichbild der riesigen Chemiebetriebe mit ihren Tausenden Werksangehörigen, ausgehen sollte, und zwar in *doppelter* Hinsicht. Einerseits sollten die arbeitenden Menschen befähigt werden, Kunst und Literatur in sich aufzunehmen, sie zu genießen und daran zu wachsen. Und warum hätten sie dann nicht auch zur Feder greifen und sich selber Geschichte und Geschichten schreibend ausprobieren dürfen? Andererseits waren die Schriftsteller und Künstler dazu aufgerufen, sich nicht nur, wie in Mehrheit vor dem sozialen Umbruch im

Osten Deutschlands, dem Bildungsbürgertum, gar den sogenannten Eliten zuzuwenden, was mit einschloß, sich dem Leben und der Arbeit des Volkes zu stellen. Ich fand, das war im höchsten Sinne demokratisch und, betrachtet man die vermaledeite Geschichte der deutschen Nation, zutiefst humanistisch. Entschuldige bitte, ich weiß, wovon ich rede. Ich habe das alles an meinen Eltern und meinen Verwandten erlebt. Nicht zum Jux, sondern aus vollem Ernst habe ich mein erstes veröffentlichtes Buch, die »Bitterfelder Geschichten«, im Frontispiz meiner Mutter gewidmet. Ich selbst, wie schon gesagt, halte mich keineswegs für einen »Bitterfelder«, trotzdem stand und stehe ich zu diesem Programm. In ihm sah ich einen Teil dessen, was mit Klarsicht bereits Georg Büchner, auch einer meiner literarischen Vorfahren, 1834 gefordert hatte und ich als Motto dem 1. Buch vom »Frieden im Osten« vorangestellt habe: »Man muß in sozialen Dingen von einem absoluten Rechtsgrundsatz ausgehen, die Bildung eines neuen geistigen Lebens im *Volke*« (hervorgehoben von ihm) »suchen und die abgelebte moderne Gesellschaft zum Teufel gehen lassen. Zu was soll ein Ding, wie diese, zwischen Himmel und Erde herumlaufen? Das ganze Leben derselben besteht nur in Versuchen, sich die entsetzlichste Langeweile zu vertreiben. Sie mag aussterben, das ist das einzig Neue, was sie noch erleben kann.«
Aber natürlich, Bitterfelder Weg, ich höre auch deine Einwände. Doch sind auch die für mich, als daß sie sich nur mokierten, von grundsätzlicherer Natur. Mit der Zeit, ja, hatte der Bitterfelder Weg mehr als nur ominöse Züge angenommen. Das lag nach meiner Überzeugung an seiner zunehmend engstirnigen Auslegung, am Unwissen, was geistige Freiheit für die ehemals von ihr Ausgesperrten denn sei, reichte bis hin zum Proletkult und führte zur Gängelei

von Kunst und Literatur. Eine große Idee war somit wieder einmal von Kleingeistern klein gemacht worden.

Es war ja offensichtlich, daß es unter Walter Ulbricht eine ziemlich enge Vorstellung von den Möglichkeiten der Literatur gab. Ich erinnere mich, wie Ulbricht einmal die drei großen Frauen unserer Literatur benannte: Marianne Bruns, Regina Hastedt und Brigitte Reimann. Anna Seghers existierte nicht, um nicht von anderen zu reden. Wie konnte man sich in einem solchen Raum bewegen, konnte man sich überhaupt bewegen?

Für mich ist hiermit gar nichts gesagt, und es fällt mir schwer, darauf zu antworten. Du müßtest konkret werden, wenigstens angeben: wann, wo, wie, unter welchen Begleitumständen usw. hast du Ulbricht das sagen hören. Ich habe ihn anders kennengelernt, selbst als ich einmal die Gelegenheit nutzte und ihm während einer Beratung widersprach, und auch auf der 2. Bitterfelder Konferenz, wo mir ja die Rolle zugefallen war, ziemlich prononciert, als erster Schriftsteller dort zu sprechen. Du mußt doch zugeben, daß meine Rede, wie man ja nachlesen kann, nicht unkritisch war, an manchen Stellen sogar frech, ich jedoch, als ich mich damit vor versammelter Mannschaft im Saal an den Alten wandte, rundum Heiterkeit erntete, auch von ihm.
Aber gut, wir wollen nicht über sein Kunstverständnis oder gar über seine literarischen und künstlerischen Befugnisse urteilen. Er war ja nicht als Staatsmann geboren und mußte sich als Proletarier, Tischler, wie jeder weiß, ebenfalls erst Wissen und Bildung aneignen. Doch was nun deine drei Grazien betrifft, so hat er sie sicherlich loben wollen, weil sie, wenn ich mich recht entsinne, zu den ersten gehörten, die den Weg in die Produktionsstätten und zu den Arbei-

tern gegangen waren. Mein Gott, deshalb muß man ihn doch nicht bloßstellen und verachten wollen! Und die Anna? Klaus, ich bitte dich. Anna Seghers war jederzeit mit ihrem Charme, ihrer Klugheit, aber auch ihrer Schläue so präsent, daß Walter Ulbricht sie wohl zuallerletzt hätte vergessen können. Was sind das nur für Anfechtungen?
Und was soll das nun mit der Bewegungsfreiheit? Gemeint ist doch wohl nicht etwa die meinige? Wenn aber doch, so verweise ich auf mein Werk. Das quillt geradezu über von Bewegung und Schaffensfreiheit. Nimm doch nur einmal die Tatsachen, erstens, in welchen Lebenssphären überall ich mich mit meinem Erzählten herumgetrieben und folglich auch erkundet habe, und zweitens, in welchen literarischen Genres ich mich ausprobierte, vom Kinderbuch bis zum Opernlibretto. Oder meint es, wie zur Zeit in Deutschland gang und gäbe, ich hätte mich als Mensch in einem Gefängnis befunden? Darauf muß ich doch wohl nicht antworten.

Also, wenn die Literatur unter Ulbricht so viele Freiheiten bot, warum lag dann dein »Gatt« mehrere Jahre, wir haben ja schon davon gesprochen. Warum mußte ich als Lektor im Mitteldeutschen Verlag selbst bei einem so harmlosen Buch wie de Bruyns »Buridans Esel« nachweisen, daß hier nicht die DDR in Gefahr geriet oder die sozialistische Moral oder was auch immer. Ich denke, hier haben wir ein Stück Vergangenheit, das sehr verschiedene Seiten hatte.

Warum bist du so ungnädig? Ich denke, wir sind uns gewiß einig in der Annahme, daß sich die Kulturpolitik der DDR generell wie das Pendel einer Wanduhr verhielt, einmal nach rechts ausschlug, wenn man das so sagen darf, ein andermal nach links, einmal: laßt alle Blumen blühen, ein andermal:

befreit das Blumenbeet vom Unkraut. An dieser Sprachverwirrung haben doch aber viele mitgewirkt, solche, die das Wort Literatur vielleicht gerade zu buchstabieren gelernt hatten, und solche, die es gewiß hätten besser wissen müssen. Man mußte das beklagen, dagegen angehen, ja, aber nun gleich Ulbricht dafür verantwortlich machen?

Es muß 1968 gewesen sein. Da hatte ich mal wieder im Ruhrgebiet eine gemeinsame Veranstaltung mit Max von der Grün. Am nächsten Tag berichtete die *WAZ* darüber, die *Westdeutsche Allgemeine Zeitung*, unter der Schlagzeile: »Neutsch: Der Sozialismus schützt vor Dummheit nicht.«

Was war geschehen? Max hatte mir während der Diskussion mit dem Publikum mitgeteilt, daß ihm bei einer Reihe von Lesungen, die ihn durch verschiedene Orte der DDR geführt hatten, in Erfurt von den dortigen Behörden ein Auftrittsverbot erteilt worden war und bat mich, darauf zu antworten. Was sollte ich entgegnen, so peinlich, wie mir das Ganze war und ich mich für die Erfurter schämte? Meine Antwort gipfelte in dem Satz, den dann die *WAZ* mit ihrer hunderttausender Auflage genüßlich ihren Lesern präsentierte.

Du kannst dir denken, daß es nicht ohne Nachspiel blieb. Kaum zurückgekehrt in die DDR, kam der Genosse Siegfried Wagner im Auftrag der Kulturabteilung des Zentralkomitees der SED nach Halle, um gegen mich ein Parteiverfahren zu eröffnen. Die Einzelheiten erspare ich mir. Ich beharrte auf die Richtigkeit meiner Aussage und ließ mich *nicht* bestrafen.

VII.

Aber begeben wir uns doch wieder ein wenig in die Chronologie der »Spur deines Lebens« Und da kommt also in deiner Biographie die Mitteilung »Studium der Philosophie und der Publizistik an der Karl-Marx-Universität«. Also Studium im »Roten Kloster«, wie ein nicht gerade objektives Buch den Vorgang beschreibt. Ich war da fünf Jahre später, Reiner Kunze war Assistent, Wieland Herzfelde und Hermann Budzislawski waren Professoren. Aber es gab auch unsägliche Lehrfächer wie »Geschichte der Presse der Volksdemokratien«, das interessierte mich damals überhaupt nicht, wohingegen man eine Westzeitung nicht zu Gesicht bekam, keinen Spiegel, *keinen* Stern, *die von uns erwartete Auseinandersetzung fand im luftleeren Raum statt. Wie hast du damals die Tieckstraße erlebt?*

Es scheint, als hätte sich im Verlaufe der fünf Jahre, von denen du sprichst und wie du sie beurteilst, eine andere Welt am Institut für Publizistik und Zeitungswissenschaft, wie es wohl korrekt hieß, aufgetan, dort in der Leipziger Tieckstraße am Scheibenholz, wo erst seit Mitte 1951 die Hörsäle, Seminarräume und Internate lagen. Ich war bereits im Oktober 1950 zum Studium gekommen, und zwar zur Fakultät für Gesellschaftswissenschaften, der sogenannten Gewifa, die der Philosophie angegliedert war. Der studentische Betrieb fand da vornehmlich in der Ritterstraße statt, speziell für unser Semester auch in dem Hochhaus am Karl-Marx-Platz, jenem mit den glockenschlagenden Zyklopen auf dem Giebel und der Franz-Mehring-Buchhandlung nebenan, die bald die meine wurde. Ich war immatrikuliert worden für die Fachrichtung Kulturpolitik, und als ein halbes Jahr später die Gewifa aufgelöst wurde, hatte man mich schon kurzerhand, sozusagen auf Parteibeschluß, da jede Menge Nachwuchs für die Presse und andere Medien benötigt wurde, in den neugegründeten Studienbereich für Journalistik mit allem Drum und Dran übernommen.

Nun war ich offenbar auch ein anderer Typ als du. Ich fand mich erst einmal am Ziel meiner Wünsche, als ich mein Studium aufnehmen konnte, war, wenngleich ich auch hier wie an der Oberschule meinem Prinzip folgte, nur das mit Eifer zu betreiben, was mich interessierte, ein fleißiger und sowohl von meinen Kommilitonen als auch von den Lehrkräften geachteter Student. Die Geschichte der volksdemokratischen Presse z. B. interessierte auch mich nicht, also tat ich kaum etwas dafür. Aber zum ersten Mal wurde ich in die Systematik der marxistischen Philosophie eingeführt, in den dialektischen und historischen Materialismus, erfuhr am Original, dem »Kapital« von Marx, von der Politischen Ökonomie des Kapitalismus und hörte in faszinierenden Vorlesungen von der Geschichte, den Kämpfen, Niederlagen und Siegen der Arbeiterklasse. Solange ich noch unterm Schutzschirm der Gewifa stand, waren meine Lehrer dort die Professoren Fritz Behrens (Polök), Ernst Engelberg (Historik) und Gerhard Harig (Diamat). Am Institut kamen von ebensolch wissenschaftlicher Kompetenz hinzu: Wilhelm Eildermann, ein Veteran schon von der Bremer Linken, Hermann Budzislawski, ein Journalist par excellence bereits im Kampf gegen Hitler, später auch mein Mentor, und – last, not least –

Wieland Herzfelde, der Vorlesungen und Seminare über die Weltliteratur hielt und der mich mit einem anderen Kommilitonen ein paarmal zu sich nach Haus zum Tee eingeladen hatte. Ein Name, wie man weiß, der für den Großteil der linken Geisteshaltung während der Weimarer Republik und darüber hinaus im antifaschistischen Exil steht, mit seinem Bruder John Heartfield Gründer des Malik-Verlages, wo sowohl deutsche proletarische als auch die ersten Werke sowjetischer Literatur gedruckt wurden – und sollte ich denn ausgerechnet den, wollte ich mich auf die Spinnerei vom »Roten Kloster« einlassen, als meinen mir von der Stasi zugeschickten »Führungsoffizier« ansehen? Vielmehr hielt ich es für einen Glücksfall, bei einem solchen Manne studieren zu dürfen.

Natürlich kannte ich Herzfelde auch, später dann in meinen Lektoren- und Autorenzeiten war ich bei ihm, dem Bücherkenner, Büchermacher, dessen Malik-Ausgaben zu meiner Bibliothek gehören, manches davon mühsam auf dem Antiquariatsmarkt erjagt – also in jenen Zeiten traf ich ihn oft und hörte mit Vergnügen seine Büchergeschichten.

Ich traf ihn nach Jahrzehnten in der Akademie der Künste wieder, 1974, als ich hinzugewählt worden war. Bei passender Gelegenheit erzählte ich ihm, daß eine meiner Hauptgestalten im »Frieden im Osten«, die sich durch alle Bücher zieht, der Genetiker Professor Beesendahl, wesentlich von ihm lebt, sowohl in seinem Äußeren, seiner geistigen Ausstrahlung als auch in einem Teil seines Schicksals. Gleich ihm wurde auch er, obgleich Widerstandskämpfer gegen die Nazis, bei der Parteiüberprüfung Anfang 1951 aus der SED ausgeschlossen und erst sehr viel später rehabilitiert. Nachdem er sich, nehme ich an, von meinem

Text überzeugt hatte, schenkte er mir prompt sein erst kurz zuvor erschienenes Buch »Zur Sache« mit der Widmung unter seinem Porträt im Frontispiz: »Meinem rücksichtsvollen und freundlichen 1. Biographen und Genossen Erik Neutsch mit herzlichem Dank. – Wieland Herzfelde.« Laß mich auch noch hinzufügen, daß ich eben dann, wenn mich der eine oder andere Lehrstoff langweilte, wie etwa die Presse der Volksdemokratien, gar nicht erst zur Tieckstraße gegangen bin und die entsprechenden Veranstaltungen schwänzte. Dann versuchte ich statt ihrer in den Hörsälen der Stadtmitte, u. a. in der berühmt gewordenen Numero 40, die Vorlesungen von Hans Mayer, dem Literaturwissenschaftler, und Ernst Bloch, dem Philosophen, zu erhaschen, was mir auch mehrmals gelang und meinem Bildungshunger ebenfalls neue Nahrung verschaffte.

Wie du dir gewiß angesichts all dessen denken kannst, halte ich es allein für den Ausfluß eines opportunen, sich nach dem Marktwert richtenden und den heutigen Diffamierungen schon vorauseilenden Geistes, das Institut als ein »rotes Kloster« zu betrachten. Die Autorin wird sich mit diesem Buch ihre Haßneurosen abgeschrieben haben (oder lediglich ihren Frust über miese Testate?), und ich kann sie dafür eigentlich nur bedauern. Mein Verhältnis zu meiner Zeit – das war 1950 bis 1953 – war ein anderes, trotz gelegentlich stalinistischer Auswüchse ein befreiendes, weil von Tag zu Tag freier im Kopf, und das betraf die gesamte Universität. Ich fühle mich bis heute, auch gerade deshalb, weil die politische Restauration die alten Bildungsschranken wieder herzurichten versucht, als einer, der mitgeholfen hat, die Hochschulen in der DDR dem Volke zu öffnen, wie schon von Anfang an über die Vorfakultäten für Arbeiter- und Bauernkinder. Ich empfand mich keineswegs nur als Objekt, sondern ganz im

Sinne Blochs als Subjekt dieser Umgestaltung, war, zumal zeitweilig auch Instrukteur der Zentralen Parteileitung, kein nur nutznießender Student, sondern sah es auch als mein Werk an, daß zum Ende meines Studiums, in den Monaten April/Mai 1953, die Leipziger Universität den Namen Karl Marx erhielt.

Also, ich war kein »Zögling« und das Institut keine »Kaderschmiede des Stasi«, wie es ja im Untertitel des benannten Buches zusätzlich behauptet wird. Ich lebte das Gegenteil. Wenn du allerdings nach der Tieckstraße lediglich als Ort fragst, so kann ich da nur halbwegs mitreden. Als einer der wenigen Studenten wohnte ich ja nicht im Internat, und was sich daher dort nach den Lehrveranstaltungen während meiner Abwesenheit zutrug, vermag ich nicht zu beurteilen. Was hingegen die Wissenschaftlichkeit der Ausbildung an dem Institut betrifft, so, denke ich, machte sie keinen Unterschied zur Gesamtentwicklung der Universitäten im Lande, die nach meiner Beobachtung seit etwa den sechziger Jahren das geworden waren, als was sie einmal mein Zahnarzt charakterisierte: Erweiterte Erweiterte Oberschulen. Zu meiner Zeit konnte man sich den *Stern* oder den *Spiegel* ausleihen, wenn man nur vernünftige Gründe dafür hatte.

Du sagtest soeben: Ich lebte das Gegenteil. Was heißt das, und wo wohntest du?

In der Zittauer Straße, im Ortsteil Schönefeld, und der liegt im Nordosten von Leipzig. Es war kein Wochenende vergangen, an dem ich nicht nach Schönebeck gefahren wäre, um meine Mutter, aber vor allem Helga zu besuchen. Ohne sie, das war für mich ein Jammertal in Leipzig. Jeden Abend, das hatten wir ausgemacht, Punkt

20 Uhr, dachten wir aneinander, wovon ich mich auch nicht ablenken ließ, wenn ich mit anderen zusammensaß, wie etwa mit Reiner Matthes, der gerade rüber in der Clara-Wieck-Straße wohnte. Das aber war auf Dauer für uns kein Zustand. Weihnachten hatten wir uns verlobt, und seither unternahmen wir alles, damit Helga ebenfalls nach Leipzig kommen konnte. Die DDR war noch verwaltungsmäßig in Länder gegliedert, und so mußte man als Lehrer, wollte man wie in diesem Fall eine neue Arbeitsstelle in Sachsen antreten, zuvor an seiner Schule in Sachsen-Anhalt kündigen und sich danach erst wieder bewerben. Das gelang ihr bis zum Ende der Winterferien im Februar, sie bekam eine Anstellung in einer Schule in Probstheida, in der Nähe des Völkerschlachtdenkmals, und da meine Wirtsleute, Mutter und Vater Beyer, wohl auch unter der Verlockung von zusätzlicher Miete, nichts dagegen einzuwenden hatten, uns beide in ihrer Wohnung aufzunehmen, lebten wir für monatlich vierzig Mark in eineinhalb Zimmern und führten fortan, was uns überglücklich stimmte, nach allen Regeln der Liebeskunst eine, wie es damals noch hieß, »wilde Ehe«.

Das aber paßte wohl einigen Sittlichkeitsbeamten am Institut nicht, und ich geriet daher bald mit meiner Helga, als nämlich nun für die Internate in der Tieckstraße die Insassen gesucht wurden, ins gestrenge Blickfeld der SED-Parteileitung. Es wurden mehrere Gespräche mit mir geführt, die darauf abzielten, mich in eine von den Zwei-, Drei- oder gar Vierbettbuchten der Tieckstraße einzuquartieren, und als ich mich fortwährend sträubte, suchte der Genosse Parteisekretär, institutsstatutengetreu und wohl wissend, daß ich mich außerhalb, bei den Vorlesungen befand, Helga in der Zittauer Straße auf, um sie davon zu überzeugen, daß ich, ja, ich weiß nicht wovon, vielleicht, daß ich – in den Armen der Journalistenanstalt ruhiger schlafen würde als in den ihren. Als dann aber auch das nichts nützte, blieben wir fortan unbehelligt. Also konnte man sich wehren, man war gefeit, wenn man nur genügend Rückgrat hatte, einen – entschuldige – Arsch in der Hose.

Geradezu lachhaft, nein, eine Zumutung für erwachsene Menschen war es dann, als von einigen Moralaposteln die These erhoben (und heiß diskutiert) wurde, daß es vom Studium ablenke, wenn Mann oder Frau eine feste Partnerschaft eingingen. Sofort aber setzte der Aufschrei all jener Studenten ein, die wie ich ein längst besiegeltes Verhältnis hatten. Das Gegenteil sei der Fall, sagten wir, was ja wohl auch einleuchtend ist, das Studium leidet eher darunter, wenn man ständig wie ein Insekt von einer Blüte zur anderen schwirrt. Dabei konnten wir mit den Beispielen selbst aus unserer Seminargruppe aufwarten, und soll ich dir sagen, wie dieser Streit schließlich ausging? Wenn ich mich recht entsinne, waren es vier Paare von uns, die sich zum Protest zusammenfanden und ankündigten, um auch ihren Spaß dabei zu haben, am 1. April heiraten zu wollen. Da wir freilich schon erfahren hatten, an welcher Zeitung wir nach dem Studium arbeiten würden, spielte allerdings die Überlegung ebenfalls eine Rolle, daß eine Ehe auch insofern hilfreich wäre, weil sie in der künftigen Stadt zu einer gemeinsamen Wohnung berechtigte. Für uns beide war der Gang zum Standesamt ja ohnehin schon überfällig.

Seitdem jedenfalls herrschte Ruhe. Helga verdiente knapp 400 Mark im Monat, und ich erhielt ein Leistungsstipendium von 220 Mark. Wir kauften gute Bücher und lasen sie, sahen uns gute Filme an und gingen ins Theater, hin und wieder gönnten wir uns eine Flasche Wein, gelegentlich, wenn ich mit meinen Kommilitonen zugange war, kam ich zum Bier, und da ich bereits ein starker Raucher war, teilte mir Helga für die tägliche Ration, Zigaretten oder Tabak, eine Mark zu. Völlig unaufgeregt legte sie neben ihrer Tätigkeit im Unterricht mit soliden Ergebnissen ihre Zweite Lehrerprüfung ab, und ich bestand mein Staatsexamen mit der Diplomarbeit zum Thema »Der Ruf nach Pressefreiheit als eine der Hauptforderungen des deutschen Bürgertums im Anschluß an die Französische Revolution«, bei dem ich aber, schätze ich mal, so sehr ins Ausschweifen geraten war, daß ein Gutachter, war er bis zur letzten Seite vorgedrungen, wohl schon die ersten wieder vergessen hatte. Alles in allem: Überblicke ich meine Universitätszeit, so kann ich ohne Bedenken sagen, daß ich mir hier die Fundamente für all mein späteres Wissen schuf und auch für mich ein Wort von Hans Mayer gelten könnte, das er Jahrzehnte später einmal in einem Interview aussprach: »Vor allem aber sind die Jahre in Leipzig von 1949 bis 1956 große, produktive Jahre gewesen, in denen die DDR turmhoch über der geistigen Entwicklung der damaligen BRD gestanden hat.«

VIII.

Vielleicht sollten wir nun wieder über dein Werk sprechen: Du wurdest mit den »Bitterfelder Geschichten« bekannt, und vielleicht darf man auch »Spur der Steine« als ein Buch bezeichnen, das aus Bitterfelder Intentionen entstand ...

Einspruch, Euer Ehren! Warum ist es denn so schwer, mich zu verstehen? Die Bitterfelder »Intentionen«, das habe ich doch soeben lang und breit zu erklären versucht, hatten nichts mit mir zu tun und dem, was ich schrieb. Nochmals: Ich brauchte zu meiner Herkunft keine Kluft zu schließen und war schon, denke ich, ein recht gebildeter Mann mit Universitätsstudium und der Erfahrung eines Kulturredakteurs. Was ich mit »Spur der Steine« tat, war nichts anderes, als daß ich über die Welt schrieb, aus der ich kam, zugegeben, in poetische Prosa gesetzt. Zugespitzt: Ich erzählte in dem Roman von meiner Klasse wie Thomas Mann von der seinigen in den »Buddenbrooks«. Balla und Horrath könnten meine Brüder gewesen sein ...

Du hast davon erzählt, daß du durch die Lektüre von Hemingways »Der alte Mann und das Meer« zu deiner Geschichte »Der Hirt« gekommen bist, die ja von vielen Lesern als eines deiner besten kürzeren Prosastücke gesehen wird. Pfarrer Martin Weskott, der in der Wendezeit viele DDR-Bücher vor der Vernichtung bewahrt hat, wendet sich gegen die »Vereinnahmung der Geschichte« durch westliche Kritiker. Also, der Hirt Godefred sei nichts anderes als einer der Genossen, die in dem neuen Staat wirken. Das ist natürlich ebenso simpel wie dumm. Wie bist du eigentlich auf den Stoff gestoßen?

Durch Erfindung. Abgesehen davon, daß ich als Junge von etwa zehn Jahren den Sommer mehrmals bei einem Hirten zubrachte, der herüber von den Bauern in Felgeleben seine Schafherde, an die zweihundert Tiere, durch unsere Siedlung den Weidegründen an der Elbe zutrieb. Ich fand ihn und seine Tätigkeit, wie wohl jedes Kind, faszinierend, und auch er muß irgendwie froh gewesen sein, außer in seinen Hunden noch einen treuen Begleiter zu haben. Ich liebte die Natur, Pflanzen und Tiere, und in meiner Erinnerung hatte er auf meine neugierigen Fragen immer auch wieder eine Antwort.
Die Gestalt also besaß ich schon mal. Die Geschichte aber, die ich dann um sie herum ranken ließ, ist wie keine andere von meinen persönlichen Erlebnissen und Erfahrungen entfernt gewesen. Wie die anderen drei Erzählungen des Bandes »Die anderen und ich« war auch sie für mich als ein Formexperiment, Prosa zu schreiben, gedacht. Als sie dann als selbständiges Buch erschien, sagte ich in einer Vorbemerkung von ihr: »Ich habe meine weltanschaulichen und künstlerischen Positionen niemals verengen wollen und sie stets so weit zu spannen versucht, daß sie alle Menschen in meinem Lande erreichen, mit denen ich lebe und für die ich schreibe. Zu ihnen gehören die Gatts genauso wie die Godefreds. Für mich war die Geschichte überdies der Beweis, daß meine Phantasie noch intakt ist. In der innigen Umarmung mit dem jederzeit härteren Realismus geht es ihr wie jedem Brautpaar: Sie empfindet Freude am Schöpferischen.«

Ein Schafhirt taugte nun allerdings nicht dazu, mich im Umgang mit Kühen zu beraten. Ich suchte mir einen Viehpfleger aus dem Rinderstall einer Landwirtschaftlichen Produktionsgenossenschaft. Und dann konnte ich den alten Mann aus Pommern wie jener Santiago von der kubanischen Küste seinen langen Weg zu den Menschen gehen lassen.

Das Stoffliche ist das eine, die literarische Gestaltung das andere, Hemingway als Vorbild. Wenn man es weiß, ist diese Verwandtschaft offensichtlich, aber da wir gerade von Vorbildern reden, wird es Zeit, ein paar deiner Vorfahren einmal etwas genauer ins Bild zu rücken. Wir haben gelegentlich mal gemeinsam an einer Tagung in Wörlitz teilgenommen, wo du aus dem Forster-Manuskript gelesen hast, wenn ich mich recht erinnere. Wie bist du gerade auf Georg Forster gekommen?

Eine lange Geschichte, aber ich will es kurz machen. Nur wenige Monate, nachdem ich am Gymnasium aufgenommen worden war, erhielten wir Schüler den Auftrag, aus der Bibliothek des nach dem Krieg geschlossenen Cäcilien-Lyzeums der Stadt Bücher faschistischen Inhalts über mehrere Straßen hinweg an einen Ort zu tragen, wo sie vernichtet werden sollten. Ich erhielt beim zweiten oder dritten Gang einen Packen zugeteilt, in dem sich auch, rein zufällig, der 5. Band der sogenannten »Propyläen-Weltgeschichte« befand, der das Jahrhundert von der Französischen Revolution bis zum Sezessionskrieg in Nordamerika behandelte. Natürlich konnte ich ein solches Buch nicht wieder aus der Hand geben, ich stahl es und vertiefte mich zu Haus sofort in den reichlich mit Bildern recht anschaulich gestalteten Text. Und was soll ich nun sagen? Ich bekam sogar durch dieses Buch einen neuartigen Blick auf die Historie, vorzugsweise ein romantisches Verhältnis zu den Revolutionen. Ich war jetzt fünfzehn, und meine neuen Idole wurden Danton und Saint-Just (Büchners Drama kam ja als Schulbuchausgabe bald hinzu), und auch der Weltumsegler Georg Forster, obwohl in der dort behaupteten Art von Wissenschaft als »Volksverräter« beschimpft, erweckte zum ersten Mal mein Interesse. 1948 dann, noch mit der Lizenz der SMA, erschien im A. Weichert Verlag Berlin der sehr verdienstvolle Auswahlband »Mensch und Staat« mit Werken und Schriften von ihm und dem Eingangssatz im Vorwort: »Georg Forster wurde vergessen« – so daß ich mich sofort auf seine Lektüre stürzte. An der Universität war er schließlich einer der Protagonisten in meiner Diplomarbeit über den Kampf um Pressefreiheit im von Fürstentümern zerstückelten Deutschland.

Horst Haase hat in einer interessanten Analyse dieser Erzählung nicht nur das Moment des Revolutionären benannt, das von Forster weitergegeben wurde, sondern er spricht im Hinblick auf den Autor Neutsch auch von dem »akuten Gefühl der Krisenhaftigkeit«. War da bei dir schon ein Gedanke an die Krise des sozialistischen Experiments oder sagen wir besser: an die Gefährdung dieses Modells?

Haase, den ich ohnehin für einen der besten Kenner meiner Werke halte, hat das sehr genau beobachtet. Ich schrieb die Erzählung »Forster in Paris«, als in mir, was die weitere Entwicklung des Sozialismus in der DDR betraf, zum ersten Mal – nennen wir es – recht ungute Gefühle auftauchten, keineswegs Zweifel am Gesamten, aber Unzufriedenheit mit manchem, wodurch ich meine Ideale verletzt sah. Da war die Erinnerung an Forster (und

Friedrich Engels, der ihn in einem Atemzug mit Thomas Müntzer als hervorragenden Patrioten feierte) sehr, sehr willkommen für mich. Die DDR, was ich hier nicht im einzelnen ausführen kann, besaß für mich durchaus Analogien zur Mainzer Republik, die unter entscheidender Mitwirkung von Georg Forster gegründet worden war. Nur ein Beispiel: Wie sich die Mainzer Republik nicht ohne Anlehnung an die französische Revolutionsregierung hätte halten können, so auch die DDR nicht ohne das Bündnis mit der Sowjetunion. Das ist eine Grundthese des Marxismus für die sozialistische Arbeiterbewegung, wenngleich bis heute selbst gewisse Linke sie zu beantworten sich scheuen: Immer steht die soziale Frage über der nationalen.

Auch in dem Gespräch der von mir fiktiv angenommenen Begegnung zwischen Saint-Just und Georg Forster sollte natürlich etwas ins Bewußtsein zurückgeholt werden, was seit dem nach meiner Meinung bagatellisierenden Schlagwort vom *realen* Sozialismus abhanden gekommen schien und in den verbürgten Sätzen aus einer Rede Saint-Justs vor dem Konvent so klingt: »Unsere Gesetze sind revolutionär, doch die sie bisher verwirklichen sollten, sind es nicht ... Es ist unmöglich, revolutionäre Gesetze in Anwendung zu bringen, wenn die Regierung nicht selbst auf revolutionärer Grundlage beruht ...« Und schließlich: »Diejenigen, die Revolutionen nur halb durchführen, haben lediglich ihr Grab geschaufelt.«

Das korrespondierte nach meinem Verständnis sehr stark mit einer Stelle bei Marx im »Achtzehnten Brumaire des Louis Bonaparte«, der ich seit dem Anfang meiner Beschäftigung mit dem Marxismus anhing und die ich hier zitieren möchte: »Proletarische Revolutionen ... kritisieren beständig sich selbst, unterbrechen sich fortwährend in ihrem eig-

nen Lauf, kommen auf das scheinbar Vollbrachte zurück, um es wieder von neuem anzufangen, verhöhnen grausamgründlich die Halbheiten, Schwächen und Erbärmlichkeiten ihrer ersten Versuche …, schrecken stets von neuem zurück vor der unbestimmten Ungeheuerlichkeit ihrer eigenen Zwecke, bis die Situation geschaffen ist, die jede Umkehr unmöglich macht, und die Verhältnisse selbst rufen: Hic Rhodus, hic salta! Hier ist die Rose, hier tanze!«
Als ich die Erzählung schrieb, um 1980, war es vielleicht nur erst eine diffuse Ahnung, wenig später, Mitte der achtziger Jahre, wurde es bei mir zur Gewißheit: Die sozialistische Revolution, beginnend mit ihrer teilweise destruktiven Entwicklung nach dem Kriegskommunismus in der Sowjetunion bis hin zu ihrer Inkarnation in der DDR, war auf der Hälfte ihres Weges steckengeblieben. Sie hatte, bestenfalls, die Kader der Partei erreicht, nicht aber das Volk. Und vor dieser *situation fatale* hatte Lenin bereits im März 1918 auf dem 7. Parteitag der Kommunistischen Partei Rußlands gewarnt: »Den Sozialismus aber kann nicht eine Minderheit – die Partei – einführen. Einführen können ihn Dutzende von Millionen, wenn sie es lernen, das selbst zu tun.«

Und natürlich war die Geschichte auch eine »Wiederentdekkung« eines deiner Vorfahren, wie du das genannt hast. Gab es da so etwas wie eine Initialzündung?

Was heißt »Wiederentdeckung«? Ein »Wieder« gab es noch immer nicht, nachdem Georg Forster in Deutschland, und zwar nicht nur von den Nazis, über ein ganzes Jahrhundert, in der Bundesrepublik auch noch Jahrzehnte danach, wenn nicht ganz und gar totgeschwiegen, so (siehe oben) aufs Übelste verleumdet worden war. Die DDR war dabei, ihn erst einmal – im wahrsten Sinne des Wortes – zu *entdecken*. Es gab dazu einige literarische Versuche, bedeutende literaturwissenschaftliche Leistungen, u. a. von Prof. Gerhard Steiner von der Akademie der Wissenschaften, mit dem ich in enger Beziehung stand, und in diesem Ensemble sah ich auch mich mit meiner Erzählung.

Das ist sicher richtig, aber auch anderswo gab es Bemühungen um das Werk Forsters. Du kennst ja auch Klaus Harpprechts Roman-Biografie »Georg Forster oder Die Liebe zur Welt«. Dort steht übrigens als erster Satz seiner Danksagung: »Keine Biografie Georg Forsters wäre ohne die Arbeit Professor Gerhard Steiners ... möglich.« Und es gibt noch manches andere, die Biografie von Ulrich Enzensberger, die du ja sogar als Rezensent einmal besprochen hast, Alfred Prinz' schönes Buch für junge Leute »Das Paradies ist nirgendwo«. Und zu guter Letzt will ich da noch eine Überschrift eines Essays zitieren, den Harpprecht in der Zeit veröffentlichte: »Gegen den neuen Provinzialismus der vaterländischen Leitartikler-Nationalisten – eine Erinnerung an Georg Forster, den Weltumsegler, den Aufklärer, den ersten deutschen Demokraten«. Ich denke, auch hier hat Gerhard Steiners Pionierarbeit seine Wirkung getan.

Ja, auch das mag richtig sein. Das alles geschah aber erst, nachdem Forster in der DDR bereits über 40 Jahre eine feste Größe war, was aber Harpprecht, bis auf seine Würdigung für Steiner, nicht einmal zur Kenntnis nahm. Die Tagung in Wörlitz, von der du sprichst, war im Gefolge meiner Bemühungen zustande gekommen, die beiden Pavillons am Eisenhart im Wörlitzer Park zu Gedenkstätten für Forster einzurichten, in dem einen Literatur von und über ihn auszustellen, in dem anderen die völkerkundlichen

Gegenstände aus dem Pazifik zu zeigen, die er einst während der Weltumseglung mit Captain Cook gesammelt und dem Fürsten Franz von Anhalt-Dessau geschenkt hatte. Das war auch gelungen, doch heute sucht man wieder vergeblich nach den Exponaten, an beiden Pavillons nagt wie eh und je der Schwamm. Unter meinem Einsatz erhielt auch das Gebäude der Sektion Pharmazie an der Martin-Luther-Universität den Namen Georg Forster verliehen, da er hier in Halle über die »eßbaren Pflanzen der Südsee« promoviert hatte. Nach 1990 aber wurde die Gedenktafel sofort abgeschweißt und scheint verschrottet zu sein. Über mehrere Jahre hatte ich mich dafür eingesetzt, ein Forschungsschiff der DDR nach Forster zu benennen, bis man schließlich im Ministerrat eine noch bessere Lösung fand: Die Forschungsstation der DDR in der Antarktis wurde auf Forsters Namen getauft. Seit der sogenannten Wiedervereinigung ist jedoch auch der Südpol wieder »volksverräterfrei«.

Und Initialzündung? Ja. Auch das. Etwa zwei Jahre zuvor war die Erzählung »Kein Ort. Nirgends« von Christa Wolf erschienen. In einer fiktiven Begegnung zwischen Heinrich von Kleist und Karoline von Günderode erkundet sie sozusagen den Gärboden für das Schicksal der beiden, die bekanntlich Selbstmord begingen, und kommt, mit deutlichem Gegenwartsbezug, zu dem Schluß, daß es die den Dichtern und der Dichtung abträglichen politischen Verhältnisse sind. Mir mißfielen die Aussage sowohl als auch die Larmoyanz, mit der sie vorgetragen war. Also stellte ich Forster dagegen, und zwar mit genauer Ortsangabe: *Paris*, und dort auf dem Höhepunkt der Ereignisse, der Jakobinerherrschaft, als einen Mann, der bis zu seinem Tod im Januar 1794 den Idealen der Französischen Revolution fest verbunden bleibt, und das trotz schwerster Schicksalsschläge: verlassen von seiner Frau Therese und den geliebten

Töchtern, verstoßen vom Vater Reinhold, der ihn die Welt zu durchforschen gelehrt hatte, verachtet, von den Fürsten und ihren Schranzen sowieso, aber auch von der Mehrheit der Intellektuellen in Deutschland, verhöhnt selbst von Goethe und Schiller – und trotzdem, wie gesagt, in einem seiner letzten Briefe heißt es: »Paris ist immer *unsere* Karte, und *sie* haben verloren.«

Wenn ich es richtig sehe, sind es die plebejischen Autoren, auch Büchner, Forster, die dich nicht nur interessieren, sondern die sich auch sehr unmittelbar mit deinen eigenen Werken verknüpfen. Du hast ja aber auch die spektakulären »Aneignungen« der Klassiker miterlebt, also Thomas Mann 1949 in Weimar und 1955 wieder, die vielfältigen Unternehmungen in Sachen Goethe und Schiller, die manche Autoren geradezu in andere literarische Bereiche bewegt haben, hast du an solcher Aneignung oder Ablehnung teilgenommen? Direkt wird das ja in deinem Werk nicht sichtbar.

Es sind wohl weniger die plebejischen Autoren, denen meine Sympathie gilt, als vielmehr die Autoren, die sich der Welt der Plebejer annehmen, ihrer Sorgen und Bedürfnisse, Kämpfe und Niederlagen, und da hinein gehören geradezu zuvorderst Büchner und Forster. Die Klassiker habe ich stets als solche empfunden und sie immer auf einem Piedestal stehen gesehen, so daß ich wohl von Aneignung, aber keinesfalls von Abstoßung sprechen kann. Thomas Mann, mit dem ich allerdings als Abiturient noch meine Mühen hatte, kam mir (oder ich ihm) später immer näher. 1955, im Schillerjahr, von dem du sprichst, saß ich sogar einmal mit ihm gemeinsam im Deutschen Nationaltheater zu Weimar, freilich er mit Johannes R. Becher in der Ehrenloge, hingegen ich in einer der ersten Reihen im Parkett. Ich war als Kulturredakteur zur Berichterstattung über die Feierlichkeiten nach Weimar geschickt worden und hatte nun das einmalige Erlebnis, in einem Gastspiel des Mannheimer Schauspiels Schillers Drama »Maria Stuart« mit der mir sonst nur vom Sagen her bekannten, tatsächlich unvergleichlichen Elisabeth Flickenschildt in der Rolle der Elisabeth I. von England zu sehen. Ein originales Pressefoto von Thomas Mann aus diesen Tagen schmückt noch in meiner Bibliothek die Reihe seiner Werke.

Bei dieser Gelegenheit fällt mir etwas ein, was ich dich längst fragen wollte: Warst du oder bist du ein Tagebuchschreiber? Wenn ja, was ist das für ein Tagebuch, ein Notat der Tagesabläufe oder mehr eine Stoffsammlung?

Weder – noch. Ich habe mehrmals Versuche unternommen, ein Tagebuch zu schreiben, doch stets bin ich schon nach den ersten Seiten steckengeblieben. Notizen noch nach dem jeweiligen Tagesgeschehen anzufertigen, oft auch nach anstrengender Arbeit an Manuskripten, dazu fehlte mir die Kraft. Nach einer Seite intensiven Textes, was bei mir früher einen Acht-, heute mindestens einen Fünf-Stunden-Tag braucht, fühle ich mich ausgelaugt. Hinweise, Materialien jeder Art zu den in Aussicht genommenen Stoffen, selbst auf den Verdacht hin, daß sie Leergut bleiben, sich später nicht verwenden lassen, fallen bei mir sporadisch an und füllen dicke Aktenordner. Beispiel: Wenn ich wie dieser Tage weiß, demnächst werde ich auf Experimente in der Genforschung angewiesen sein, fische ich natürlich einen mir zu diesem Thema günstig erscheinenden Beitrag aus der Zeitschrift, wo ich ihn gelesen habe, um vielleicht später von ihm zehren zu können.

Anders ist es bei meinen Reisen ins Ausland, da schrieb ich Notizen. Auch Naturbeobachtungen halte ich fest, wann blüht was, und wie verhält sich dieses oder jenes Tier.

IX.

Wir haben nun schon etliche Male dein Opus magnus, wenn man das so sagen darf, das Romanwerk »Der Friede im Osten« erwähnt, dessen erster Band 1974 erschien. Vier Bände liegen vor, zwei weitere Bände sind oder waren geplant. Wir werden noch darüber reden. Aber zunächst mal: Wie kam es zu diesem Unternehmen?

Zur Zeit, wenn mich nicht gerade die Antworten zu den Fragen dieses Interviews davon abhalten, schreibe ich am 5. Buch meines Zyklus. Bitte, erinnere dich auch, daß ich von Anfang an die jeweiligen Zeit-, Milieu- und Handlungskomplexe nicht Bände, sondern *Bücher* genannt habe, ganz nach dem Vorbild klassischer deutscher Entwicklungsromane (»Simplicissimus«, »Wilhelm Meister« etc.). Sechs sollten es werden, auch das von Anfang an, und zwar in dem ebenfalls bereits geplanten und bei den vier vorliegenden Büchern in etwa auch eingehaltenen Umfang, sogar schon mit ihren jeweils eigenständigen Titeln. Dabei ist es bis heute geblieben. Das 5. Buch also wird heißen »Plebejers Unzeit oder Spiel zu dritt«, das 6. »Jahre der ruhigen Sonne«, und gewiß, vor diesem letzten muß ich dann den lieben Gott noch bitten, mir die Zeit dafür zu lassen.

Wiederholen möchte ich hier, wozu ich mich bereits meinen Lesern gegenüber verpflichtet fühlte, indem ich mich ihnen nach so langer Unterbrechung der Arbeit an meinem Zyklus (das 4. Buch erschien 1987!, wenn auch sogleich in vier Auflagen) in einem Vorwort erklären werde. Die Gedanken an den »Frieden im Osten« ließen mich schon als Student nicht los, nachdem mir zum ersten Mal bewußt geworden, was mit mir vom letzten Tag des Krieges an geschehen war, ein Aufbruch nämlich überhaupt zum Denken, in der Suche nach einem reinen Gewissen, in dem Drange mehr und mehr, mich zu befreien von der Mystifizierung allen Daseins, kurz: der Nazi-Ideologie, die mir, dem tumben Jungen, einst hatte eingeimpft werden sollen. Ich hatte begriffen, daß mir dergleichen, eine wunderbare neue Welt aufzubauen, nur würde gelingen können, wenn ich mich nicht verweigerte, sondern jenen Kräften anschlösse, den antifaschistischen, deren oberstes Gesetz es war, mit den Trümmern der niedergebrannten Städte auch den Schutt in den Köpfen abzuräumen.

In dieser Situation war ich jetzt, ich hatte literarische Erfahrung und den nötigen geistigen Halt, und so formte sich in mir ein erster literarischer Versuch, die Geschichte von Achim und Ulrike. Das große Inferno, das am Anfang steht, in dem ein deutsches Flugzeug von deutschen Geschützen abgeschossen wird, seine todbringende Fracht auf deutsches Land abwirft und somit die Ausgangspunkte der künftigen Handlung »zusammenbombt« – dieses Bild eröffnete schon damals das Manuskript. Mehrmals brach ich dann aber ab, ließ den Stoff ruhen, denn er weitete sich immer mehr aus, wurde tiefer, und ich glaubte, zu seiner Bewältigung noch nicht reif genug zu sein. Ich mußte erst anderes schreiben.

»Der Friede im Osten«, das assoziiert natürlich »Krieg und Frieden«. Wird hier nicht ein Anspruch formuliert, der wohl

kaum realisiert werden kann? Tolstois Roman wurde wohl nicht als Epochenroman geplant, aber er ist es geworden. Es ist ja sehr oft in der Literaturgeschichte so gewesen, daß solche Ansprüche dann nicht realisiert werden konnten, denkt man etwa an »Die Kommunisten« von Aragon, der noch immer ein Schriftsteller ist, von dem etliche Bücher lebendig sind, aber die »Kommunisten« sind vergessen.

Ich höre hier die typische Verfahrensweise von Literaturkritikern heraus, künstlerischen, also schöpferischen Werken die Flügel zu beschneiden und sie in Schablonen zu zwängen. Da erhebst du von vornherein den Zeigefinger und drohst mit dem Größten aller Großen: Tolstoi und seinem Epochenroman. Was aber schert denn mich das! Natürlich wage ich den großen Wurf, und natürlich schwebt mir die Geschichte meiner Helden vor, die anders sind als alle Helden vor ihnen, und die sich in einer Gesellschaft zu bewähren haben, die ebenfalls anders ist als jede vor ihr. Wer, außer mir oder einer meiner Zeitgenossen, sollte es denn sonst tun? Tolstoi lebt leider nicht mehr, auch Thomas Mann hat das seinige geschrieben, also darf ich doch wenigstens darum bitten, daß es mir erlaubt ist, aus meiner Sicht die Schicksale der Menschen in diesem Lande, das sich DDR nannte, zu gestalten. Ob es dann in diese oder jene literaturtheoretische Schublade paßt, ein Epochen-, Entwicklungs- oder Gesellschaftsroman ist oder alles zusammen, mag den Kritikern überlassen bleiben.

Wie es scheint, ärgert es dich, daß ich da ein Beispiel genannt habe, aber Literaturgeschichte und auch Geschichte hat es immer mit Vergleichen, das ist eine alte Weisheit, doch ich merke, wir sind wieder einmal an einem Streitpunkt angekommen, also machen wir weiter ...

Mich interessiert, ob meine *Leser* mich lesen, denn ich hatte
und habe ihnen etwas zu sagen, und zwar das, was dem gesamten Vorhaben als Motto voransteht und jetzt, nach dem
Zusammenbruch der DDR und mitten in dem Geifer, der
Hetze gegen sie, fast wie eine Prophetie klingt, der Vierzeiler Paul Flemings:

> Zeuch in die Mitternacht, in das entlegne Land,
> das mancher tadelt mehr, als daß ihm ist bekannt!
> Tu, was dir noch vergünnt der Frühling deiner Jahre!
> Laß sagen, was man will! Erfahre du das Wahre!

Daß die »Kommunisten« von Louis Aragon nicht das hielten,
was sie anfangs versprachen, hatte ja wohl noch andere Ursachen, hing weniger mit dem literarischen Vermögen des
Autors zusammen, als vielmehr mit seiner, persönlich zwar
ungewollten, doch auch von der Kommunistischen Partei
Frankreichs getragenen ideologischen Erstarrung im Stalinismus. Für mich, wenn es gestattet ist, möchte ich noch
ein anderes Werk als Vorbild in Anspruch nehmen. Das
ist der Zyklus »Der große Krieg der weißen Männer« von
Arnold Zweig, sind die Romane, die zu einem Gesamten
gehören, jedoch auch für sich bestehen könnten. Und in
diesem Kontext kam dann auch der Titel »Der Friede im
Osten« zustande, mit einem Blinzeln, ja, auf »Krieg und
Frieden«, aber mit festem Blick aus beiden Augen auf das
Gegenstück, den »Unfrieden im Westen«. Auch aus dieser
Sicht, als hätte ich's damals schon geahnt, erhält mein Titel
heute eine viel tiefere Bedeutung, da sich Deutschland seit
Jahren wieder – obgleich anfangs von den Herrschenden
bestritten, doch inzwischen längst als gesellschaftsfähig akzeptiert – im *Krieg* befindet. In den vierzig Jahren, seit die
DDR existierte, wäre ein »Krieg im Osten« undenkbar ge-

wesen, weil die ökonomischen und geistigen Grundlagen dafür abgeschafft worden waren. Auch das, nein, vor allem das gehörte zur DDR, und nennen wir sie wenigstens hier einmal bei ihrem vollständigen Namen: Deutsche Demokratische Republik.

Du hast ja da im Zentrum ein paar junge Leute, die zentralen Figuren sind Achim Steinhauer und Frank Lutter, die sozusagen durch die DDR und ihre Höhen und Tiefen geführt werden. Da sind dir, so glaube ich, sehr schöne Szenen gelungen. Wir haben ja bei den Betrachtungen zu deiner Biographie manches Ereignis schon beredet, also das Buch hat in wesentlichen Teilen autobiographischen Charakter?

Ja. Denn wenn auch in all dem anderen von mir Erzählten, literarisch von mir Erfaßten immer etwas von meinen Erfahrungen steckt, von meinen Begegnungen und Denkvorstellungen, so ist der »Friede«, würde ich sagen, von mir durchlebt. Besonders dem Ersten Buch »Am Fluß« merkt man es wohl an, wenn man daneben meinen Lebenslauf legt, auch an die dritte Zentralfigur denkt, Ulrike, deren großer »Auftritt« jetzt, im Fünften Buch »Spiel zu dritt« erfolgt. Vieles ist dann aber auch mit dem Fortgang der Geschichte, wie das so schön heißt, »verfremdet«, um dadurch eher auf den Kern einer Sache zu kommen, als wenn ich von mir eine Fotokopie hätte anfertigen wollen. Die Widersprüche, die im Menschen und in der Gesellschaft zu Konflikten führen und in Wechselwirkung zueinander von Individuum und Universum stehen, bilden ja zunächst nur den noch brachen Nährboden für mein Schreiben und müssen schließlich erst durch mich kultiviert werden, Gestalt annehmen!

Das 1. Buch wurde ja, wenn ich mich recht erinnere, durchaus nicht mit Jubel aufgenommen, es gab etliche Rezensionen, die das Unternehmen lobten, aber es gab auch Skepsis, ob man auf diese Weise ein Epochenbild literarisch gestalten könnte. Letztendlich bezweifelte man das Modell des Romans des 19. Jahrhunderts, das überholt schien?

Ich fand und finde das alles so professoral, so buchstabengelehrt, daß es mir graut, länger dagegen zu polemisieren. Wann war das denn? Als wie ein Zaubermittel der »nouveau roman« aus Frankreich aufkam? Oder mit der in der DDR zu spät gekommenen, aber daher um so beflissener erteilten Bewunderung für den »Ulysses« von James Joyce und Kafkas Romane? Ich jedenfalls hatte keinen Gedanken daran, nach der neusten Mode zu gehen, etwas abzuschaffen, was des Abschaffens nicht wert war, sondern ich wollte und will – und ich betone es nochmals – Geschichten von Menschen erzählen, schlicht oder verschlungen, vielgestaltig oder einfach, im Lärm großer gesellschaftlicher Prozesse oder in der Stille der Einsamkeit, und das stets so, daß man sich in meinem Text wie in einem Spiegel wiedererkennen und vielleicht sogar mit den dort gezeigten Bildern identifizieren kann. Das aber, scheint mir, ist nur möglich auf der Höhe der Zeit und in der Breite des Raums und – mit einer lesbaren, volksverbundenen Prosa.

Gehen wir doch der Arbeit an diesem Romanwerk ein wenig nach, immerhin hat dich das Unternehmen ja etliche Jahre beschäftigt, und wie du erneut bestätigt hast, gab es von Anfang an ein Konzept, das auf diesen Umfang zielte und auch auf die wesentlichen Erzählbereiche. Kannst du dazu etwas sagen?

Da wird etwas verlangt von mir, was ich beim besten Willen nicht beantworten kann. Da liegen bis jetzt fast zweitausend Seiten vor, und ich soll auf vielleicht zweien sagen, was drinsteht?

Das sollst du nicht, aber die Leser, die sich heute für dein Werk interessieren, dürfen schon danach fragen, in welchem Zeit- und Geschichtsraum das angesiedelt ist.

Vielleicht kann ich mit Folgendem helfen: Der Zyklus beginnt mit dem Ende des Krieges und wird im Herbst 1989 ausklingen, also mit dem Zusammenbruch der DDR. In diesem halben Jahrhundert steht der Lebensweg des Proletarierjungen Achim Steinhauer, der Hauptfigur der durchgehenden Handlung, unter der von ihm frei gewählten Prämisse, sich selbst nachhaltig durch schöpferische Arbeit zu verwirklichen. Nach seiner (und auch des Autors) Ansicht sind dafür drei Bereiche prädestiniert, auf denen er sich beweisen könnte, *drei*: Wissenschaft, Kunst – wozu selbstredend die Literatur gehört – und »das, was er einmal die politische Mitgestaltung der Gesellschaft nennen möchte«. Während in Kunst oder Wissenschaft ein Mensch wie er – mit dem nötigen Talent, versteht sich, und trotzdem unter unsäglichen Mühen und Entbehrungen – möglicherweise auch in einer von Klassen in Reich und Arm gespaltenen Gesellschaft seinen Platz finden könnte, gelänge ihm die schöpferische Mitgestaltung der Volksmacht jedoch nur unter sozialistischen Bedingungen. Mit diesen Überlegungen endet das Dritte Buch, »Wenn Feuer verlöschen«, das 1985 erschien. Doch als Achim darüber nachdenkt, ist er verbittert und kommt zu dem Schluß: »Und wiederum sind es nicht sieben fette, sondern nur sieben magere Jahre geworden.«

1978: Erik Neutsch signiert.

1975: Beim Hobby Ornithologie unterwegs auf Fotopirsch

1930: Das Elternhaus (rechte Hälfte) in der Arbeitersiedlung Sachsenland von Schönebeck/Elbe mit Wahlwerbung für die SPD

1937: Im ersten Schuljahr

1936: Sonntagsausflug mit den Eltern

1946: Aus dem Militärgefängnis entlassen

1947: Schüler am Realgymnasium Schönebeck/Elbe

1951: Mit der Mutter am Elternhaus in der Siedlung Sachsenland

1970: Familienfahrt auf See – Helga und Erik Neutsch mit ihren Töchtern Marita (links) und Corinna

1955: Als Kulturredakteur der Bezirkszeitung »Freiheit« in Halle im Gespräch mit Schriftsteller Otto Gotsche und Heinz Sachs vom Mitteldeutschen Verlag

1960: Autoren des Mitteldeutschen Verlages: (v.r.) Bernhard Seeger, Erik Neutsch, Helga Neutsch, Reiner Kunze, Günter de Bruyn

1973: Im Atelier des Malers Willi Sitte (Mitte) mit Dr. Reiner Matthes, einem Freund aus Leipziger Studienzeiten

2008: Erste persönliche Begegnung zwischen Erik Neutsch und Gustav Adolf Schur

1948: Theaterkritik zur Aufführung der »Matrosen von Cattaro« von Friedrich Wolf in Halle – mit Lob für E. N. als Darsteller des Anton Grabar

1975: Zu Haus am Schreibtisch, mit dem Plakat zur Oper »Karin Lenz«, die Günter Kochan nach dem Libretto von Erik Neutsch komponierte

1981: Mit Ehefrau Helga an der Grabstätte Heinrich Heines in Paris

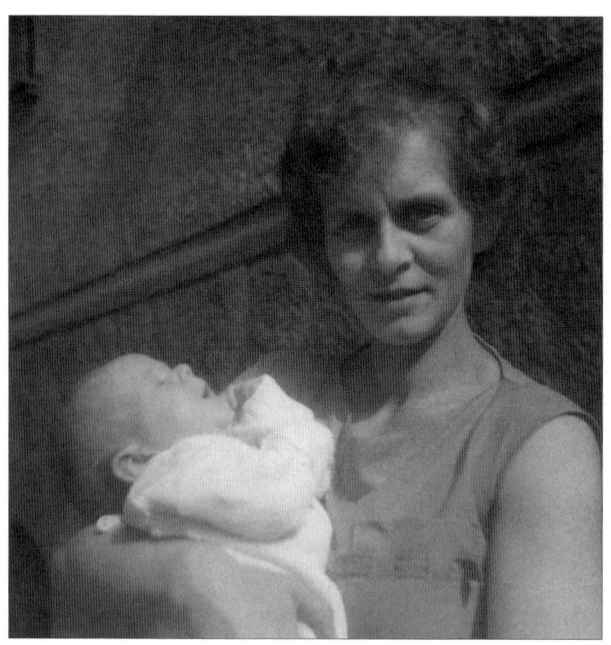

1962: Helga Neutsch mit Tochter Corinna

1982: Erik Neutsch mit Enkel Michael

2006: Mit Ehefrau Anne vor dem Haus in Halle-Dölau

1994: Strukturplan zum Grünewald-Roman »Nach dem großen Aufstand«, der 2003 erschien

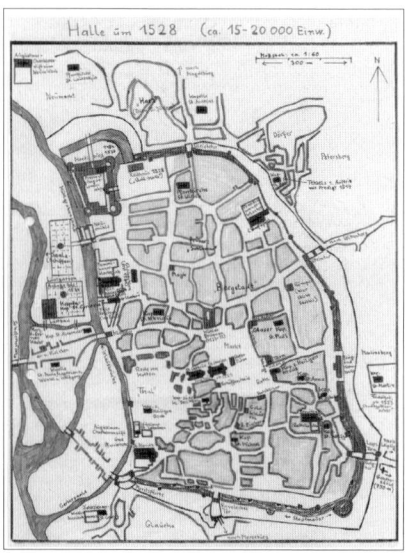

1994: Halle um 1528 – selbst angefertigte Orientierungsskizze für den Grünewald-Roman

1988: Erster Strukturentwurf zum fünften Buch des Zyklus »Der Friede im Osten«

1985: Autogrammstunde in Berlin zum »Frieden im Osten«. An diesem Zyklus schreibt der Autor weiter.

Heute bin auch ich über diesen Satz erstaunt. Wer oder was hat ihn mir damals eingegeben?

Ja, ich denke, davon wollen die Leser auch dieses Buches etwas wissen.

Wenn dem also so ist, wie ich eben sagte, dann muß mein Hauptheld seine unterschiedlichen Wirkungsstätten bekommen, und dementsprechend sind die einzelnen Bücher, ohne daß auf Nebenschauplätze verzichtet wird, in folgende Haupthandlungsfelder geordnet: Herkunft und Jugend – Universität – sozialistischer Großbetrieb – Volksarmee. Hinzu werden kommen: die Kunstindustrie (DEFA) im Fünften und ein Forschungsinstitut für Molekularbiologie im Sechsten Buch. Von beiden ist ja im bisherigen Text schon mehrfach die Rede.
Auch was das Figurenensemble betrifft, von dem du vorhin gesprochen hast, muß ich dich leicht korrigieren. Achim Steinhauer, ja, das ist nicht zu übersehen, ist die durchgängige Hauptgestalt. In der zweiten Reihe, als seine unmittelbare Bezugsperson aber steht nicht nur Frank Lutter, sondern wichtiger noch als er Ulrike, Achims Liebe. Bei meinen Lesern jedenfalls ist das längst zur Gewißheit geworden. Wenn sie mich nach dem Fortgang der Geschichte im »Frieden im Osten« fragen, dann stets auch nach dem künftigen Schicksal der beiden im Paar. Hinter Ulrike und Lutter stehen dann in der dritten, aber für den Helden noch immer bedeutsamen Reihe solche lauteren Charaktere, die in allen Büchern wiederkehren, wie: die Mutter, sie vornan, Erich Höllsfahrt, Münz, und in jedem Buch gibt es eine Menge anderer, ohne deren Zutun die Entwicklung Achims nur ein Zwergendasein bliebe. Ich erinnere an Hörbing, seinen Schulleiter, Professor Beesendahl, Fritz Diepold und, und, und …

Du hast damals, als der »Friede« geschrieben wurde, besonders viele Recherchen im Bereich der Genetik unternommen. Du hattest Kontakte zu etlichen Genetikern, Prof. Erhard Geißler in Berlin, Prof. Berg in Jena. Du warst bei wissenschaftlichen Tagungen dabei. Was hat dich an der Genetik so fasziniert?

Ehe wir die Liste der Genbiologen schließen, sollten wir einige nennen, zu denen ich noch engere Kontakte unterhielt: Prof. Helmut Böhme vom berühmten Forschungsinstitut in Gatersleben, das lange Zeit von Prof. Hans Stubbe geleitet wurde und ständig Kontakte mit Schriftstellern pflegte, Prof. Klaus Schreiber von der Akademie der Wissenschaften der DDR, der überdies im Spechtweg von Halle mein Nachbar war, Prof. Gottfried Mauersberger, stellvertretender Direktor und sozusagen Chef-Ornithologe am Naturkundemuseum Berlin. Erhard Geißler hatte mir für das 2. Buch vom »Frieden« sein Tagebuch, das er als Student an der Universität Leipzig geschrieben hatte, zur Nutzung überlassen und mir später über die Leopoldina zu Halle eine Briefbekanntschaft mit Max Delbrück vermittelt, dem Nobelpreisträger aus Pasadena, USA, einem Förderer von James Watson und Francis Crick, die beide die Doppelhelix der DNS entdeckten, die materielle Substanz der Erbinformationen. Böhme beliefert mich bis heute mit wissenschaftlichem Material der Molekulargenetik, und Mauersberger hatte mich einst im Dornbusch auf Hiddensee den Gesang der Heckenbraunelle zu hören gelehrt und mir während des Vogelzugs auf einem Rastplatz auf Rügen die Sammlung der Kraniche zu Tausenden gezeigt.

Wenn du aber nun nach der Faszination fragst, die die Genetik auf mich ausübt, so liegen auch hier die Anfänge schon lange zurück. Zunächst einmal, als ich mich immer mehr der Struktur meines Romans näherte und für Achim

schöpferische Arbeit auch in der Wissenschaft voraussetzte, mußte ich mich für eine ihrer Disziplinen entscheiden, in der menschlicher Existenz auf den Grund gegangen und das Leben in seinen größten Dimensionen sichtbar gemacht würde, wozu für mich nach Gott und die Welt zu fragen gehört. Dafür gab es für mich nur zwei Gebiete, die sich auch literarisch, ohne Science-Fiction zu sein, umsetzen ließen, entweder der Makrokosmos mit der Unendlichkeit des Alls oder der Mikrokosmos in der Unendlichkeit seiner atomaren Struktur. Von der Schule, wenn ich auch sonst in den Naturwissenschaften, Chemie, Physik usw., was ich später bereute, kein Glanzlicht war, brachte ich dennoch ein reges Interesse für Astronomie und Biologie mit, und am Institut für Publizistik, als uns Studenten eines Tages als Pflichtliteratur das Kongreßprotokoll der Tagung der Akademie der Landwirtschaftswissenschaften der Sowjetunion »Die Lage in der biologischen Wissenschaft« empfohlen wurde, erschrak ich, als ich es in die Hand bekam. Das strotzte nur so von Verleumdungen gegenüber den Vererbungstheoretikern aus aller Welt und hob allein die Mitschurinsche, noch eher wohl Lyssenkos an Scharlatanerie grenzende Lehre über die Entstehung der Arten aufs Schild. Irgendwie, mehr ahnend denn erkennend, vermutete ich dahinter eine gräßliche Verballhornung der marxistischen Philosophie, das, was man später generell Stalinismus nannte. Daraus ergab sich dann für mich der Entschluß, Achim Steinhauer Biologie studieren zu lassen (ein Bruch zu meinem Werdegang!) und ihn in die Genetik zu schicken.
Die Konflikte und Bewährungen in der Forschung freilich stehen ihm noch bevor. Ich habe gerade mal geschrieben, wie er in dem Labor, wo er jetzt arbeitet, in zahllosen Experimenten immer und immer wieder versucht, bei der Drosophila melanogaster, der Fruchtfliege, in ihren

unterschiedlichen Entwicklungsphasen eine Mutagenität zu erreichen. Die Fragen nach dem Leben, seinem Entstehen und vor allem nach seinem *Sinn*, bauen sich hier erst vorsichtig auf und werden dann im 6. Buch, bei einer Reihe von Nebenhandlungen, das eigentliche Zentrum sein, um das sich alles dreht.

Wenn du heute auf die vier erschienenen Bücher zurückblickst, was würdest du anders machen? Da gab es ja nach der Wende vor allem die Diskussion um den Einmarsch der NVA 1968 in die CSSR, der in Wirklichkeit nicht stattgefunden hat, wenn ich es richtig sehe, aber das Thema ist schon oft diskutiert worden. Aber was gibt es noch aus heutiger Sicht, was du damals vielleicht nicht gewußt hast?

Wenn du so fragst, bleibt mir doch nur zu antworten: Nichts, ich habe absolut nichts gewußt, nichts von dem, was dann seit Ende 1989 über die DDR im freien Fall hereinbrach. Eine Ahnung, ja, ein mehr als nur banges Gefühl, wenn ich an die Herausforderungen dachte, die gesellschaftlichen Prozesse, die immer weniger bewältigt, geschweige denn gemeistert wurden, hatte mich zunehmend schon seit Mitte der achtziger Jahre ergriffen. Das läßt sich auch nachweisen an meiner Literatur, an »Claus und Claudia« beispielsweise, wo sie von ihrer Zukunft spricht: »Die Partei? Sie interessiert mich nicht mehr. Was für einen Sinn hat sie noch. Unsere kommunistischen Ideale werden erst dann so weit gediehen sein, daß sie sich würden verwirklichen lassen, wenn die Sterne verglühen und das Weltall eingeäschert wird ...« Ich für meinen Teil zog mir oft den Unmut gewisser Funktionäre zu, wenn ich meinte, statt des *realen* sollte man mal wieder den *idealen* Sozialismus auf die Fahnen schreiben, dessentwegen ich in die Partei eintrat. Ursprünglich wollte ich das gesamte Projekt etwa um 1985 enden lassen, zu einem Zeitpunkt, an dem ich meine Ideale (und damit auch die meiner Helden) zunehmend beschädigt fand. Mir wäre doch nie in den Sinn gekommen, daß wenig später weit schlimmer mit ihnen verfahren wurde, daß sie verteufelt, in den Schmutz getreten, verleumdet, verhöhnt und verfolgt wurden und werden. Daraus ergab sich die einzig große und für den Zyklus *entscheidende* Änderung: Seit ich mich wieder dem Stoff zuwandte, sehe ich jetzt die Handlung bis ins Jahr 1990 geführt, bis zum Zusammenbruch der DDR, der Niederlage einer zum ersten Mal in der tausendjährigen Geschichte Deutschlands staatgewordenen Volksmacht einerseits und dem Sieg der konterrevolutionären Kräfte andererseits, der Reconquista durch das Kapital – was heute, 2010, wohl kaum noch schöngeredet werden kann.

Das ist die objektive, die historische Wahrheit, nicht ihre von subjektiven Interessen deformierte und propagandistisch verkündete Ausdeutung durch diese oder jene Partei. Und da ich von Anfang an bestrebt war, die Schicksale, die ich selbst erlebt oder tausendfältig miterlebt habe, historisch wahr zu gestalten, sehe ich keinen Grund, die Wege von Achim und Ulrike, Lutter und Höllsfahrt, der Mutter Hanna und Matthias Münz anders laufen zu lassen als angelegt. Nicht anders als ihr Erfinder werden sie auch wie bisher ihre Kraft für den Aufbau einer neuen, endlich humanistisch gesonnenen Gesellschaft aufbringen, denn unter dieser Grundhaltung verstand ich auch stets mein ästhetisches Realismusprinzip. Ich bin eben *nicht* der Meinung, daß, wie gelegentlich behauptet, realistische Literatur immer auch eine sein muß, die sich *gegen* die jeweils präsente Gesellschaftsformation zu wenden hat. Nein. Bei aller Kritik hat sie vor allem auch die Aufgabe, individuell wie ge-

sellschaftlich, Störendes zu bekämpfen und Errungenes zu verteidigen und zwischen beidem genau zu unterscheiden. Wer den Sozialismus will, scheint mir, soll auch *für* den Sozialismus schreiben dürfen, ebenso wie die Humanisten es für den Humanismus taten. Siehe Ulrich von Hutten: Ich habs gewagt mit Sinnen.
Einmal allerdings wurde ich dieses Credos wegen geradezu aufgeschreckt und sehr nervös. Da glaubte ich, gegen jenes Bekenntnis verstoßen zu haben, das ich mir selbst gegeben hatte und das seit Jahren als Leitsatz über meinem Schreibtisch hängt. Es ist ein Wort von Georg Forster: »Denn des Schriftstellers höchste Pflicht, in meinen Augen, ist diese: Zur Erweiterung des Reichs der Wahrheit aus allen Kräften beizutragen, und der etwa damit verknüpften Gefahr ruhig entgegen zu sehen.« Das war, als auch die DDR bezichtigt wurde, 1968 mit ihren Truppen in die Tschechoslowakei einmarschiert zu sein, und mich der Vorwurf traf, im 4. Buch des »Frieden« eine falsche, eine ahistorische Darstellung der Ereignisse gegeben zu haben. Du spielst ja oben mit deiner Frage darauf an.
Bei all den Recherchen, die ich unternommen hatte, sowohl meinen persönlichen Erfahrungen als Politoffizier während meiner Dienstzeit in einem Bataillon des 17. Mot.-Schützen-Regiments als auch später, noch während der Arbeit am Manuskript, bis ins Ministerium für Nationale Verteidigung in Strausberg, hätte ich mir eigentlich sicher sein müssen, daß unsere Soldaten damals zwar mit zwei Divisionen an der Grenze zur CSSR standen, doch lediglich »Gewehr bei Fuß«, mit dem Befehl zur Herstellung erhöhter Gefechtsbereitschaft. Trotzdem, bei der allgemeinen Panik, die nun seit dem Herbst 1989 darüber ausgebrochen war, in der den staatlichen Organen der DDR nur noch Schändlichkeiten zugetraut wurden, ließ auch ich mich ins Bockshorn jagen,

glaubte wie meine Partei, der ich damals noch angehörte, mich entschuldigen zu müssen, und schrieb einen diesbezüglichen Brief an Václav Havel. Der ließ mich im Regen stehen, während ich noch immer darüber nachdachte, einmal anläßlich eines Interviews auch öffentlich, wie ich den von mir angerichteten Schaden reparieren könnte.

Angemerkt sei hier wenigstens, daß ich lange noch Briefe erhielt, auch von Armeeangehörigen, teils hohen Offizieren, die mich zusätzlich irritierten. Die einen schrieben mir, während der kritischen Tage im August zwei Schützenpanzerwagen der NVA in Karlovy Vary gesehen zu haben, ein anderer, ein Bataillon habe sich kurzzeitig über die Grenze verirrt, weil die Karte nicht gestimmt habe, und wiederum andere kündigten mir, obgleich sie, wenn überhaupt, dann nur anonym hätte sein können, die Freundschaft auf ...

Nein, entgegen aller mir damals zugemuteten Unterstellungen werde ich keins meiner Werke von mir weisen, auch nicht das 4. Buch vom »Frieden«, ich bin nicht Gottvater Kronos, der das einmal von ihm Erzeugte bereut und, aus Furcht oder Scham, seine eigenen Kinder verschlingt. Vielmehr halte ich mich an einen Großen der Weltliteratur, dem ähnliches widerfuhr, an ein Zwischenwort Romain Rollands in seinem Roman »Johann Christof«: »Geduld! Schenkt uns Vertrauen, wenn wir fehlgehen. Wir wissen, daß wir fehlgehen. In dem Augenblick, da wir unsere Irrtümer einsehen, werden wir diese härter als ihr verurteilen. Wir geben uns Mühe, jeden Tag ein wenig mehr Wahrheit zu erobern. Am Ende unseres Weges werdet ihr beurteilen können, ob unser Versuch etwas taugte.« Das 5. Buch wird es zeigen.

Ich hatte für das Gefüge meines Zyklus bewußt auch einen Handlungsstrang gewählt, der meiner Hauptgestalt die Volksarmee erschließen sollte, denn wie ich die Schubladensortierung der Belletristik in Abenteuer-, Künstler-, Frauen- und noch viele andere Genres nicht mag, so erst recht nicht die Teilung in Soldaten- und – führte man es konsequent fort – Zivilisten-Romane. Selbstverständlich ist an allen Ecken und Enden der Geschichte der gesellschaftliche Hintergrund gefragt, bei meiner Auffassung von Realismus erst recht, und demzufolge hielt ich es für angebracht, in die sozialistische Lebenswelt meiner Figuren auch ihr sozialistisches Militär als etwas völlig Normales, Dazugehörendes zu integrieren. Daß die NVA, wie sich nun konträr zu ihr an den Kampfeinsätzen der Bundeswehr zeigt, die einzige Heeresmacht in Deutschland sein würde, die nie einen Krieg, geschweige denn einen auf fremdem Territorium führte, ließ sich reinen Gewissens bereits damals von mir aufgrund ihres moralischen Anspruchs annehmen. Daß sie aber auch ihre große demokratische Bewährungsprobe bestünde, nämlich abzudanken ohne einen Schuß, war nicht vorauszusehen. Denn im Wendejahr 1989/90 gab es für die bewaffnete Macht der DDR immerhin die Alternative, entweder als Instrument des Staates oder des Volkes zu handeln. Sie hielt ihrem Namen die Treue: Volksarmee, und bewahrte somit dem Staat selbst in den Schicksalsstunden seines Untergangs die Würde einer Volksarmee.

X.

Lieber Erik, die Jahre in der Arbeit an »Friede im Osten« waren auch Jahre des Reisens. Du bist auf der Wolga geschippert, du warst mehrfach in der Bundesrepublik, in Frankreich, hat das deine Arbeit beeinflußt, Konzepte verändert, erweitert vertieft?

Du unterliegst einem kleinen Irrtum. Während der unterschiedlichen Etappen meiner Arbeit an den vier Büchern bin ich nicht mehr und nicht weniger als zuvor auf Reisen gegangen. In den meisten Fällen hatte das nicht einmal mit dem »Frieden« zu tun, sondern betraf literarische Veranstaltungen, zu denen ich eingeladen worden war – aber darüber sprachen wir ja bereits. Das hatte schon unmittelbar nach dem Erscheinen von »Spur der Steine« eingesetzt, im Januar 1965, finnische Kollegen waren interessiert, mich kennenzulernen. Ich andererseits begegnete in Helsinki Veijo Meri, einem mir seelenverwandten Schriftsteller, wie sich bald beim gemeinsamen Dampfbad in der Sauna zeigte, mitten in tiefstverschneiten Wäldern, bei herzlichen Gesprächen und gewiß auch nicht sehr milden Getränken. Mein erster Aufenthalt in Paris 1980 hingegen war das Ergebnis einer Studienreise, um die ich das Kulturministerium wegen meiner Erzählung über Georg Forster gebeten hatte. Ich wollte all die historischen Schauplätze der Französischen Revo-

lution im Original besichtigen können, so auch die Rue des Moulins, in der Forster während seines Exils Quartier bezogen und bis zu seinem Tode gewohnt hatte. Von ihr hatte ich erfahren, daß sie demnächst der Stadtsanierung zum Opfer fallen sollte, und bei meiner Art von Auffassung, mich der Dinge ziemlich konkret und visuell annehmen zu müssen, glaubte ich nämlich nicht, daß es mir gelingen würde, wie Schiller in seinem »Wilhelm Tell« die Schweiz zu beschreiben, ohne wenigstens ihr Fluidum zu kennen.
Im Falle meiner Reisen nach Vietnam, ein Jahr nach dem Befreiungskrieg gegen die Nordamerikaner, und in die Sowjetunion von Kasan wolgaabwärts bis Dagestan und Tbilissi ging es mir ausschließlich um von mir in Aussicht genommene Handlungsstränge im 6. Buch vom »Frieden«. Da hast du recht. Einmal wird es Erich Höllsfahrt als Aufbauhelfer nach Vietnam verschlagen, ein andermal Ulrike, die Russischlehrerin, in den wilden Nordkaukasus. Ja, erweitern weniger, aber ich konnte meine Konzepte vertiefen. Was ich im damals sonnenüberfluteten Herbst 1987 auf der vierwöchigen Reise durch die Sowjetunion – sagen wir es mal so: außerhalb Moskaus und Leningrads – erlebte, ließ mein Bild, das ich mir bisher vom »großen Bruder« gemacht hatte, doch ziemlich schief erscheinen und nun ein wenig mehr in die Waagerechte rücken. Ich hätte mir, das nur zum Beispiel, niemals vorstellen können, daß in den Auls der dagestanischen und kaukasischen Bergvölker nach immerhin fast siebzig Jahren Sowjetmacht die Gleichberechtigung des weiblichen Geschlechts kaum vorhanden war. Meine ersten Eindrücke über diese Reise habe ich bereits in meiner autobiographischen Erzählung »Verdämmerung« niederzulegen versucht.

Dazu zählen auch die Reisen in die Bundesrepublik ...

Und die alte BRD? In meinen Notizen habe ich gefunden, daß ich sie in unterschiedlichen Gegenden, doch meist im Nordwesten, von 1965 bis 1987 zwölfmal besucht habe. Von meinen Erfahrungen, die ich dabei gewann, werde ich wie in den bisherigen Büchern des »Frieden« auch in der Fortführung der Handlung zehren, denn es gehört ja zu meinem Prinzip, jedesmal auch ein Kapitel »drüben« anzusiedeln, zuletzt im 4. Lutters Teilnahme am Ostermarsch der Atomwaffengegner. Im 5. Buch werde ich meine wenn auch flüchtigen, so trotzdem für mich recht nachhaltigen Begegnungen mit diversen Linksgruppen einbeziehen. 1964 lernte ich in Westberlin über eine Veranstaltung mit »Spur der Steine« an der Technischen Universität den SDS kennen, den Sozialistischen Deutschen Studentenbund, in seinen Zirkeln auch persönlich Rudi Dutschke und Ulrike Meinhof, die damals noch eng mit der Zeitschrift »konkret« verbunden war, an der Universität in Bochum zogen während meiner Lesung aus meinem Band »Die anderen und ich« Maoisten hinter mir auf, hißten Spruchbänder auf dem Podest und beschimpften die DDR (in der riesigen Stadthalle von Gießen widerfuhr mir übrigens mitten in einer Diskussion über »Gatt« Gleiches von Rechten), und in Hamburg wohnte ich mit Helga im Mai 1972 in einem Hotel garni in unmittelbarer Nähe des Springer-Verlagshauses, wo die RAF, die Rote Armee Fraktion, innerhalb ihres Konzepts »Stadtguerilla« nur wenige Tage später ihre Bomben zündete, die Redaktion der BILD-Zeitung zu treffen glaubte, statt dessen jedoch an die dreißig recht unbedarfte Mitarbeiter verletzte, teils sehr schwer, Setzer und Korrektoren.
Bei alledem läßt sich gewiß auch denken, daß ich, sobald

es sich irgendwie ergab, die Gelegenheiten nutzte, um mich in dem jeweiligen Land nach den exponierten Stätten der Menschheitsgeschichte umzusehen, wobei ich dann nicht selten in eine andachtsähnliche Stimmung verfiel, auf den Schlachtfeldern von Stalingrad, den Dschungelpfaden um die Nationalstraße 1 in Vietnam, in den Trümmern von Oradour-sur-Glane in Frankreich und selbst beim Anblick der majestätischen Pyramiden in Ägypten ... Alles das sind Orte, die für das Zeitgemälde meines Zyklus bereits von Anfang an konzeptionell geplant waren und nun Gestalt annehmen können. Andere sollten zwar noch hinzukommen, die Sierra Maestra, das Hochgebirge auf Cuba, wo sich die Aufständischen um die Gebrüder Castro und Che Guevara sammelten, und die paar Quadratmeter Eisen und Holz auf einem Frachter der Seereederei der DDR bei einer Fahrt um die halbe Welt. Doch daraus wird nun nach dem Rückfall vom Volkseigentum in die Geldbarbarei nichts mehr werden, abgesehen davon, daß ich auch erkennen muß, inzwischen für solche Abenteuer zu alt geworden zu sein.

Es gab ja auch zu den einzelnen Bänden ausgiebige literaturkritische Äußerungen mit Lob und Tadel, wenn man das so sagen darf. Wie ist überhaupt dein Verhältnis zur Literaturkritik? Die Mehrzahl der Autoren lobt ja die Kritik, wenn sie selber gelobt werden, was erwartest du von der Kritik? Meines Erachtens ist sie nicht in erster Linie für den Autor da, was der zumeist erwartet, sondern für den Leser.

Das mit dem »Lob und Tadel« hatten wir doch schon. Warum krallst du dich daran fest und folgst nicht, wenn du schon meinst, die Kritik sei in erster Linie für die Leser da, der Meinung der Leser, der außerordentlichen Resonanz, die der »Friede im Osten« sogar noch heute bei ihnen findet? Ich werde stets auf Veranstaltungen mit anderen Büchern danach gefragt, wann mit der Fortsetzung des Zyklus zu rechnen sei, ich erhalte (nach nunmehr über zwanzig Jahren!) Briefe zu dieser oder jener Darstellung im Text, einige Frauen teilten mir mit, sie hätten aus Sympathie für die weibliche Hauptfigur ihre Tochter Ulrike genannt. Was also erwartest du noch? Hochnäsig könnte man das natürlich damit abtun, daß ähnliches auch schon der Courths-Mahler begegnete und heutzutage erst recht durchgängig Begleiterscheinung bei Hollywoodschnulzen und Seifenopern des deutschen Fernsehens ist. Die Marilyns und Jessicas haben wohl schon längst in den Registern der Standesämter die biblischen und altgermanischen Namen überboten. Dennoch. Wenn schon »Lob und Tadel«, dann bitte konkret, was wird gelobt und wo wird getadelt, auf welcher Seite, an welcher Episode. Zudem glaube ich nicht, daß das Interesse an schöngeistiger Literatur von ihren Kritikern ausgelöst würde, nein, es sind die Geschichten, die literarisch, wenn möglich gar dichterisch gestalteten Menschenschicksale (was nur der Autor vermag und nicht der Kritiker), die die Leser ergreifen, in Spannung versetzen und, sind sie gut genug, ihre Gefühlswelt bereichern – nicht selten trotz der Fachsimpelei von Kritikern. In meinem Fall als Leser, Student, der ich damals war, hätte keine Rezension, selbst wenn sie von einem solch bedeutenden Romanisten wie Victor Klemperer geschrieben worden wäre, meine Bewunderung für Stendhal und seinen Roman »Rot und Schwarz« aufzubringen vermocht, sondern es waren allein die bis in die tiefsten Seelengründe geführten Leidenschaften Julien Sorels, des hoffnungslos verlorenen Jakobiners im Umfeld der französischen Restauration. Mit heutigen Augen gesehen fast eine Allegorie auf die gegenwärtigen Verhältnisse in Deutschland.

Zu beantworten bleibt *mein* Verhältnis zur Literaturkritik. Da aber wäre zunächst zu fragen: Was ist Literaturkritik? Oder haben wir schon verlernt, was wir uns mit der Berufung auf den dialektischen Materialismus an unseren von aller Metaphysik (dem »ewig über allen Wassern Schwebenden / und unabänderlich auf Erden Lebenden«) befreiten Schulen und Universitäten an geisteswissenschaftlichen Erkenntnissen angeeignet hatten? Also werden wir uns doch nicht, wie heutzutage selbst im linken Feuilleton verbreitet, auf eine Weise der Literaturkritik bedienen, als sei sie indifferent. Nein, sie ist ein literarisches Genre und gehört als solches, wie jedes ästhetische Gebilde, zum philosophischen Überbau, ist klassengebunden. Sie ist entweder bürgerlich oder proletarisch. Das mag manchen erschrekken, nicht aber mich.

Du wirst aber wohl so tolerant sein, daß du zugestehst, daß es auch achtbare andere Haltungen zu dieser Frage gibt.

Es wäre verheerend, wenn es die nicht gäbe. Die Praxis aber dessen, was seit der Herrschaft der sogenannten »Leitkultur« auch im Osten Deutschlands durch die bürgerliche, ja – um es noch deutlicher zu benennen – die bourgeois gelenkte Literatur- und Kunstkritik angerichtet wurde und wird, läßt sich doch tagtäglich erleben. Ihre größte Leistung, ihren »großen Clou« erzielte sie schon am Anfang, mitten in der Agonie der staatlichen Ordnung der DDR, es war die Deportation aller Druckerzeugnisse, die ihre Herkunft durch das Copyright verrieten, auf die Müllkippen rund um Leipzig, der Buchstadt. Da half sie kräftig mit an dem, was Herr Minister Kinkel im Namen seiner Regierung verkündet hatte: die DDR mit allem, womit sie sich in der Erinnerung bewahren könnte, zu »delegitimieren«. Dazu gehörte

natürlich in erster Linie, wie es Heinrich Heine genannt hatte, »die Konterbande«, die sozialistische Literatur.
Danach ging es ans Verschweigen, mindestens, wenn nicht gar Künstler und Autoren auf Teufel komm raus verleumdet, verdächtigt und verfemt wurden und werden. Man erinnert sich, als Beispiel, Willi Sittes, des Malers, der schon die Höhen und Tiefen der idiotischen Formalismusdiskussion in der DDR durchlitten hatte, doch nun, weil er Vorsitzender des Verbandes Bildender Künstler gewesen war, aufs Abstellgleis geschoben, sozusagen aus deutscher Kunst ausrangiert werden sollte. Da zählte auch nicht, daß er Widerstandskämpfer gegen den Faschismus war, in Italien auf der Seite der Partisanen stand, nein, auch seine »Kritiker« erhielten ja ihr Brot von jenen Medien, die sich in privatwirtschaftlicher Hand befinden, und das ist die Mehrheit der Fernsehsender und die Masse der Zeitungen, über die etwa zweihundert der reichsten Familien, wie einst von ihnen selber durch Paul Sethe, den Gründungsherausgeber der *Frankfurter Allgemeinen Zeitung* mitgeteilt, ihre Meinung dem ahnungslosen und staunenden Publikum diktieren. Wie denn sollte ausgerechnet ihnen, Kapitalisten von Leib und Seele, an einer Kunst und Literatur gelegen sein, die sich zum Sozialismus und folglich auch zur DDR bekannte? Von meiner Generation aus dem Osten hat im Gesamtdeutschen in der Regel nur derjenige eine Chance des Überlebens in Lexika und Kompendien, in dessen von der bürgerlichen Literaturkritik geführten Kaderakte sich wenigstens irgendwie ein Hinweis findet, der ihn zum Dissidenten adeln läßt. Die Namen der vielen anderen (sie alle hier zu nennen, würde den Rahmen sprengen), die über Jahrzehnte die Menschen in der DDR mit ihren Kunstwerken begleitet haben, sucht man darin vergebens, und zur Verdunkelung dieses mit der Mentalität von Siegern,

der Philosophie der einst verjagten und nun wieder herrschenden Klasse geführten Kulturkampfes heißt es dann obendrauf apologetisch, das sei der Preis der Freiheit, der *Markt* sortiere aus.

Doch ich will gerecht sein und sagen, daß ich auch immer wieder Männern und Frauen aus der alten Bundesrepublik begegne, die sich humanistisches Denken und den Geist der Aufklärung bewahrt haben, gegen die Manipulation durch die Medien anzugehen versuchen und der Literatur aus dem Osten die ihr gebührende Achtung entgegenbringen. Jeder weiß inzwischen, daß schon unmittelbar nach der Entsorgung unserer Bücher auf die Müllkippen Martin Weskott, Pfarrer in Katlenburg bei Göttingen, sie aufstöberte und vor dem Vermodern rettete. Ebenfalls recht früh bereits nahm sich Wilhelm Boeger, ein Ministerialrat aus Bonn, der in der DDR geschriebenen Literatur an, und zwar im Querschnitt, von A bis Z, Peter Abraham bis Gerhard Zwerenz, ohne den Autoren ihre politische Haltung zum Vorwurf zu machen, und edierte drei dickleibige Bände mit damals, 1995, noch unveröffentlichten Manuskripten (in meinem Fall mit einem Auszug aus meinem Roman über Matthias Grünewald). Eine wirklich intensive und inzwischen außerordentlich kenntnisreiche Durcharbeitung der literarischen Landschaft in der DDR, wobei ihre noch lebenden Autoren zu Lesungen und Seminaren vor den Studenten, künftigen Lehrern, eingeladen werden, erfolgt seit Jahren am Institut für deutsche Sprache und Literatur der Universität Lüneburg, vor allem dank des Einsatzes der beiden Lehrbeauftragten Ulrike Rose und Hans-Wolfgang Lesch. Das aber sind, soweit ich es sehe, die Ausnahmen.

Aber auch mit der Literaturkritik der DDR hatte ich, du hast recht, meine Probleme. Sehr oft – ich erwähne es ja schon im Zusammenhang mit der Diskussion über den »Gatt« im Präsidium des Schriftstellerverbandes – verlangte man von mir, was natürlich stets meinen Zorn hervorrief, gelbe Birnen, wenn ich rote Äpfel gefertigt hatte. Zwei Begegnungen mit einem der exponiertesten Literaturwissenschaftler der DDR, zugleich einflußreichem Buchrezensenten, sind mir besonders im Gedächtnis geblieben.

Nachdem sich der Jubel über das Erscheinen von »Spur der Steine« gelegt hatte, wurde mir von mehreren Seiten vorgeworfen, der Roman sei zu umfangreich geraten, ich hätte mich zu früh von ihm verabschiedet und statt dessen noch etwa zwei Jahre länger an ihm arbeiten sollen. Diese Kritik, wie gesagt, kam nicht nur von jenen, die zu faul zum Lesen waren, sondern sehr kategorisch vorgetragen auch von dem soeben genannten Mann. Ich hatte mich zwar dagegen zu wehren versucht, doch lediglich mit dem Ergebnis, daß man mich weiterhin in Kunstdingen für inkompetent hielt.

Da aber wollte es der Zufall, nein, ein Glücksfall, daß nach mehrmaligen Anläufen endlich Michail Scholochow die Einladung annahm, die DDR, für ihn ein Land der »Deutschen«, zu besuchen, wogegen er sich aus den bekannten Gründen (die Kosakenstaniza Weschenskaja, sein Heimatdorf am Don, war von Hitlers Luftwaffe bombardiert und verwüstet worden, seine Mutter getötet, Haus und Bibliothek verbrannt) so lange gesträubt hatte. Ihm zu Ehren wurde nun im Mai 1964, von höchsten Stellen organisiert, in Berlin ein Empfang gegeben, und da man sich meiner erinnerte, daß ich schon des Öfteren ihn, den Meister, als einen meiner literarischen Vorbilder genannt hatte, setzte man mich mit ihm an einen Tisch. Doch siehe da – neben dem Dolmetscher war auch noch ein vierter Gast in unserer Runde, nämlich jener Starkritiker an meiner zu lang oder zu breit geratenen »Spur«.

Scholochow, der sehr wißbegierig darauf war, was aus der Nachkriegsgeneration der Deutschen geworden war, führte das Gespräch dann auch immer wieder darauf zurück, fragte mich nach Herkunft und Lebenslauf, und da er mich gebeten hatte, in kurzen Zügen die Fabel von »Spur der Steine« zu erzählen, zeigte er, anders als damals in der DDR, weniger für Balla, sondern mehr Interesse an Horrath und dessen Rolle im Roman. Ich sehe ihn noch heute vor mir sitzen: mittelgroß, von schlanker Gestalt, sehr helle Augen, aus denen unentwegt eine ungewöhnlich wache Intelligenz sprühte. Mein Kritiker hatte bisher nur wenig Gelegenheiten gehabt, sich einzumischen, und ich brachte schließlich die Frage vor, die zu stellen ich mir von Anfang an vorgenommen hatte, ein bißchen mit meinem Schulrussisch gestammelt, aber vom Dolmetscher sofort korrekt übersetzt: »Sagen Sie mir bitte, Michail Alexandrowitsch, wann legt man ein Manuskript, an dem man mehrere Jahre gearbeitet hat, aus der Hand?«

Die Antwort kam ziemlich prompt und lautete etwa sinngemäß: Erstens, wenn man sich selber nicht mehr in der Lage sieht, an dem Text etwas verbessern zu können, und zweitens, wenn man der Meinung ist, daß die Gesellschaft gerade jetzt das Buch braucht. Denn wenn einem als Autor eine Geschichte ans Herz gewachsen ist, würde man sonst zeit seines Lebens nicht mit ihr fertig ...

Das andere Mal betraf es das Dritte Buch vom »Frieden im Osten« mit dem Eigentitel »Wenn Feuer verlöschen«. Mein prominenter Kritiker hatte sich in seiner Rezension vehement gegen die Darstellung gewandt, daß Manfred Kühnau, der Parteisekretär des Niederschachtofenwerkes, zur MP greift und sich, da er sich völlig überfordert fühlt, erschießt. Das sei eines Kommunisten unwürdig ... Etwa ein Jahr später, nachdem unser Kritiker zunächst als vermißt gegolten und wild spekuliert worden war, fand man ihn in einer abgelegenen Gegend. Er hatte Selbstmord begangen. Was aber sollte ich nun von seiner Kritik halten?

Natürlich gibt es auch für Kunst und Literatur objektive ästhetische Maßstäbe. Das aber bedeutet nicht, daß in den Zeitläuften nicht auch sie dem Wandel unterliegen. Gewiß, ein Sonett wird stets der Form des Sonetts bedürfen, aber eine Novelle etwa muß nicht für immer der goethischen Vorlage angepaßt werden, ein Drama sich nicht in das antike Korsett schnüren lassen, in die von den alten Griechen kanonisierte Dreieinigkeit der Zeit, des Ortes und der Handlung. Und ebenso natürlich ist, daß »der Dichter«, wie Victor Hugo von ihm sagt, »eine Welt ist, eingeschlossen in einen Menschen«. In sie einzudringen und aus ihr heraus das künstlerische Werk zu kritisieren, auf das Gelungene und Nichtbewältigte hinzuweisen, ohne sich selber dabei produzieren zu wollen, ohne das schulmeisterliche Gehabe auszustellen, wieviel klüger man doch eigentlich selber sei – das wäre, nach meiner Meinung, des Kritikers Aufgabe, wäre Hilfe für den Leser und Anregung zugleich für den Autor zum Nachdenken. Ich spreche aus Erfahrung, denn ich habe ja selbst reichlich Rezensionen verfaßt und mich dabei stets um die von mir benannte Position bemüht.

Nun ja, es wäre ein Wunder, wenn ein Autor die gleichen Auffassungen von der Kritik hätte wie der Kritiker. Das Problem ist nicht gerade neu, das kennen wir schon seit Lessings Zeiten. Aber bei aller Kritik im Detail und am Ganzen, die Jahre mit »Friede im Osten« waren auch Jahre des Erfolgs. Du hattest hohe Auflagen, du hattest beträchtliche Honorare. Verkraftet man das so leicht?

Laß mich mal durchatmen ... Das klingt, als hätte ich Falschgeld gedruckt und müßte mich nun dafür entschuldigen, daß in der DDR meine Bücher bei den Lesern großes Interesse fanden, oder als sei ich der Chef einer Bank, der sein Institut in den Sand gesetzt hat und dennoch eine Riesensumme als Bonus erhält. Was also wäre von mir zu »verkraften« gewesen? Etwa, ich sagte es bereits, mir zu Unrecht gezahltes Honorar? Oder daß auch Helga ihren Beruf als Lehrerin ernst nahm? Wir beide waren gar nicht dazu geeignet, es in den Kopf zu kriegen und in Saus und Braus zu leben. Wir beide – denn ohne sie wäre ich niemals so abgesichert gewesen, und auch das wiederhole ich – haben fleißig gearbeitet, sie in der Schule, ich am Schreibtisch. Ich habe mit meiner Literatur Neuland durchpflügt, mit meinen Geschichten Furchen hindurchgezogen. Das begann bereits mit der »Spur der Steine«. Durfte ich denn nun auf diesem Boden mit meiner Frau nicht wenigstens die Früchte ernten und (wo andere meinesgleichen, wie man heute sieht, mit geringerem Zutun in Schlössern oder Erbgütern sitzen) ein Haus darauf bauen?

Und damit sind wir auch bei ein paar persönlichen Problemen, die du einmal unter dem Modewort »Midlife-Crisis« subsumiert hast. Man darf das ja hier erzählen: Obwohl du deine Frau Helga geliebt hast, kam es zu einer Scheidung. Vielleicht kannst du etwas über diese Geschichte sagen?

Also, so flapsig dahingesagt, wie du fragst (und wie ich es empfinde), lieber Klaus, kann einem die Lust vergehen, darauf zu antworten, und auch, wenn ich es trotzdem versuchen will, wird es mir unendlich schwerfallen, und zwar noch immer, obwohl Helga schon so lange tot ist. Ein paar Probleme – Modewort – Geschichte! Wie sich das anhört

… Nichts war es von alledem, sondern ein Vorgang, der tief in mein Leben einschnitt, mir bis ins Mark drang und (jedes Wort klingt hier abgegriffen) mich an mir selbst zweifeln ließ. Ich fühlte mich schuldig, und letztlich kam ich darüber nur hinweg mit Helgas Liebe zu mir.
Wir waren damals dreiundzwanzig Jahre als intimes Paar zusammen und fast auf den Tag genau seit achtzehn Jahren verheiratet, als wir geschieden wurden. Zweier lapidarer Gerichtsverhandlungen hatte es bedurft und endete ohne nennenswerten Widerstand seitens meiner Frau, die sich nicht einmal, da ja ich der Kläger war, von einem Anwalt hatte verteidigen lassen. Diesem Prozeß jedoch war eine Zeit vorausgegangen, die ich – und ich bin mir dessen voll bewußt – nur zu meiner Schutzbehauptung gern als meine Midlife-Crisis bezeichnet habe, die aber keinesfalls, wie ihr oft zugeschrieben wird, gleich einem Fatum, dem man nicht entrinnen kann, für ein bestimmtes Lebensalter des Mannes herzuhalten hat. Nein, nach dem, was ich an mir erfahren habe, ist es wohl eher so, daß sich auch vieles andere um einen kritischen Punkt erst bündeln muß, bevor es zu Fehlhandlungen kommt.
Es hatte angefangen, als ich zum ersten Mal mit meinem Namen als Schriftsteller in den Zeitungen auftauchte, nach meiner Erzählung »Die Regengeschichte«, den lobenden Rezensionen vielerorts dazu, den guten Worten von Anna Seghers und meinem ersten Literaturpreis, dem der Gewerkschaften, als ich sozusagen eine »öffentliche« Person wurde. In der »Regengeschichte« geht es um sozialistische Moral, ja, aber doch um solche bei Arbeitsprozessen in einem volkseigenen Betrieb, zwischen Lagerhallen von Rohstoffen und Chlorelektrolysezellen, jedenfalls mit keinem Wort um die Liebe oder das, was man dafür hält, und trotzdem – es ist kaum vorstellbar, wieviel schöne Augen

mir seitdem gemacht wurden. Ob du's glaubst oder nicht, ich war darauf nicht vorbereitet.

Nun, da gibst du mir ja recht, daß eben veränderte Verhältnisse, wie der Erfolg beispielsweise, auch mancherlei Fährnisse mit sich bringen.

Dann erschien »Spur der Steine«, und der Roman war sofort in aller Munde. Wiederum ging es darin um sozialistische Moral, doch diesmal nicht nur auf die Arbeit, sondern problemübergreifend auf ihr eigentlich angestammtes Prüffeld bezogen, die Beziehungen zwischen Mann und Frau, und zu aller Voyeurismus wurde auch noch gleich eine Liebesgeschichte mitgeliefert, die zwischen Horrath und Kati, die kaum jemanden gleichgültig ließ. *Das* war es, was mein bisheriges Leben durcheinanderzubringen begann. Nach dem Erscheinen des gedruckten Buches verging nicht eine Woche, in der ich nicht unterwegs war, kreuz und quer durch die Republik zu Lesungen, vor vollen, teils sogar überfüllten Sälen, das alles etwa ein knappes Jahr lang, bis in den Sommer 1965 hinein. Bald meldete sich dann auch die DEFA, schloß einen Vertrag mit mir über die Verfilmung der »Spur der Steine« ab, fand sehr schnell Frank Beyer als Regisseur und Karl-Georg Egel als Drehbuchautor, und hielt auch mich fest in ihren Fängen als dramaturgischen Berater, was ich mir, damit die Aussage des Romans nicht beschädigt würde, extra ausbedungen hatte. Was ich nicht bedacht hatte, war, daß ich kaum noch zum Schreiben kam (ich hatte bereits den »Gatt« angefangen), mich nun mehr in Hotels umhertrieb als zu Haus zu sein und mir dabei unversehens, zumindest bis zu einem gewissen Grade, einen neuen »Wirklichkeitsbereich erschloß«, die Babelsberger Filmateliers und die Berliner Boheme in der »Möwe«.

Der Film, wie man weiß, hervorragend besetzt in den Hauptrollen mit Manfred Krug als Zimmermann Balla und Eberhard Esche als Parteisekretär Horrath, wurde bald nach seiner Uraufführung unter Einsatz krakeelender Kampfgruppenangehöriger aus dem Verkehr gezogen, mit »Volkes Stimme« also verboten, nicht ohne in Berlin und den Bezirkshauptstädten der Republik handfeste Skandale ausgelöst zu haben. Mein Roman »Auf der Suche nach Gatt« erhielt ebenfalls keine Druckgenehmigung – wir sprachen bereits darüber –, und so versuchte ich für die nächste Zeit, mich dem Theater zuzuwenden. Nachdem wir beide im Ferienheim Geltow des Komponistenverbandes in Klausur gegangen waren, komponierte Günter Kochan nach meinem Libretto seine Oper »Karin Lenz«, und für das Landestheater Halle schrieb ich mein Schauspiel »Haut oder Hemd«, bei dem Ulrich Thein die Regie übernahm. Die Uraufführung von »Haut oder Hemd« fand in Halle im Januar 1971 statt, die von »Karin Lenz« im Oktober 1971 an der Deutschen Staatsoper Berlin.

Du erzählst hier, was ich sehr interessant und wichtig finde, nicht nur die Werkgeschichte, sondern auch die damit verknüpften Umstände.

Während dieser sechs Jahre, zwischen meinen Fahrten zur DEFA nach Babelsberg und jenen, die mich, da ich nun auch Funktionen in der Partei und im Schriftstellerverband übernommen hatte, unentwegt nach Berlin führten, geriet ich aus der bisher eher geruhsam verlaufenden Bahn meines Lebens. Auch mein freiwilliger Armeedienst fiel ja noch in diese Zeit, und selbst als Journalist hatte ich, wenn auch über einen meist weit über acht Stunden langen, so doch geregelten Arbeitstag verfügt und war täglich mit Helga und

meiner Familie zusammengewesen. 1964 erhielten wir eine neue Wohnung, da wir jetzt zu viert waren, meine Tochter Corinna geboren war, wir ein Kinderzimmer brauchten und ich, was ich für selbstverständlich hielt, auf mein Arbeitszimmer nicht verzichten konnte. Wir zogen von der Friedensstraße im Norden, nahe dem Zoo gelegen, aus einer Fabrikantenvilla der ehemaligen Montan-Union, in der wir uns mit noch zwei kinderlosen Ehepaaren die Räume teilten, in den sogenannten Vogelherd im Süden von Halle, in die zweite Etage eines Einfamilienhauses inmitten anderer und von Gärten umgeben, und fortan schlief auch Marita, unsere ältere Tochter, nicht mehr mit uns in einem Raum, sondern zusammen mit ihrer Schwester, die sie, es trennten sie acht Jahre, zunächst sehr liebevoll wie eine ihrer Puppen behandelte, später dann wohl eher als ihre Schülerin.
Im selben Jahr, mit dem Erfolgsbuch »Spur der Steine«, konnten wir uns, nach längerer Wartezeit, ein Auto kaufen, Marke Wartburg. Den Führerschein hatte ich bereits als eine Art Pflichtübung in der Redaktion der *Freiheit* erworben, und sofort, um mir genügend Fahrpraxis zu holen, unternahm ich mit Helga eine Rundreise durch die Republik und besuchte jeden Tag einen anderen Kollegen, angefangen bei Walter Werner in Untermaßfeld am Rande der Rhön, über Bautzen zu Jurij Brězan, Helmut Preißler in Eisenhüttenstadt, Bernhard Seeger in Potsdam, Werner Reinowski im Ostharz und noch diesen und jenen. Nun war ich auch künftig während meiner Reisen nicht mehr auf Bahnhöfe und Züge angewiesen, und da ich bald auch sehr gern Auto fuhr, fühlte ich mich, ohne es wachen Sinnes je zu registrieren, seltsam frei und unabhängig. Ja, auch das verführte mich, mal hier einen Tag länger am Ort zu bleiben und mal dort über die Landstraßen einen Umweg zu nehmen.

Du wolltest nie Schauspieler werden, nun wurdest du es ein klein wenig, wenn man das so sagen darf, in deiner Beziehung zu Ulrich Thein, wie du schon des öfteren erzählt hast.

Ulrich Thein hatte ich auf der 2. Bitterfelder Konferenz kennengelernt, wir saßen beide im Präsidium. Er hatte ein selten sonniges Gemüt, es war für mich ein Leichtes, ihn sofort sympathisch zu finden, und als ich dann immer öfter mit dem Film »Spur der Steine« auch in Berlin zu tun hatte, nahm ich sein Angebot an und übernachtete hin und wieder in Grünau bei ihm und seiner damaligen Frau Dietlind. Kaum ein Abend verging, so will es mein Gedächtnis heute, an dem Ulli nicht auch Gäste eingeladen hatte, meist Schauspieler, Regisseure, Künstler von Theater und Film, und eines Tages war auch Armin Mueller-Stahl dabei, mit dem er seit langem gut bekannt war. Ulrich Thein war ein Schauspieler durch und durch, ein Mime im besten Sinne des Wortes, aber das genügte ihm nicht, er schrieb indes auch Drehbücher, mehrteilige Filme für's Fernsehen der DDR nach eigenen Stoffen, bei denen er zugleich Regie führte. Nun hatte er ein neues Projekt, Titel »Columbus 64«, in dem ein junger Journalist und angehender Schriftsteller die Welt des Sozialismus in der DDR entdeckt, verschlungene Wege geht, aber – und das war Theins Spezialität – mit real existierenden, lebenden Personen zusammentrifft. Einer davon war Sepp Wenig, der verdiente Bergmann aus der Wismut-AG, in einem anderen sah er mich, wobei meine Aufgabe darin bestehen sollte, das »junge Talent«, das, wie oben zu ahnen, von Armin Mueller-Stahl gespielt wurde, in die Geheimnisse des kreativen Schreibens einzuweihen. So kam es, daß ich zwei längere Szenen in dem Film zu bestreiten hatte, einmal mit Armin Mueller-Stahl alias »Jungtalent«, obwohl wir beide gleichen Alters waren, in seiner fabelhaft gebauten Mansardenwohnung, das andere Mal Seite an Seite mit ihm über die Karl-Marx-Allee spazierend, und das ein Dutzend mal, und immer hinter laufender Kamera her und bis zur »Klappe-zu!«

Nein, ich war nicht mehr der naive Bursche aus den »Matrosen von Cattaro« in Schönebeck, mein Kopf stand mir beim Mimikspiel im Wege, und so hätte ich den Fernsehkasten lieber abgedreht, als »Columbus 64« über den Sender lief ...

Das alles, und damit bin ich am Ziel dessen, was ich sagen wollte, war das Umfeld, das auf mich gekommen war, die Atmosphäre, in der die Versuchungen lauerten und man auf eine Midlife-Crisis nicht allzulang zu warten brauchte. Schöne Frauen überall und fern von zu Haus, so widerfuhr es auch mir, doch wenn ich es damals schon nach dem einen und anderen Mal bereute, so ist das vorherrschende Gefühl heute, sobald ich darüber nachdenke, Scham.

Da gab es ja auch eine Beziehung zu der Schauspielerin ***, die wohl aus deiner Mitwirkung in der Filmarbeit an »Spur der Steine« resultierte?

Ich bitte dich, den Namen zu streichen. Denn ich verabscheue die von der Schickeria bevorzugte Mode, Bettgeschichten wie Jagdtrophäen zu sammeln, um sie dann in Ghostwriter-Memoiren und in den Schwatzbuden der privaten wie öffentlichen Fernsehsender auszubreiten. Die von dir vermutete Schauspielerin hatte auch mit der »Spur der Steine« nichts zu tun, sondern spielte in einem anderen Film, der gerade abgedreht war und in den Kinos sehr großes Interesse fand. Wahr ist allerdings, daß ich mich fast hoffnungslos in sie »verknallte«, in Berlin und später erst recht, nachdem sie von der Theaterhochschule

an eine Bühne in der Provinz gegangen war. Wir beide aber brauchten uns am allerwenigsten vorzuwerfen, unsere Beziehung verlief sehr sauber und wurde von ihr gelöst, nachdem ihr meine Frau einen Brief geschrieben hatte, von dem ich erst viel später erfuhr, in dem sie jedoch, wie es Helgas Art war (und da bin ich mir sicher, obwohl ich ihn nie zu Gesicht bekam), mit fairen Mitteln um mich kämpfte.
Der unmittelbare Anlaß für unsere Scheidung war ein anderer. Eine frühere Affäre, die mich über Jahre verfolgt und niemals hatte ruhen lassen, holte mich jetzt wieder ein, und diesen Zustand wollte und konnte ich nicht länger ertragen. Ich wollte meiner Frau – nun schon überfällig – in allem die Wahrheit sagen, so wie wir es uns einst geschworen hatten, und also beichtete ich ihr eines Abends meine Verfehlungen, wobei ich fürchtete, daß sie sich, die umgekehrt mich niemals hätte betrügen können, mit ihrem hohen Anspruch an die Liebe sofort würde trennen wollen. Um ihr zuvorzukommen, den Schmerz, sie und die Kinder verlassen zu müssen, so schnell wie möglich hinter mich zu bringen, hatte ich zugleich die Scheidung eingereicht.

Später bist du wieder zu deiner Frau zurückgekommen, ihr habt wieder geheiratet, was waren die Anlässe dafür?

Nichts als die Liebe. Ich muß sagen, im Handumdrehen begriff ich meine Irrtümer, meinen Verrat. Nachdem das Urteil gesprochen war, wir den Gerichtssaal verließen und ich den letzten Blick von Helga gewahrte, krampfte sich mir das Herz zusammen, ich mußte weinen. Wohin bloß hatte ich mich verrannt! Ich hatte ihr stets Achtung entgegengebracht, ihren Charakter geliebt und ihre Klugheit;

sie sah mit ihren vierzig Jahren noch immer anziehend gut aus, sie war die Mutter meiner Töchter, und ich wußte, wie sehr wir auch sexuell aufeinander abgestimmt waren. Ich war bereits ausgezogen, doch nun rief ich sie an, von einem Hotel aus Leipzig. Ende März 1971 waren wir geschieden worden. Nur wenige Monate vergingen, und schon Anfang Dezember heirateten wir wieder in Berlin.

Man konnte von deinen Konflikten schon ahnen, wenn man deine Erzählung »Verdämmerung« las.

Ja, das war, neben den Gedichten, die ich ihr wieder schrieb, meine Trauerarbeit nach Helgas Tod. Aber ich bin auch heute noch nicht darüber hinweg. Einen sehr breiten (und ich hoffe, auch tiefen und hohen) Raum wird im 5. Buch vom »Frieden« der Ehekonflikt zwischen Achim und Ulrike einnehmen. Natürlich lebt er von mir und Helga.

XI.

Du hattest in jenen Jahren ja auch immer Verbindungen zu der heute sogenannten »Nomenklatura«, also Horst Sindermann, den du ja noch aus Zeitungszeiten kanntest, Werner Felfe, damals und lange Erster Sekretär der SED-Bezirksleitung in Halle. Waren das nur Beziehungen zum »Skatspiel«, wenn ich das mal so zugespitzt sagen kann, oder waren das Beziehungen, in denen du und deine Gesellschaftsvorstellungen ernst genommen wurden?

Sindermann, glaube ich, spielte gar keinen Skat. Er war für mich in meiner Jugend, ähnlich wie mein einstiger Schulleiter Hans Hinze, eine Vaterfigur. Aber davon sprach ich ja bereits. Beide besaßen für mich eine starke Ausstrahlungskraft, waren von aufrechtem Charakter und hatten eine Umgangsart, von der ich mich sofort als gleichberechtigt angenommen fühlte. Horst Sindermann hatte mich ja an die *Freiheit* nach Halle geholt und gab wohl auch später den Anstoß dafür, daß man mich 1963, als er deren Erster Sekretär wurde, in die Bezirksleitung der SED wählte. Da er sich sehr oft mit Kunstschaffenden – Malern, Schauspielern, Musikern, Schriftstellern – beriet, ich ja auch schon unter seiner Leitung Kulturredakteur gewesen war, machte er natürlich bei mir keine Ausnahme. Wir verstanden uns gut, ich konnte mit jedem Anliegen zu ihm kommen und erfuhr seinen Rat, wenn ich ihn brauchte. Eine heftige Debatte entspann sich zwischen uns zum Beispiel an der Behandlung des Films »Spur der Steine«, wie sie in Berlin und auch nebenan, in Leipzig, erfolgte. Paul Fröhlich, der dortige Bezirkssekretär der Partei, hatte ich gehört, soll einer der Wortführer im Politbüro gegen die Aufführungen gewesen sein, und so verlangte ich eine klärende Aussprache in einem kleineren Kreis, dem u. a. auch Heinz Sachs vom Mitteldeutschen Verlag und mein Freund Willi Sitte angehörten, mit dem Ergebnis, daß der Film in Halle eine Woche lang wie üblich, ohne den »von oben« provozierten Radau, in den Goethe-Lichtspielen, dem Premierenkino, gezeigt wurde. So könnte ich, ohne zu übertreiben, Dutzende weiterer Fälle hier nennen, und zwar auch solche, die nicht nur mich betrafen, für die ich mich einsetzte und offene Ohren bei ihm fand.

Auch zu Werner Felfe hatte ich ein von gegenseitiger Achtung getragenes Verhältnis. Einmal, während einer Rede vor dem Schriftstellerkongreß, verstieg ich mich sogar zu der Behauptung, da wir beide fast gleichaltrig seien und von gleicher Herkunft, aus der Arbeiterklasse, könnten wir (was dann manchen sowohl von der schreibenden als auch der parteiführenden Zunft sauersüß aufstieß), wenn unsere Entwicklung nur ein wenig anders verlaufen wäre, auch in unserer Berufung zum Verwechseln ähnlich sein: ich Sekretär, er Schriftsteller. Ja, mein Gott, wir spielten Skat, ein- oder zweimal im Jahr, mit seinem persönlichen Referenten als drittem Mann. War denn aber das nun der Pakt mit dem Satan? Jedesmal leiteten wir unsere Begegnung mit einem intensiven, aber lockeren Gedankenaustausch über aktuelle Kulturprozesse in der DDR und im Bezirk ein. Es gab auch Situationen, bei denen er mich, weil ich mich nicht selten über Fehlleistungen sehr erregen konnte, vor Unbedachtheiten warnte, mir einmal auch, ohne es an die »große Glocke« zu hängen, wegen meines »Anarchismus«, wie er es nannte (ich hatte gegen die Parteidisziplin verstoßen), eine Parteistrafe aussprechen ließ.

Ja, um es auf den Punkt zu bringen: Meine Beziehungen zu beiden, Horst Sindermann und Werner Felfe, waren so, daß ich von ihnen jederzeit mit meinen Fragen und Problemen ernst genommen wurde. Deshalb habe ich auch mit dem von dir gebrauchten Begriff »Nomenklatura« meine Schwierigkeiten. So klingt er russisch und steht für bürokratisch. Das waren beide, als sie noch in Halle arbeiteten, in gar keinem Fall.

Wir haben ja schon mal darüber gesprochen, konntest du überhaupt deine »Nähe zur Macht« nutzen oder warst du eben ein prominenter Name im Parteibereich?

Ich nahm durchaus wahr, daß ich Verantwortung trug, und fühlte mich ihr verpflichtet. Somit bin ich mir auch sicher, ohne all meine sonstigen Einsätze für bessere Bedingungen auf künstlerischem und literarischem Gebiet einzubeziehen, manchmal auch auf dem der Volksbildung, die mir sehr am Herzen lag, daß ich in einigen Fällen Entscheidungen mit herbeiführte. Zwei möchte ich nennen.

Da war erstens der Antrag Peter Sodanns, dem Neuen Theater in Halle, dessen Intendant er war, eine Gaststätte beizufügen, in der in gemütlichem Rahmen, bei Kaffee und Kuchen in Zeitungen, Büchern und Programmen geblättert, nach den Aufführungen über die jeweiligen Stücke diskutiert und mit Angehörigen des Ensembles in Kontakt getreten werden konnte. Dafür hatte er Räumlichkeiten ins Auge gefaßt, die unmittelbar an das Theater grenzten, die jedoch vom Rat der Stadt als ein Exquisitgeschäft für Pelzwaren vorgesehen waren, wodurch das Anliegen Sodanns blockiert wurde. Das Rundschreiben, das er deswegen an mehrere Kulturfunktionäre gerichtet hatte, die sich regelmäßig unter Regie der Bezirksleitung zu Beratungen trafen, erreichte auch mich, und da sich offenbar niemand mit dem Brief abzugeben gedachte, griff ich ihn auf, brachte die Sache, trotz des Sträubens der anwesenden Stadträtin für Kultur, zu Gehör und damit ausgehend von diesem Kreis ins Rollen. Peter Sodann erhielt sein Café für das Theater; es ist bis heute eine beliebte Begegnungsstätte im Zentrum der Stadt.

Noch im Februar 1989 fand auf der Burg in Querfurt eine dreitägige Konferenz zu längst anstehenden Fragen der Umweltpolitik im Bezirk Halle statt, deren Urheber ich war. Ich hatte die zuständigen Sekretäre der Bezirksleitung so lange mit meinen Erkundungen über haltlose Zustände in der Natur unseres Gebietes bedrängt – vom Waldsterben hier und dort, von der zunehmenden Verschmutzung der Flüsse, den Schlotschleudern und Abwasserkanälen unserer Großbetriebe, von den Monokulturen auf unseren Feldern bis hin zu den Auswirkungen auf Flora und Fauna, dem Fernbleiben von immer mehr Pflanzen und Tieren und der ökologischen Sorglosigkeit trotzdem bei den Leuten, die mit alledem umzugehen hatten –, daß sie schließlich, auch nachdem Werner Felfe, inzwischen Sekretär für Landwirtschaft im Zentralkomitee der SED, mich unterstützt hatte (noch in der Vorbereitung allerdings verstarb er), dem Vorhaben zustimmten. Als wissenschaftlichen Partner erhielt ich Prof. Dr. Hugo Weinitschke von der Universität zur Seite, der die Thesen ausarbeitete, und so konnten wir bald eine Reihe von allseits bekannten und geachteten Naturforschern, Philosophen, Schriftstellern, Künstlern und Betriebsleitern aus Industrie und Landwirtschaft anschrei-

ben, insgesamt etwa dreißig, die bis auf wenige Ausnahmen unserer Einladung folgten. Alle Teilnehmer aufzuzählen, würde den Rahmen hier sprengen, denn es geht ja nur um die Frage, ob ich lediglich ein prominenter Name in der »Nähe der Macht« war, so eine Art Hofnarr, oder nicht doch das eine und andere bewegen konnte. Was dann leider nicht in meiner Macht lag, war, alle drei Kombinatsdirektoren – von den Leunawerken, dem Chemiewerk Piesteritz und dem Mansfeldkombinat –, die noch kurz zuvor zugesagt hatten, herbeizuzitieren, als sie plötzlich »kniffen«, nicht erschienen und mit faulen Ausreden dritte Vertreter schickten. Vielleicht hatten sie geahnt, daß es in der Debatte ziemlich haarig zugehen würde, so haarig offenbar, daß auch das Protokoll der Konferenz, das vom Mitteldeutschen Verlag in Buchform herausgegeben werden sollte, aus sehr fadenscheinigen Gründen nicht gedruckt wurde. Ja, lieber Klaus, natürlich gehörte auch das dazu: Niederlagen einzustecken.
Ein Erfolg war dann allerdings in meinen Augen, daß auf mein Betreiben hin im Wörlitzer Park in Zusammenarbeit mit Dr. Hartmut Ross, dem damaligen Direktor der Anlagen, (und natürlich mit Hilfe der Parteileitungen des Bezirkes Halle und des Kreises Gräfenhainichen) die Gedenkstätten für Georg Forster eingerichtet werden konnten. Aber darüber sprachen wir bereits.

Wie war damals dein Verhältnis zu den Kollegen in der Akademie, im Schriftstellerverband?

Über die Kollegen im Schriftstellerverband habe ich mich ja bereits mehrfach geäußert, mir ging es mit ihnen wie mit allen Menschen; die einen, sofern ich näher mit ihnen zu tun hatte, fand ich sympathisch, die anderen weniger als das, und gewiß traf gleiches bei anderen auch im Umgang mit mir zu. Werner Bräunig hat einmal über mich eine Charakterisierung gegeben, die im Literaturkalender des Aufbau-Verlages, einer Ausgabe sehr früher Jahre, mit einem Porträt von mir von Willi Sitte abgedruckt wurde und mit der ich mich habe konform erklären können. »Von seinen Kollegen«, zitiert er dort, »sagen einige: Neutsch? Das ist so ein anstrengender Mensch, so ein unduldsamer.« – »Ja, das ist er«, fügt er hinzu. »Meist dort, wo es angebracht ist. Ich habe ihn duldsam erlebt, einfühlsam – auch das meist dort, wo es angebracht war.« Ich bilde mir ein, auch nicht nachtragend sein zu können, und einen Vorteil gegenüber anderen besaß ich ohnehin: Ich brauchte, was das literarische Schaffen anging, niemals neidisch zu sein.

Gewiß, in diesem Zusammenhang gab es auch diesen und jenen Anlaß, der mich fragen ließ, was es denn mit dem so oft beschworenen solidarischen Verhalten der Mitglieder im Verband auf sich hatte, ob da nicht eher die alten menschlichen Untugenden immer wieder zum Vorschein kamen. Anfangs, in den sechziger Jahren noch, hatte ich den Verband als so etwas wie meine geistige Heimat empfunden, ich ließ mich bereitwillig in Funktionen wählen, später jedoch, als ich auch gewisse Ränkespiele zu bemerken glaubte, zog ich mich mehr und mehr zurück.

Vielleicht ist es dir aufgefallen, lieber Klaus, daß ich bis heute kein Mitglied des P.E.N. bin, der Internationalen Schriftstellervereinigung, die bis 1998 in Deutschland zwei Zentren besaß, eine West, die andere Ost. Man muß, sofern man die hehren Satzungen des P.E.N. anerkennt, vor allem die der Völkerverständigung, in den jeweiligen Landesclubs zur Wahl vorgeschlagen werden und Bürgen finden. Das erfuhr ich, als ich mich an den damaligen Präsidenten des

P.E.N.-Zentrums der DDR (also Ost), Prof. Heinz Kamnitzer, wandte, mit der Frage, ob ich denn nicht ebenfalls, da ja auch ich für die Völkerverständigung sei, dem P.E.N. beitreten könne. Daraufhin ließ er mich wissen, brieflich, daß ja nicht jeder Autor im P.E.N. involviert sein müsse, so wie ja auch er nicht, im Gegensatz zu mir, der Akademie der Künste angehöre.

Übrigens, die Beitrittspräliminarien sind von Land zu Land sehr verschieden. Mir erzählte ein englischer Autor, daß man dort als anständiger Mensch, der ein Buch über Golf veröffentlicht hat, Mitglied des P.E.N. werden kann. Da braucht es keiner großen Wahlhandlungen. Aber hierzulande war und ist das anders. Es gab ja zwei P.E.N.-Zentren, übrigens, das ist bis heute so geblieben. Es gibt das P.E.N.-Zentrum der Bundesrepublik und das der Deutschsprachigen Autoren im Ausland, das ja in der Nazizeit von exilierten Autoren begründet wurde. Heute steht ihm Günter Kunert vor, der in Schleswig-Holstein lebt, etwas merkwürdig, dieses heutige Ausland. Aber kommen wir zurück zu deiner Situation ...

Bevor dann die beiden Zentren sich vereinigten, es hier wie dort enormes politisches Gerangel gab, die einen nicht mit jenen und die anderen nicht mit diesen zusammenkommen wollten, es nun auch möglich war, sich als Mitglied für den P.E.N. (West) zu bewerben, brachte ich drei Bürgen bei, Max von der Grün, Gerhard Zwerenz und Peter Härtling, die meine Aufnahme befürwortet hätten. Das schrieb ich Gert Heidenreich, der Anfang der neunziger Jahre Präsident des westdeutschen P.E.N.-Zentrums war. Ich erhielt nie eine Antwort.
Also, lieber Klaus, wenn es dich auch bis jetzt noch nicht gewundert haben sollte, warum der Titel des 5. Buches zur

Hälfte »Plebejers Unzeit« lautet, dann will ich hier die Erklärung vorwegnehmen. Daß ich mich darauf festgelegt habe, geht ja nun auch schon bis in den Anfang meines Vorhabens »Der Friede im Osten« zurück, gehörte von vornherein, in der Abstimmung mit den anderen Titeln, zu meiner Konzeption, und nichts daran ist nachträglich hinzugefügt. Ich will damit sagen, daß ich mich bereits in der DDR zunehmend als ein Außenseiter fühlte, und das um so mehr, je mehr ich meine Ideale vom Sozialismus, vom sozialistischen Zusammenleben, sich entfernen sah. Ich spürte es mehr als ein Vibrieren in mir, als eine Art Fieber vor einer größeren Krankheit und kam mir von einem Jahr zum anderen hilfloser vor. Nein, das war nicht mehr meine Welt, jedenfalls nicht in allem, so daß ich zwar hier und dort glaubte aufbegehren zu müssen, anschließend stets heftigen Ärger bekam (auf die schon fast rituelle Weise von »Kritik und Selbstkritik«), einmal auch bei der Absegnung eines politischen Dokuments mich der Stimme enthielt (nur, denn ich stimmte nicht dagegen!), was mir trotzdem als verräterische Handlung vorgeworfen wurde – bis ich merkte, ja was? Meine Ohnmacht! Es war nicht mehr *meine* Zeit. Und kaum jemandem, glaube ich, fiel auf – wohl auch deshalb nicht, weil ich nirgendwo damit hausieren gegangen war –, daß ich mich dann beim X. Schriftstellerkongreß im November 1987 nicht wieder zur Kandidatur für den Vorstand aufstellen ließ, dem ich seit 1963 angehört hatte, jedenfalls blieb ich diesmal – was Wunder! – unbehelligt von allem Parteigezänk.

In die Akademie der Künste der DDR war ich 1974 gewählt worden, gemeinsam mit Christa Wolf, und schon, als ich die Mitteilung darüber erhielt, fühlte ich mich außerordentlich geehrt. Ich wehre mich dagegen, es Eitelkeit zu nennen; denn stell dir vor: Das geschieht einem Jungen, der ans Realgymnasium »kommandiert« wurde, als ihm Grammatik und Orthographie des Deutschen noch keinesfalls sehr geläufig waren, der aber nun diesem erlauchten Gremium mit den berühmten Namen angehören sollte. Von Sitzung zu Sitzung der Sektion Dichtung und Sprachpflege, die ich, wo ich nur konnte, gewissenhaft wahrnahm, lernte ich ein ums andere Mal näher ihre Mitglieder kennen, die mir bisher außer Reichweite erschienen waren, Stuhl an Stuhl nun auch meine Vorbilder, die Schriftsteller, die mit ihren Werken bereits seit meiner Jugend mein Lesen und Schreiben mitgeprägt hatten: Anna Seghers natürlich, Wieland Herzfelde, Ludwig Renn (»Adel im Untergang«), Bruno Apitz, Alexander Abusch (dessen Buch »Irrweg einer Nation«, 1947 von mir erworben, eine »Weltrevolution« in meinem Denken auslöste), Eduard Claudius, Stephan Hermlin, Erwin Strittmatter, zudem Gefährten, oft auch etwas älteren Jahrgangs, die mit mir in die Literatur der DDR eingetreten waren: Peter Hacks, Max Walter Schulz, Dieter Noll, Hermann Kant, Wolfgang Kohlhaase, Bernhard Seeger – ich vermag sie beim besten Willen nicht alle hier aufzuzählen –; bald ergaben sich auch Begegnungen mit Angehörigen anderer Sektionen, desgleichen mit den korrespondierenden Mitgliedern aus aller Welt, und als Präsident empfing mich damals Konrad Wolf, den ich bereits seit unseren Gesprächen um die Dreharbeiten zu »Spur der Steine« kannte, während sein Film »Der geteilte Himmel« nach der Erzählung von Christa Wolf gerade in den Kinos anlief. Die Akademie der Künste, was ich anfangs so nicht vermutet, ja unterschätzt hatte, wurde für mich, wenn meine erste Universität in Leipzig stand, zu meiner zweiten. Die geistige Atmosphäre dort, die Höhe des künstlerischen und wissenschaftlichen Meinungsstreits bei soviel unterschiedlichen Charakteren und Temperamenten, demzufolge auch Handschriften, konnte nur befruchtend auf mich und mein Schaffen wirken.

Erzähle mal weiter von den Querelen, die ja nicht nur dich betrafen, sondern wohl auch etliche andere Künstler ...

So weit, so gut. Im September 1991 dann, meine ich mich zu erinnern, nahm ich wohl das letzte Mal an einer Plenarsitzung der Akademie der Künste teil. Das war, als das über Jahr und Tag nun schon andauernde Hickhack, ob sich die beiden bisher vollkommen getrennt voneinander existierenden Akademien, die der DDR und die in Westberlin, vereinigen sollten, seinem Höhepunkt zustrebte. Da »wuchs durchaus nicht zusammen, was nicht zusammengehörte«, hätte es in der Negation eines bekannten Wortes heißen müssen, sondern es vollzog sich das, was allerorts mit den staatlichen Einrichtungen der DDR geschah: Es wurde abgewickelt, evaluiert, delegitimiert. Diese einst so »stolze« Akademie (nunmehr Ost), die sich in den humanistischen Traditionen ihrer preußischen Vorgänger gesehen hatte, kroch zu Kreuze vor den Herren aus der Akademie West. Mir wurde das spätestens klar, als immer öfter Herr Roloff-Momin, erst jüngst, 1991, zum Senator für Kulturelle Angelegenheiten in Berlin berufen, in der Sektion auftauchte und die Strohhalme, an die sich ihre Mitglieder zu klammern versuchten, um nicht unterzugehen, immer zersplissener wurden. Schließlich kam man auf die Idee, die bisherige Mitgliedschaft fahren zu lassen und neu zu wählen, wozu sich ein jeder zur Disposition stellen sollte. Da stand es mir bis zum Halse, ich zitiere aus dem Protokoll der damaligen Sitzung: »Auch Erik Neutsch erklärte seine Bereitschaft, seine Mitgliedschaft zur Disposition zu stellen, nicht zur Disposition stelle er sich als marxistischer Schriftsteller.«

Damit hatte ich mir selbst mein Urteil gesprochen. Ein Marxist, gar ein Kommunist! Das würden sich die Antikommunisten der Westberliner Akademie und ihre befreiten Helfer in der Akademie Ost nicht zweimal sagen lassen, waren sie doch gekommen, die eine der anderen zu unterwerfen. Mit allerhand ausgeklügelten, doch meines Erachtens ziemlich durchsichtigen Gründen – der angeblich notwendigen »Reduzierung« der Mitgliederzahl, der »Verjüngung«, der »Rückbenennung« auf Berlin-Brandenburg etc. – erfolgte dann nicht die *künstlerische*, sondern die *politische* Säuberung der ehemaligen Akademie der Künste der DDR. Ich konnte mich fortan zwar mit reinem Gewissen im Spiegel betrachten, ich hatte mich und meine Überzeugung nicht verleugnet, doch fühlte ich mich jetzt zum ersten Mal seit meiner Jugend wieder gedemütigt und beleidigt, zurückgestoßen in die unterdrückte Klasse des Systems. Als ich in jenen Tagen Herrn Prof. Walter Jens, dem Präsidenten der Akademie der Künste in vormals Westberlin, zufällig in einer Gaststätte begegnete und ihm, noch in der freundlich-naiven Annahme, ein »Zusammengehöriger« zu sein, zur Begrüßung die Hand reichte, war mir plötzlich, als stünde ich wieder dem Herrn Dr. Elsässer gegenüber, dem Direktor des Realgymnasiums von Schönebeck. Derselbe eisgekühlte, abweisende Blick, und es hätte nur noch der Worte bedurft: Seien Sie vernünftig, junger Mann, Handwerk hat goldenen Boden, und suchen Sie sich dort einen ordentlichen Beruf.

Wenn du mir hier einen Einwurf gestattest, ich habe von Walter Jens, dessen Bücher ich schätze, einen anderen Eindruck, er hätte wohl keine glänzenden Essays über Rosa Luxemburg oder Georg Büchner geschrieben, wenn er denn eine solche Literaturauffassung hatte, wie du sie hier beschreibst.

Büchner, Heine, Brecht – daran hat auch diese Gesellschaft ihren Spaß. Mir aber geht es um den Umgang mit lebenden Künstlern aus der DDR und ihrem Werk. Wie unmittelbar nach dem Einmarsch der Triumphatoren die Entsorgung sämtlicher Druckerzeugnisse der DDR auf den Müllkippen sehr viel Ähnlichkeit mit der Bücherverbrennung der Nazis 1933 besaß, so drängte sich mir bei der Durchsiebung der Akademiemitglieder aus der DDR der Vergleich zur sogenannten »Selbstreinigung« der Preußischen Akademie der Künste auf, die mit dem Ausschluß von Heinrich Mann und Käthe Kollwitz im Februar desselben Jahres begonnen hatte. In wenigen Wochen fielen ihr die konsequentesten demokratisch und antifaschistisch denkenden Kräfte Deutschlands in Kunst und Literatur zum Opfer.

XII.

Wir haben schon mehrfach über die Wende gesprochen, die ja für dich, für uns ein Ereignis war, das sich ebenso mit unserer Vergangenheit wie mit unserer Zukunft verknüpfte. Was ist dir da an konkreten Begebenheiten in Erinnerung?

Wie du soeben gesehen hast, lieber Klaus, war ich ja schon mittendrin in den Segnungen, die uns, und damit auch mir, die von dir so genannte Wende brachte. Abwicklung, Abbau, Absturz von allem, was nur in den Verdacht geriet, sozialistisch zu sein. Ob Volkseigener Betrieb oder Allgemeinbildende Polytechnische Oberschule, Landwirtschaftliche Genossenschaft oder Poliklinik, gleicher Lohn für gleiche Arbeit wie das Recht auf Arbeit generell und kostenlose medizinische Versorgung, Medikamente eingeschlossen, die Frau in ihrer Würde, nicht als Ware, und eben auch die Akademie der Künste der DDR. Stein um Stein also wurde abgerissen und Buch um Buch entsorgt. Das war bereits vor den Weihnachtstagen – erinnere dich, Bundeskanzler Kohl in Dresden –, spätestens aber nach dem Austausch der Formeln »*Wir* sind das Volk« in »Wir sind *ein* Volk« zu erkennen. Also entschuldige bitte, wenn ich angesichts eines solchen Zusammenbruchs nicht so verharmlosend von einer »Wende« sprechen kann, sondern das Ding als das benenne, was es ist, als Konterrevolution unter der Prämisse, den Osten wieder im Westen stattfinden zu lassen. Das Unterste wurde wieder zuoberst befördert, der ganze kapitalistische Dreck, wie wir ihn hatten seit Hunderten von Jahren.

Ich frage zunächst nochmals etwas zur Vorgeschichte: Du hattest ja bereits im Sommer oder Frühherbst einen Brief an den Ersten Sekretär der Bezirksleitung Halle der SED geschrieben, Dr. Achim Böhme, der auch Mitglied des Politbüros war, in dem du auf eine Reihe von Problemen aufmerksam gemacht hast?

Ja, das war im Juli '89. Ich hatte meine Bedenken und Sorgen über die politische Entwicklung unseres Landes in sieben Punkten zusammengefaßt, die von der internationalen Lage der sozialistischen Staatengemeinschaft bis zur Charakterausbildung von Schülern und Fragen an die ästhetischen Maßstäbe von Kunst und Literatur reichten. Darüber wollte ich mit Achim Böhme ein Gespräch führen, zu beiderseitigem Nutzen, und ich entsinne mich, daß ich bis auf die Außen- und Friedenspolitik der DDR so ziemlich an allem etwas auszusetzen hatte. Das Wort von Saint-Just war mir wieder eingefallen – du weißt schon –, daß man sein eigenes Grab gräbt, wenn man eine Revolution nur halb macht. Was wird aus uns, wollte ich wissen, wenn die DDR eines Tages zwischen den Ereignissen zermalmt wird, und bezugnehmend auf die letzten Kommunalwahlen vom Mai sprach ich, wollte man ernsthaft an das amtliche Ergebnis glauben, von einer Selbsttäuschung, die *tödlich* sein würde. Auf dem Weg in das Büro der Bezirksleitung kam mir dann auch noch der Massenmord an den polnischen Offizieren vom Jahre 1940 im Wald bei Katyn in den Sinn, der bisher für ein

Verbrechen der Deutschen gehalten wurde, woran jedoch Zweifel aufgetaucht waren, die ich geklärt haben wollte. Doch um es vorwegzunehmen: Aus dem Gespräch wurde nicht viel, Achim Böhme ließ sich etwa in der Mitte, wohl nach der dritten Frage von seinem persönlichen Referenten herausrufen, zu irgendwas Wichtigem, und ließ mich allein.

Jeder von uns hat ja seine ganz konkreten Erinnerungen an die Tage um den 7. Oktober 1989, du hast gelegentlich von den sich überstürzenden Ereignissen erzählt, der Kundgebung in Halle, der Aufforderung an dich, dort zu reden. Kannst du das etwas ausführlicher darstellen?

Von »überstürzt« zu reden, das würde ich für den Lauf der Dinge in Halle weniger in Betracht ziehen. Hier spitzte sich in der ersten Oktoberhälfte zwar ebenfalls alles zu, aber man konnte ihm mit einem einigermaßen unaufgeregten, das Ganze von oben herab betrachtenden, um nicht zu sagen: mit sezierendem Blick auf die Schliche kommen. In Halle war nicht das Original, das wurde hier, nach meinem Empfinden, nachgemacht. Es mußte jeweils zuerst etwas in Leipzig, Dresden, gar in Berlin geschehen sein, ehe es in Halle seine Nachfolger fand. Das hatte sein Gutes, denke ich, denn der Umsturz hier verlief in geregelten Bahnen, wohl eher: in immer wieder denselben Straßen rund um die Innenstadt; es gab, wie man im Polizeidienst zu sagen pflegt, keine »besonderen Vorkommnisse«.
Bis auf das eine Mal. Und das allerdings war dann auch heftig genug. Es war am 9. Oktober '89, dem Montag nach dem 40. Jahrestag der Republik, in den Abendstunden. Im Schriftstellerverband des Bezirkes hatten wir gerade den Jour fixe unserer monatlichen Parteiversammlungen

beendet, als ich mich, etwas verspätet, mit Claus Nowak, einem Kollegen, auf den Heimweg begab, wir beide auf dem Marktplatz die Straßenbahnen erreichen wollten. Nichtsahnend traten wir aus der Gustav-Anlauf-Straße, die in den Markt mündet, auf den vor uns liegenden sehr weiträumigen Platz, der jedoch wie leergefegt schien, und hatten sofort einen Polizeiposten an unserer Seite. Da erst vernahm ich auch von allen Ecken und Enden den Lärm, vor allem am Ausgang zur Großen Ulrichstraße staute sich eine größere Menschenmenge, teils mit brennenden Kerzen in den Händen, die von einem Polizeikordon zurückgedrängt wurde und lauthals ihren Protest kundtat. Mir gelang es hindurchzuschlüpfen, und nachdem ich ein paar Leute nach den Ursachen dieses Auflaufes befragt hatte, erfuhr ich, daß sich die Polizisten und Demonstranten mehr oder weniger bereits seit dem späten Nachmittag gegenüberstanden. Der Protestzug, fortwährend seine Gewaltlosigkeit betonend und als äußerliches Zeichen die entflammten Kerzen tragend, war von der Marktkirche aufgebrochen und wieder zu ihr zurückgekehrt, doch war es unterwegs mehrfach zu Zusammenstößen gekommen, selbst zu Prügelattacken seitens der Ordnungskräfte mit Schlagstöcken und Hunden, die Ereignisse waren zum ersten Mal eskaliert und hatten auch zu zahlreichen Verhaftungen von friedfertigen Bürgern unter Anwendung recht brutaler Maßnahmen geführt ...

Und was war da eigentlich mit der Verhaftung eines Schriftstellerkollegen?

Laß mich bitte darauf noch zurückkommen. Zunächst wolltest du ja wissen, wieso mir angetragen wurde, daß ich in Halle – gedacht war an den nächsten Montag, den 16.

Oktober – die Rolle von Kurt Masur übernehmen sollte, die er in Leipzig gespielt hatte, also von der Tribüne aus einen Aufruf zur Besonnenheit sowohl an die Demonstranten als auch die Kräfte der Volkspolizei und der Staatssicherheit zu richten. In einem Bericht, herausgegeben von einer »Unabhängigen Untersuchungskommission«, liest sich das so, Zitat:
»Die Auswahl war nicht groß, und schließlich blieb nur einer: Nationalpreisträger, Mitglied der Akademie der Künste und Mitglied der Bezirksleitung und des ZK (Irrtum, E. N.) der SED. Nach telefonischer Voranmeldung fuhren zwei weniger bedeutende seiner Kollegen am Nachmittag zu ihm, um diesem Mann bei Kaffee und Mineralwasser die komplizierte Lage im Land und in der Stadt zu schildern. Er hörte sich das aufmerksam an, und er begriff nicht nur den Ernst der Situation, sondern auch die Rolle, die ihm hier zugedacht worden war: ein hallescher Masur! Er fühlte sich offensichtlich geschmeichelt, aber es meldeten sich wohl auch andere Empfindungen in ihm, die ihn letztlich daran hinderten, diese historische Aufgabe zu übernehmen: gemeinsam mit Intellektuellen und kirchlichen Würdenträgern für die Stadt Halle zur Gewaltlosigkeit, zum Dialog und zu politischen Reformen aufzurufen.«
Das war bereits der zweite Versuch gewesen. Beim ersten, lieber Klaus, warst du doch gerade zufällig, wenn ich mich recht erinnere, als mein Lektor zu mir nach Haus gekommen, als mich ein leitender Mitarbeiter vom VEB Hermes, einem graphischen Spezialbetrieb in Halle, der mir hin und wieder über den Engpaß mit Schreibmaschinenpapier hinweggeholfen hatte, aufsuchte, sich über die desaströse ökonomische Lage in seiner Branche beklagte und mich ebenfalls zu einer Wortführung bewegen wollte. Aber ja,

die beiden »weniger bedeutenden Kollegen« hatten durchaus richtig erkannt, daß sich noch andere Empfindungen in mir meldeten, zu denen sie und die kirchlichen Würdenträger nicht den geringsten Zugang hatten. Das war meine Herkunft, wenn man so will, mein Instinkt, der mir sagte, daß die Republik, die – trotz allem! – nach meiner Ansicht bisher größte Errungenschaft der deutschen Arbeiterbewegung, bis in ihre Grundfesten zerstört werden würde, wenn sie einmal ins Wanken geriete.
Und insofern sah ich mich tatsächlich in einem Zwiespalt. Daß die DDR nach ihren inzwischen vierzig(!) Jahren auf sehr vielen Gebieten dringend der Reformen bedurfte, war mir freilich ebenso klar wie die Tatsache, daß ich nirgends eine Kraft gewahrte, die dieses Werk von Titanengröße hätte in Angriff nehmen können. Ich versuchte diesen Zwiespalt auf andere Weise zu lösen. Natürlich teilte ich die Befürchtungen der beiden Schriftstellerkollegen und ihrer Kreise, daß sich am bevorstehenden Montag die Übergriffe der staatlichen Sicherheitsorgane wiederholen könnten, und so trug ich meine Bedenken bei den zuständigen Dienststellen vor, meiner Funktion gemäß mit Nachdruck besonders in der Bezirksleitung der SED. Hinzu kam, daß mich unmittelbar nach dem Montag, dem 9. Oktober, Hans-Joachim Hanewinckel, der Pfarrer der St.-Georg-Gemeinde, dessen Kirche sich zum Zentrum der Bürgerbewegung herausgebildet hatte, anrief, um meine Unterstützung bat und mit seinem Anliegen meinen Bemühungen noch größeres Gewicht verlieh. Während der Montagsdemonstration war auch Winfried Völlger, Mitglied unseres Autorenverbandes in Halle, der sich eng mit St. Georgen verbunden fühlte, »zugeführt« worden, wie es hieß, und für Pfarrer Hanewinckel und mich war es nun höchste Zeit, auf seine Entlassung aus

der Haft zu drängen. Ich denke, daß ich nicht umsonst meinen Einfluß geltend machte. Winfried Völlger und andere Bürger wurden umgehend auf freien Fuß gesetzt, und auch der Montag der folgenden Woche verlief auf dem Marktplatz und in seinem Umfeld gewaltfrei.

Du aber bist ja dann auch, wenn ich das ein wenig im Understatement sagen darf, von zwei kräftigen Männern von einer jener Kundgebungen entfernt worden?

Ja, das geschah aber schon, nachdem die Demonstrationen ein fester Bestandteil – kann man das so sagen? – des gesellschaftlichen Lebens geworden waren. Um so verwunderter war ich daher über diesen Vorfall. Ich hatte mir angewöhnt, Montag für Montag in die Innenstadt zu fahren und mit den unterschiedlichsten Leuten ins Gespräch zu kommen. So geriet ich dann auch eines Tages in die Marktkirche St. Marien, nachdem ich dort eine Kerze angezündet, mich aber als Marxist zu erkennen gegeben hatte, in eine heftige Debatte. Meine Maxime lautete ja schon seit langem, spätestens seit den Friedensgesprächen mit westdeutschen und europäischen Schriftstellern, die von Stephan Hermlin initiiert worden waren, daß man den Sozialismus nicht allein mit und für Sozialisten aufbauen könne, sondern völlig gleichberechtigt die Mithilfe aller gutwilligen und friedfertigen Menschen brauche, also auch der Christen und Pazifisten. *Ohne* die Sozialisten allerdings geschähe gar nichts dergleichen auf der Welt.

Kaum aber hatte ich meine These ausgesprochen, wir wohl gerade bei Salomo angekommen waren, bei dem es hieß: »Wo keine Führung ist, da verfällt ein Volk; aber Heil ist bei der Menge der Ratgeber ...«, da wurde ich in der Tat von zwei sportlich durchtrainierten Männern in

Nappalederjacken gepackt und aus der Kirche gestoßen. Mitten im Satz, vielleicht beim besten Argument, hatten sie mich unterbrochen, mir die Arme ziemlich unsanft auf den Rücken gedreht und erst wieder von mir abgelassen, als ich vor dem Portal zur Gasse oberhalb des Hallmarkts im Regen stand.
Nach Haus zurückgekehrt, rief ich sofort Pfarrer Hanewinckel an, um zu erfahren, ob es inzwischen bei ihnen, der Kirche, eine Art Saalschutztruppe gäbe. Der aber lachte und fragte amüsiert zurück, ob ich mir denn wirklich nicht denken könne, wer diese beiden Herren waren. Später fand ich dann in der Akte, die die Staatssicherheit über mich angefertigt hatte, so ziemlich als letzten Eintrag den Bericht über diesen Vorfall.

Ich denke, es war bei dir nicht anders als bei mir auch, es gab in jenen Tagen manche überraschende Nähe zu Leuten, die man bisher kaum gekannt hatte. Du hast soeben von Pfarrer Hanewinckel erzählt, mit dem dich aus jenen Tagen bis ins Heute eine achtungsvolle Beziehung verbindet?

Die Beziehung von mir zu ihm ist durchaus voller Achtung geblieben, doch leider haben wir uns mit der Zeit, dem unaufhaltsamen Fluß der Jahre, wieder aus den Augen verloren. Im Herbst '89 hatten wir beide noch mit dem halleschen Fernsehstudio eine Sendereihe geplant, in der wir den Leuten, die mit der politischen Unsicherheit im Lande unter Existenzsorgen litten und deren Lebenshoffnungen schrumpften, in öffentlicher Rede und Antwort, so gut wir konnten, zur Seite stehen wollten, er als Christ und ich als Marxist. Der Plan platzte, weil ich aus der Bezirksleitung der SED, inzwischen SED-PDS, ohne daß zuvor mit mir eine Aussprache erfolgt wäre, entfernt wurde und ich demzufolge nun nicht mehr von mir sagen konnte, die Partei (wenn es denn zuletzt überhaupt noch der Fall gewesen wäre) im Rücken zu haben. Ich wäre ein Einzelkämpfer gewesen und hätte wohl nur schwerlich für bedrängte Menschen etwas erreichen können.

Pfarrer Hans-Joachim Hanewinckel sprach aber noch während der Trauerfeier, worum ich ihn gebeten hatte, die Gedenkworte zum Tod meiner Frau, in der Kapelle und am Grab. Er wußte ja, Helga und ich, wir beide waren Atheisten, dennoch tat er es mit einem großem Einfühlungsvermögen, wofür ich ihm bis heute dankbar bin. Das war Anfang November 1996.

War da in dir schon unmittelbar während der Ereignisse um die Jahreswende 1989/90 der Gedanke an literarische Auseinandersetzung? Dein Roman »Totschlag« erschien ja erst 1994, aber hat doch wohl seine Wurzeln in jenen Tagen? Gibt es da ein bestimmtes Ereignis, das dich zu dieser Geschichte brachte; du nennst das Buch eine Mär, eine deutsche, kannst du das ein wenig erläutern?

Ich bin keiner, dem seine Geschichten wie im Traume zufallen, das hat aber auch den Vorteil, daß ich sie immer wieder durch den Kopf wälzen muß, bevor sie Gestalt annehmen. Balla oder auch Gatt mußte ich mehrere Male begegnen, ehe ich zu ahnen begann, daß sich in ihrem Schicksal eine gültige Aussage über unsere, die sozialistische Gesellschaft verbarg, aber dann war meine Neugier erwacht, und eine Art Entdeckerfreude, praxisnah, doch gepaart mit reichlich poetischer Phantasie, ließ mich den Stoff filtern, ebenfalls mehrmals, bis sich das Gerüst zu einer Geschichte abzeichnete, eine Fabel formte, der nun nur noch Leben von Fleisch und Blut eingehaucht zu werden brauchte. Mit Freddi Gütlein im »Totschlag« ging es mir nicht anders, zumal ich jetzt selber mittendrin im Geschehen stand. Hunderte von Hauserbauern allein in Halle, zu denen ja auch ich gehörte, Hunderttausende in der Republik erlebten nun, wie die neuen Herren aus dem Westen kamen, die Eigentumsverhältnisse wieder schön kapitalistisch in Ordnung brachten, demzufolge als eine der ersten ihrer Handlungen die Preise für Grund und Boden ins Unermeßliche trieben und damit die Existenzen ganzer Familien an den sozialen Abgrund. Die Modrow-Regierung hatte in einem ihrer letzten Beschlüsse den Quadratmeter Land noch für 1,50 bis 4,00 D-Mark zum Kauf angeboten, die Finanzdezernenten mancher Städte verlangten jetzt um die 300,00 als Nachzahlung. Welcher Arbeiter, und das waren die meisten Häuslebauer, konnte sich das denn plötzlich zusammenraffen?

Also erfand ich Manfred Gütlein als Hauptfigur und damit, um auch in der Tradition meiner Helden zu bleiben, jedoch den nunmehr antisozialistischen Gesellschaftsbedingungen angemessen, einen Anti-Balla. Alles, was dann mit den Jahren auf die DDR und ihre Bürger zugekommen ist, klingt ja in diesem Buch schon an. Aber die Geschichte dennoch eine »Mär« zu nennen, das war mir deshalb wichtig, weil ich das Ganze noch ins Unglaubliche, Sagenhafte rücken zu müssen meinte, denn ein solcher Totschlag wie bei mir war ja noch nicht geschehen, und das Attribut »deutsch«? Weil es keine andere Nation gab, bei der innerhalb weniger Wochen, eines Wimpernschlags in der Weltgeschichte, zwei diametral entgegengesetzte Gesellschaftsordnungen zusammengestoßen waren. Mit dem Journalisten Hagen Ducknitz, dem Gegenspieler Gütleins, wollte ich gewiß auch den Vierzeiler Wilhelm Buschs bedienen, der da lautet:

Das sind die Praktiker der Welt,
die über Nacht sich umgestellt.
Die jeden Staat ihr eigen nennen,
man könnte sie auch Lumpen nennen.

Das betraf ja Millionen, bezog man allein die Mitglieder der einst so stolzen Sozialistischen Einheitspartei Deutschlands ein.

Du hast in »Claus und Claudia« so etwas wie eine Stimmung sichtbar gemacht, die sich meines Erachtens ja dann mit den Ereignissen des Jahres 1989 verknüpfte. Wie war denn diese Stimmung für dich?

Habe ich darauf nicht schon mehrmals verwiesen? Auch bei den Überlegungen, die wir über den »Frieden im Osten« anstellten? Natürlich spürte ich die Unruhe der Menschen, die immer mehr um sich griff, und ich persönlich empfand schon lange den Vorsatz »real« zum Sozialismus, also den »realen« Sozialismus als Ausrede für die wirklichen Behinderungen im täglichen Leben, als so eine Art Alibi für Bürokraten, Karrieristen oder einfach nur Faulpelze. Meines Sinnes war, nach wie vor, gerade im Umgang mit den Schwierigkeiten und Widersprüchen, den »idealen« Sozialismus anzustreben, dann aber auch die Widersprüche offen und ehrlich zu benennen, um sie lösen zu können.
Du weißt, daß ich dann auch mit der Erzählung »Claus und Claudia« nach ihrem Druck Ärger hatte. Obwohl bereits vergriffen, ließ die nächste Auflage lange auf sich warten, und in den Zeitungen, wohl von »oben« gesteuert, erschienen keine Rezensionen. Das änderte sich erst, nachdem mein Verlagsleiter nur herumgedruckst und ich beim

Kulturministerium scharf protestiert hatte. Schon die dritte Auflage allerdings landete dann aus den bekannten Gründen auf den Müllkippen.

Wenn ich mich jetzt an das erste halbe Jahr 1989 erinnere, dann erscheint mir diese Zeit sehr zwiespältig. Auf der einen Seite lebte man nicht schlecht, und wenn man Westverwandte hatte oder Handwerker war, auch ganz gut. Die Naturalwirtschaft existierte: Hast du etwas, was ich brauche, dann bekommst du etwas, was du brauchst. Andererseits behauptete unsere offiziöse Politik, daß dies alles gar nicht so sei. Die Führung des Staates, der Partei, sah das alles nicht. War dies nicht der eigentliche Konflikt, der zur Wende führte?

Ach, du meine Güte! Wenn du das so siehst, lieber Klaus, dann ...

Ich habe jetzt gerade nochmals die Bilder des Jubels gesehen, mit denen Helmut Kohl hier auf seinen Reisen empfangen wurde. Hunderttausende riefen die bekannten Parolen. Waren wir nicht Illusionäre, die wir hofften, eine andere Gesellschaft aufbauen zu wollen? Die Mehrheit wollte das doch nicht, wie man sehen konnte.

Ich bitte dich, laß uns doch nicht noch einmal beim Urschleim anfangen. Ich denke, ich habe bisher, sowohl was mein Werk als auch mein Leben betrifft, zur Genüge vorgetragen, wo nach meinem Geschichtsbild die Ursachen des Zusammenbruchs der DDR vor zwanzig Jahren zu suchen sind. Ich bin auch überzeugt davon, daß darüber noch nicht das letzte Wort gesprochen sein wird, erst recht nicht von einer von dir angenommenen Mehrheit. Es will auch mit dem besten Willen nicht in meinen Kopf, daß das Volk, die Menschen, die die DDR erlebten, so doof sei, bis in alle Ewigkeit die »Naturalwirtschaft«, wenn sie denn so übermächtig war, wie du es schilderst, für bestimmender zu erachten als all die humanitären Errungenschaften und zwischenmenschlichen Beziehungen, von denen hier ebenfalls schon die Rede war und die nicht selten sogar die ökonomische Kraft dieser – ins Verhältnis zum Kapitalismus gesetzt – noch jungen Republik überstieg. Und was heißt »illusionär«? Haben wir uns mit dem Aufbau unserer Gesellschaft nicht auch zu Recht in der Verantwortung gesehen gegenüber anderen noch um ihre soziale und nationale Befreiung kämpfenden Völkern? Vietnam, Kuba, Angola und, und, und ... Wir haben ihnen Mut gemacht und waren auch so mit unseren Idealen auf dem Erdball ständig präsent, im Gedächtnis vieler Menschen weltweit sogar als das »bessere Deutschland«.

XIII.

Vielleicht sollten wir den Gegenstand wechseln und trotzdem beim Thema bleiben. Du warst ja aufs engste mit dem Mitteldeutschen Verlag verbunden, der aus dem Herbst 1989 ja ebenfalls anders hervorging, als er es über vierzig Jahre in der DDR gewöhnt war.

Einverstanden. Und um noch einen Schritt weiterzugehen, sollten wir hier einmal die Positionen wechseln, ich stelle die Fragen und du gibst die Antworten, denn wahrscheinlich kennst du den Verlag noch besser als ich. Also laß uns loslegen, lieber Klaus, tauschen wir die Rollen: Wie lange warst du denn Lektor im MDV? Ich schätze mal, über zwei Jahrzehnte, seit Mitte der sechziger Jahre?

Ja, mit dem Mitteldeutschen Verlag verknüpft sich auch ein ganzes Stück meines Lebens, und es gäbe da manches zu erzählen, Heiteres und weniger Erfreuliches. Ich wurde im Frühjahr 1964 auf der Straße vom damaligen Cheflektor Heinz Sachs engagiert, der wußte, daß ich gerade das Literaturinstitut in Leipzig absolviert hatte. Ich hatte wohl damals keine rechte Vorstellung vom Lektorenberuf, aber das sollte sich in der Praxis bald ändern.

Offenbar war das so eine Art von Sachs, jeden von der Straße zu fischen. Genauso gewann er ja auch mich als Autor. Wie aber bist du dann eigentlich zu mir als Lektor gekommen, ich kann mich nicht mehr so recht erinnern?

Ich mußte ja zunächst mal »klein« anfangen, bekam also ein paar ältere Autoren zugewiesen. Da sagte mir Sachs, ich solle vor allem dafür sorgen, daß sie nicht *schreiben, ich will hier mal auf Namensnennung verzichten, aber es waren, wie man so schön sagt, »Karteileichen«. Und dann sollte ich neue Autoren suchen, und das machte ich auch. Karl Sewart, Rolf Floß, Wolfgang Eckert gehörten dazu ...*

Und unser Zusammenkommen?

Ach ja, also es gab ja auch im Verlag immer Wechsel, Lektoren gingen, Autoren verkrachten sich mit Lektoren. Und so sagte eines Tages der Cheflektor Heinz Sachs zu mir, daß Erik Neutsch mit seinem bisherigen Lektor nicht mehr zurechtkäme, und er hätte mich bei einer Verlagstagung kennengelernt und meinte, mit mir könne es gehen ...

Und es ging dann ja auch seit »Auf der Suche nach Gatt«, jedenfalls seit dem zweiten Anlauf des Romans, veröffentlicht zu werden, bis zu »Claus und Claudia«. Fast zwei Jahrzehnte also haben *wir* miteinander gearbeitet, nicht ohne Streit, aber wohl doch mit Gewinn für beide Seiten.

Ganz sicher, der Beruf oder die Tätigkeit des Lektors wird ja in der Öffentlichkeit kaum sichtbar. Einmal wurde ich gefragt, ob es sich bei einem Lektor um eine Figur aus der römischen Geschichte handelte. Beinahe richtig, hätte ich fast gesagt. Der Frager hatte Lektoren mit Liktoren verwechselt. Und Liktoren waren römische Amtsdiener, die beim Strafvollzug halfen, ge-

legentlich sogar eine Hinrichtung vornahmen. Sind Lektoren heutige Amtsdiener, die beim literarischen Strafvollzug helfen? Mancher Autor, der ein Lektorenurteil als Hinrichtung empfindet, er würde einer solchen Deutung zustimmen ...

Was mich betrifft, so hatte ich nie solche Sorgen mit meinen Lektoren, auch mit deinen Vorgängern nicht. Im Gegenteil, ich brauchte sie sogar, als Partner, wenn sie klug genug waren, als Reibeflächen, um mit ihnen meine Geschichten vom großen Handlungsbogen bis in die Semantik hinein zu diskutieren. Und du hast ja an mir erlebt, wie schwer es mir oft fiel, mich selbst von Wörtern zu trennen. Aus opportunistischen Gründen habe ich nie auch nur eine einzige Zeile geändert. Die Leute, die das von mir verlangten und mir auch sonst noch manches am Zeug flicken wollten, saßen meist höheren Orts, und meine Lektoren, von Heinz Sachs bis zu dir, trotz der gelegentlichen Meinungsverschiedenheiten, unterstützten mich eigentlich stets in dem Gefühl, in dem Verlag mehr als anderswo eine geistige Heimat zu haben. Aber gerade deshalb sollten wir auch ein paar Worte über ihn verlieren, denn das heutige Unternehmen, das seinen Namen trägt, hat ja mit dem Mitteldeutschen Verlag zur Zeit der DDR so gut wie nichts mehr zu tun.

Der Mitteldeutsche Verlag in Halle, kurz MDV, der seine Geschichte nach 1945 als Verlag für Behördenliteratur des Landes Sachsen-Anhalt begann und dann bald die ersten Belletristik-Titel herausbrachte. Er hieß mal »Verlag für junge Autoren«, später dann »Verlag für neue deutsche Literatur« und schließlich »Verlag für sozialistische Gegenwartsliteratur der DDR«. Aber solche Bezeichnungen sind nur die halbe Wahrheit, denn der Verlag war schon seit seinen Anfängen ein Unternehmen, das in seinen Autoren durchaus Weite und

Vielfalt der Literatur in der DDR verkörperte, was man ja heute so gern abstreitet.

Der Verlag war auch immer, von meiner Warte aus gesehen, so etwas wie ein Barometer der Kulturpolitik der DDR, dessen Programm jedesmal sehr sensibel darauf reagierte, wenn Frost oder Tauwetter angezeigt waren. Es wäre ein weites Feld, all die Wendungen und Wandlungen hier zu beschreiben. Um sich jedoch dagegen einigermaßen zu wappnen, gab es ja bereits seit den siebziger Jahren so etwas wie einen Verlagsbeirat, dem auch Autoren angehörten ...

Du warst ja Mitglied dieses Beirats wie auch Heiduczek, Gotsche, de Bruyn, also sehr unterschiedliche Autoren. Und man lud auch die sogenannten Entwicklungslektoren gelegentlich ein. Übrigens, für den Verlag arbeiteten immer wieder auch Autoren als Lektoren, Friedrich Döppe und Manfred Jendryschik, Eberhard Panitz, Gerhard Wolf, Werner Liersch. Ich denke, das war für den Verlag ein ganz wichtiges Kapital, denn so lebte man direkt in den kulturpolitischen und literarischen Auseinandersetzungen, an denen auch du beteiligt warst.

Das stimmt. Natürlich interessiert einen Autor erst einmal, wie sein eigenes Werk in einem Verlag gepflegt wird, und insofern ist die Behauptung, daß Autoren mit ihren Verlegern am liebsten über die Höhe ihrer Auflagen reden, so falsch nicht, aber ...

Das Sein bestimmt das Bewußtsein ...

Wie kommst'n darauf? Selbst wenn das ein Bonmot sein sollte, lieber Klaus, finde ich es hier fehl am Platze, und zwar angesichts der miserablen – von finanziell bis zu sozial miserablen – Lage vieler ernst zu nehmender Schriftsteller heute in diesem Lande. Sie schreiben sich die Finger wund, dem Umfang nach oft mehr in Begleitbriefen als in ihren eigentlich literarischen Texten, um sie bei Verlagen unterzubringen, zehnmal, zwanzigmal wie Hartz-IV-Empfänger, ohne je von dort, den Mächtigen aus dem Jenseits des Marktes, eine Antwort zu erhalten. Das nur nebenbei.

Doch bevor du mich unterbrochen hast, lag mir schon ein Aber auf den Lippen, womit ich sagen wollte, daß ich mich stets auch für das Umfeld interessierte, in dem meine Bücher erschienen, daß ich mich sogar, je mehr mein Ansehen als Autor stieg, mitverantwortlich fühlte für die gesamte literarische Produktion des MDV. Der Beirat gab mir die Möglichkeit dazu, und so konnte ich dem Verlag in seiner Editionspolitik auch mehrmals den Rücken stärken, das war z. B. bei den von offizieller Seite heftig umstrittenen Büchern »Es geht seinen Gang« von Erich Loest und »Hinze-und-Kunze-Roman« von Volker Braun der Fall. Ich entsann mich ja noch des engstirnigen Umgangs mit so manchem meiner Werke, auch mit dem Film »Spur der Steine«. Meine Auffassung hingegen war stets: Veröffentlichen, drucken und dann diskutieren.

Gewiß, im Rückblick kann ich nicht verhehlen, gelegentlich meine Sorge um den MDV auch übertrieben zu haben. Ein- oder zweimal schrieb ich einen – nun, sagen wir mal – nicht sehr höflichen Brief an die Verlagsleitung, womit ich eine Grundsatzdebatte über das weitere Programm des Verlages erreichen wollte, und zwar offen und ehrlich, keineswegs hinter vorgehaltener Hand, heimtückisch. Das mußte doch unter Gleichgesinnten erlaubt sein. Ich hatte das Gefühl gehabt, daß da aus politischen Opportunitätsgründen bestimmten Autoren Vorrechte eingeräumt würden, was natürlich mein Irrtum sein konnte. Denn es war dann wohl doch etwas anderes kennzeichnend: Da es so unterschiedlich orientierte Lektoren gab, gab es auch eine Förderung unterschiedlicher Autoren. Die heutige offiziöse Literaturpolitik allerdings will davon nichts wissen, nach ihr gibt es nur Jasager und Oppositionelle. Aber die Wirklichkeit war anders.

Ich sehe das genauso: Ich hatte ja, um es an einem Beispiel zu demonstrieren, mit Manfred Streubel zu tun, einem heute leider fast vergessenen Dichter, dessen übergroße Sensibilität ihn nach der Wende wohl auch in den Freitod führte. Er fühlte sich ständig umstellt von der Staatssicherheit, letztendlich hielt er mich auch für einen ihrer Mitarbeiter, bis er wohl merkte, daß in diesem Land nicht jeder Lektor ein Spitzel war. Aber ich hatte auch mit ganz anderen Autoren zu tun, etwa mit Fritz Selbmann, dem ehemaligen Minister der DDR-Regierung, an seinem Roman »Söhne der Wölfe«, der mir, seinem Lektor, ständig erklärte, was denn die Welt im Innersten zusammenhält. Aber das ist, wie gesagt, ein weites Feld. Und es wäre gut, wenn diese wirkliche Geschichte des Verlages und damit auch der Literatur, der er sich verpflichtete fühlte und die er produzierte, einmal geschrieben würde.

Dann aber dürfte es auch kein Herumschleichen wie die Katze um den heißen Brei um den Begriff »Sozialistischer Realismus« geben, denn schon vom ersten Tage an, an dem sich der Verlag der Belletristik zugewandt hatte, trug er ihn nahezu avantgardistisch wie eine Fahne vor sich her, was voll im Sinne seiner Gründungsväter lag, der vier Männer, die allesamt bewährte Antifaschisten waren: Fritz Bressau, Heinz Sachs, Hans Holm, Gerhard Noglik. Heute allerdings wird er behandelt, als sei er nur Fahne, noch dazu rot, und immer drumherum mit ein paar hammerschwingenden Arbeitern und kornblumenblauen Bäuerinnen.

Ich finde, genau das ist wieder einer der Versuche, übers Lächerliche den Ernst einer neuen und großen Idee in den Schmutz zu treten. Für mich war und ist der »sozialistische Realismus« ein ästhetisches Programm, eine Schaffensmethode für die Kunst, die außerhalb unseres persönlichen Bewußtseins objektiv existierende Welt, ausgerüstet mit dem wissenschaftlichen Sozialismus, zu erkennen, realistisch zu sehen und in Malerei, Literatur und anderen Genres zu gestalten. Mag es, weiß Gott, auch immer wieder Entstellungen gegeben haben, Vulgarisierungen, Verballhornungen, so ändert das nichts an der Richtigkeit weder des Sozialismus noch der realistischen Methode. Und dafür stand auch der MDV, der in seinen besten Zeiten wie kein anderer Verlag in Deutschland je zuvor oder – wie jetzt abzusehen – danach eine Schutz- und manchmal auch Trutzburg war für junge Talente, für seine gestandenen Autoren ohnehin. Jedenfalls bis kurz vor Schluß ...

Lieber Erik, wenn du schon so programmatische Verlautbarungen abgibst, erlaube ich mir im Sinne von Marx, an allem zu zweifeln, meine Zweifel in Sachen sozialistischer Realismus anzumelden. Nicht erst heute, schon immer habe ich das einzelne literarische Werk in seinen ganz verschiedenen Bezügen gesehen, also was für ein Geschichts- und Menschenbild findet sich da, welche literarische Tradition wird sichtbar, welche künstlerischen Möglichkeiten? Ich halte Kategorisierungen wie kritischer oder sozialistischer Realismus, positiver Held usw. für zweifelhafte Formeln oder meinetwegen auch für Glaubensbekenntnisse. Ich werde mich ihnen nicht anschließen. Der Verlag war zum Glück ja immer ein Verlag, der

ein sehr weitgespanntes Programm realisierte. Georg Maurers Gedichte, Karl Zuchardts historische Romane, Mundstocks Kriegserzählungen, deine Romane, die Bücher von Christa Wolf und Erich Loest, Boris Djacenkos und die Poeten: Georg Maurer, Volker Braun, Karl Mickel, das alles und noch viel mehr gehörte zum Bestand dieses Verlages. Schon in seinen Anfängen versuchten Gerd Noglik und Hans Holm den Verlag in die weltliterarischen Beziehungen zu bringen, hier erschienen die großen Romane von Thomas Wolfe erstmals in der DDR, Bücher, die ganz entscheidend für die literarische Entwicklung Werner Bräunigs waren. Daß man dem Verlag dann die ganze Weltliteratur »wegprofilierte«, war ein kulturpolitischer Fehler. Aber das alles müßte Gegenstand einer Geschichte dieses Verlages sein. Und in einem sind wir wohl einer Meinung: Ohne sein Wirken würden ganz wesentliche Bücher der Literatur der DDR fehlen.
Entschuldige diese längere Einlassung, und damit sollten wir auch unseren Rollentausch beenden. Also, was meinst du damit: Bis kurz vor Schluß?

Vom Fragenden zum Befragten wechseln – ja, aber du kannst doch nicht glauben, daß ich mir, da ich der Interviewte bin und es um meine Befindlichkeit geht, das Recht auf eine Replik nehmen lasse. Du verstehst mich falsch, vielleicht auch mein gesamtes literarisches Credo, also mein »Glaubensbekenntnis«, wie du es nennst. Ich bestreite ja nicht die von dir favorisierten Bezüge auf ein Werk. Die aber kommen nach meiner Ansicht erst nach dessen grundsätzlicher Determinierung, und hierzu möchte ich Georg Lukács aus seinem Vorwort zur »Zerstörung der Vernunft« zitieren: »Die Geschichte der Philosophie ist, ebenso wie der Kunst und der Literatur, nie – wie ihre bürgerlichen Historiker meinen – einfach eine Geschichte philosophischer Ideen oder gar Persönlichkeiten. Die Probleme und Lösungseinrichtungen für die Philosophie werden von der Entwicklung der Produktivkräfte, von der gesellschaftlichen Entwicklung, von der Entfaltung der Klassenkämpfe gestellt.« Und weiter: »Jeder Denker (und Schriftsteller, E. N.) ist in diesem Sinn für den objektiven Gehalt seines Philosophierens (und Schreibens, E. N.) vor der Geschichte verantwortlich.« Und noch eins: »Es gibt keine ›unschuldige‹ Weltanschauung.«

Mir geht es also nicht um irgendwelche Kategorien, sondern um ein ästhetisches Prinzip, und natürlich mußt du dich ihm nicht anschließen. Ich denke nur, daß, wenn man in der Literatur die Welt schildern will, in ihr nicht unbedingt die Sonne um die Erde kreisen läßt und dem Kopernikus, anders als sogar die Papstkirche vor zwanzig Jahren, noch bis heute die Rehabilitation verweigert. Kriterien wie Parteilichkeit oder Volksverbundenheit, die man wohl dem sozialistischen Realismus übelnahm, gereichten den Büchern, wie ich meine, ebenfalls nicht zum Schaden. Sie sollen ja von den Leuten gelesen werden, freilich kritisch, und nicht nur von ein paar Kritikern. Sonst hätten wir schon damals Kunst und Literatur mit ü schreiben sollen, also Künst und Literatür, wie es heute, wenn nicht gar das Triviale vorherrscht, gang und gäbe ist. Und insofern halte ich es auch kulturpolitisch für eine kluge Maßnahme (eine revolutionäre sowieso), als erstes in dem neuen Staat auch einen Verlag gegründet zu haben, der, zumal bei der Devisenknappheit der DDR, die vorrangige Aufgabe hatte, sich um die im Bürgerlichen zumindest verpönte sozialistische Literatur und ihren Nachwuchs zu kümmern. Und schließlich: Mein mir im Geiste sehr verwandter Werner Bräunig hätte seinen Thomas Wolfe auch ohne den MDV gefunden, so wie auch ich ohne ihn meinen Scholochow.

Hier, lieber Erik, könnten wir anscheinend bis ans Ende aller Bücher diskutieren und uns streiten. Also laß uns Schluß machen, indem ich dich nochmals frage, was du damit meintest: Bis kurz vor Schluß?

Was mir schon früher aufgefallen war, ich mir aber wieder hatte ausreden wollen, indem ich übertriebenem Mißtrauen meinerseits die Schuld gab, wurde ja jüngst kräftig mit Selbstlob als Verdienst hingestellt. Der schon lang gediente, aber noch mehrere Jahre über die DDR hinaus dem MDV vorstehende und offenbar ohne Blessuren davongekommene Verlagsleiter zog mit folgenden Worten sein Resümee: »Einerseits war ich zufrieden und auch stolz, dass sich der in den zurückliegenden Jahren beschrittene Weg im Großen und Ganzen als richtig erwiesen hatte. Es war uns gelungen, dem Verlag ein neues Gesicht zu geben.« Damit, denke ich, entlarvte er sich wohl selbst.
Ende 1989 waren fast alle meine Bücher vergriffen und harrten einer Nachauflage. Da trat der Lübbe-Verlag aus Bergisch Gladbach mit der Bitte an mich heran, »Spur der Steine« als Taschenbuch zu edieren. Da die Rechte beim MDV lagen und eine Neuauflage des Romans ebenfalls weit und breit nicht in Sicht war, bat ich Dr. Eberhard Günther, den Verlagsleiter, die Rechte für ein Taschenbuch Lübbe zu überlassen. Seine Antwort war, das könne geschehen, wenn die Auflage nicht mehr als 2000 betrage. (Kein renommierter Verlag dieser Erde druckt ein Taschenbuch mit nur 2000 Exemplaren!) Also sagte ich, daß ich als Autor sämtliche Rechte für »Spur der Steine« zurückhaben möchte. Daraufhin er: Dann kannst du auch gleich die für den »Frieden im Osten« mitkriegen. Daraufhin ich: Dann nehme ich alles. – Das war's.

Ja, so war das also, aber ich könnte noch manches an Erfahrungen hinzufügen. Eberhard Günther hat kürzlich so etwas wie Memoiren veröffentlicht. Wenn man sie liest, scheint es, als sei die Arbeit des Mitteldeutschen Verlages über Jahrzehnte hin allein ihm zu danken. Daß er mit mir tagelang über Projekte gesprochen hat, daß wir gemeinsam mit Werner Liersch die Reihe »Kritik« ins Leben riefen, daß er mich ein paarmal als Cheflektor nach Halle holen wollte, das alles hat er wohl vergessen. Aber er hat vieles vergessen, wie ich auch von anderen Autoren und Lektoren höre, so unterschlägt er auch, daß du und Max Walter Schulz die Initiatoren waren für den Solidaritätsband mit internationaler Beteiligung »Chile – Gesang und Bericht«, den andererseits ich als Lektor zu betreuen hatte. Von mir strich er in der Wendezeit wie selbstverständlich einen kleinen Feuilletonband, der gerade erscheinen sollte, aus dem Programm. Aber ich habe wenig Lust, mich mit diesen Dingen zu beschäftigen.

XIV.

Was allein wieder dich betrifft, interessiert mich noch etwas anderes. Wie reagierten denn deine Leser? Gab es in dem Trubel und dem Geschrei während des Herbstes '89 und danach Verleumdungen, Pöbelei? Was wurde nach der Wende aus deinen Büchern?

Mit meinen Lesern hatte ich keine Probleme. Im Gegenteil. Wohin ich auch nach 1990 kam, zu Lesungen und anderen literarischen Veranstaltungen, war ich stets ein gefragter und mit Respekt aufgenommener Gast. Hin und wieder, ja, gab es Anpöbelungen, auch Anfeindungen, gelegentlich bis zu Drohbriefen, aber das betraf vor allem meine politische, meine weltanschauliche Haltung, und die freilich ist manchem bis heute suspekt, im altdeutschen Lager sowieso und bei Aufsteigern.
Von meinen Büchern, früher im Mitteldeutschen Verlag erschienen und dann auch von ihm ins Müllkippennirwana geschickt, wurden nach und nach wieder gedruckt: »Spur der Steine«, wie schon erwähnt, von Bastei Lübbe, im Deutschen Taschenbuch Verlag und in zwei unterschiedlich gestalteten Ausgaben bei Faber & Faber, »Forster in Paris« im Verlag Dingsda, »Auf der Suche nach Gatt«, übrigens wieder mit den dazumal unerwünschten Sitte-Illustrationen der ersten Auflage, im Benshausener rh-Verlag, »Der Hirt«,

zusammen mit der neuen Erzählung »Stockheim kommt«, bei spotless. Meine später verfaßten Werke wurden veröffentlicht: der Roman »Totschlag« von Dingsda, das Kinderbuch »Vom Gänslein, das nicht fliegen lernen wollte« mit Illustrationen von Susanne Berner bei Faber & Faber, der Gedichtband »Die Liebe und der Tod« im Verlag Janos Stekovics ...

Für dieses Buch und die Neuauflage von »Spur der Steine« in der Reihe DIE DDR-LITERATUR bei Faber & Faber hatte ich ja jeweils ein Nachwort geschrieben.

Ja, und die Liste ist damit noch nicht beendet. Zwei meiner für mich wichtigsten Bücher erschienen 2003, die Erzählung »Verdämmerung« im Scheunen-Verlag, Kückenshagen, und der Grünewald-Roman »Nach dem großen Aufstand«, in der ersten Auflage bei Faber & Faber, von wo ihn Stekovics für eine weitere Ausgabe übernommen hat, die bereits im Druck ist.
Die meisten Bücher, bis auf die Gedichte und das Kinderbuch, sind auch noch im Handel, stehen zwar nicht in den Schaufenstern, finden aber doch ihre interessierten Käufer, und das, wenn man nicht gerade Nobelpreisträger ist oder über Sumpfbereiche schreibt, grenzt ja in dieser kommerzialisierten Welt schon an Erfolgserlebnisse. Wie allerdings an ihren Adressen abzulesen, sind es zwar progressive, aber meist nur kleine Verlage, die sich meiner angenommen haben, denen die Mittel und Kräfte fehlen, um den Buchhandel an ihrer Art von Literatur auf den Geschmack zu bringen, und so wandern sie oft selbst auf dem schmalen Grat zwischen Liquidität und Bankrott.

Laß mich bitte auf deinen Gedichtband »Die Liebe und der Tod« zurückkommen, lieber Erik. Er erschien 1999, und von deinen Lesern hatte ihn wohl kaum jemand von dir erwartet. Willi Sitte hatte dem Buch zehn Zeichnungen beigegeben, und ich habe damals dem Band besagtes Nachwort hinzugefügt. Ich erlaube mir mal, mich selbst zu zitieren: »Wer von Literatur nur das Kunst-Stück erwartet, er wird es in diesen Versen kaum finden, wer aber weiß und erlebt, daß Kunst eben aus solchen Lebens-Stücken kommt, der ist ihr Leser.« Die Gedichte sind so etwas wie ein Nachruf auf deine Frau, die im Oktober 1996 an Krebs starb. Dies war ein ganz entscheidendes Erlebnis für dich, wenn ich mich an unsere damaligen Telefongespräche erinnere ...

Es war die absolute Leere. Nach ihrem Tod war es für mich nur noch ein Rest von Leben, von dem ich nichts mehr zu erwarten glaubte. Ich stand wie an einem Abgrund. – Helga hatte die Zeichen ihrer Krankheit zum ersten Mal ein Jahr zuvor bemerkt, als wir beide auf der Fahrt nach Colmar waren, zum »Isenheimer Altar«, auf Detailsuche, da ich bereits an meinem Roman über Matthias Grünewald schrieb. Sie hatte die Reise abgebrochen, zurück in Halle sich untersuchen lassen, wobei nichts Bedrohliches festgestellt wurde, ich aber glaube, es war eine Fehldiagnose. Jedenfalls fühlte sie sich ständig schwächer werden, ahnte wohl spätestens Anfang des Jahres, daß sie schwerer erkrankt sei als angenommen, und drängte seitdem darauf, ein Testament abzuschließen. Daran merkte auch ich, wie ihr zumute war, daß sie schon an ihren Tod dachte und sich um mein Weiterkommen ohne sie sorgte. Im Oktober, nach einem, wie es mir später schien, allein für uns beide noch samtweich gemachten Sommer, kam sie ins Elisabeth-Krankenhaus in Halle. Diagnose: Krebs der

Bauchspeicheldrüse, diesem gemeinsten aller Organe, für eine Operation, stellte sich nun heraus, war es zu spät, und nach zwei Wochen erhielt ich auf mein Bitten hin von den Ärzten die Erlaubnis, mit ihr gemeinsam im selben Zimmer zu sein. Helga dämmerte zusehends dahin, fünf Tage und Nächte dauerte es noch, ich vernahm ihren letzten Seufzer, war dicht an ihrer Seite, fühlte ihre Hand erschlaffen und schloß ihr die Augen. In mir blieb nichts als nur eine große Leere, und ich weinte wohl hemmungslos.

Bis dahin habe ich später meine Gefühle in dem Band »Verdämmerung« niederzuschreiben versucht. Mich erfaßt noch heute, sobald ich daran zurückdenke, eine tiefe Befriedigung darüber, daß es mir wenigstens vergönnt war, Helga in ihren letzten Stunden zu begleiten, ihr noch bis zum letzten Augenblick von der Wärme zu geben, die wir ein Leben lang füreinander empfunden hatten. Danach erfüllte mich dann nur noch ein riesenhafter Schmerz, ich wußte wochenlang nicht, vielleicht bis in die Mitte des nächsten Jahres hinein, was mit mir geschehen war. Ich war wie traumatisiert. All die notwendigen Formalitäten eines Sterbefalls erledigte ich wie im Taumel, ein junger Mann aus Bonn mit dem meine jüngere Tochter Corinna zeitweilig liiert war, half mir dabei, ich war dermaßen kaputt, daß ich damals sogar vergaß, ihm zu danken.

Abend für Abend begann ich nun, Gedichte zu schreiben, Helga gewidmet, saß bis in die Nächte hinein, weil ich mich fürchtete, unser Schlafzimmer zu betreten. Alles, jeder Winkel im Haus erinnerte mich an sie, und je mehr ich sie vermißte, desto elender war mir zumute. Ich griff zum Alkohol, glaubte, mich damit betäuben zu können, und verstieg mich bereits in Suizidgedanken. Die Gedichte, die diese Stimmungen extrem zum Ausdruck

bringen, habe ich dann später, nachdem ich mich wieder gefangen hatte, natürlich bewußt nicht in dem Band »Die Liebe und der Tod« aufgenommen, statt dessen aber eine Anzahl von jenen, die ich Helga vom ersten Tage unseres Zusammenseins an geschrieben hatte. Anne, inzwischen bei mir, hatte mir dazu geraten, von ihr auch stammt die Idee zu diesem Buch.
Und laß mich bitte hier noch eine Bemerkung einfügen. Wie ich auch von meiner Stasi-Akte erfuhr, sozusagen hintenherum, war mit zuzeiten der DDR der Ruf gefolgt, ein Säufer zu sein. Einmal, im September 94, wurde ich von der Literaturwissenschaftlerin Dr. Christel Berger in einem Interview fürs *Neue Deutschland* danach gefragt, und obwohl ich sie gebeten hatte, von dieser Passage abzusehen, erschien sie trotzdem in der Zeitung, was ich schon damals als Affront empfand. Frau Berger hatte gefragt: »Es gab immer wieder Gerüchte über Neutschs Alkoholprobleme. Ist da was Wahres dran?« Ich hatte geantwortet: »Und warum fragen sie mich nicht auch gleich noch nach meinem Sexualverhalten? Doch wenn Sie damit gewissen Nachzischeleien, wie sie auch in meiner Stasi-Akte auftauchen entgegentreten wollen, bitte sehr. Ich bin kein Abstinenzler und kein Asket und gedenke auch nicht, es zu werden. Es muß doch wohl einleuchten, daß man im Suff keinen solchen dicken Wälzer schreiben kann, wie ich. Vielleicht hielte die Lyrik das aus, ernsthafte Prosa keinesfalls. Ich müßte garantiert das Zeug, was am Abend unter Alkohol entstünde mit dem Anspruch, der Allergrößte zu sein, am nächsten Morgen wieder wegschmeißen und von vorn beginnen.«
Mag sein, daß zu dieser Freigabe öffentlicher Bloßstellung auch mein Autounfall beigetragen hatte, den ich Ende November 1989 verursachte, wenngleich ohne Beteiligung oder gar Schädigung anderer, der aber von der Presse be-

gierig zur Kenntnis genommen worden war und auch dem neuen Bezirkssekretariat Halle der SED als willkommener Vorwand gedient hatte, mich, ohne mich zu befragen – ich erwähnte es bereits – aus der Bezirksleitung auszuschließen. Wegen Trunkenheit am Steuer, wie es offiziell verlautbarte, wobei der eigentliche Grund jedoch darin zu suchen war, daß ich gegen die Leute in dieser Partei aufgetreten bin, die plötzlich dieselben Funktionäre in Bausch und Bogen verdammten und, wie ich fand, schmählich davon jagten, die sie noch zum 40. Jahrestag der DDR angehimmelt hatten. Mein Verschulden freilich bestand darin, daß ich nach einer ausgiebigen Feier mit den Hauptakteuren des Films »Spur der Steine« zu dessen – nach zweieinhalb Jahrzehnte währendem Verbot – zweiter Uraufführung in Berlin das Hotel nach nur mäßigem Schlaf am frühen Morgen verließ um wieder nach Hause zu kommen, kurz vor Halle in den Straßengraben fuhr und bei der Protokollaufnahme durch die VP bei mir noch Restalkohol festgestellt wurde.

Was Alkoholismus allerdings wirklich bedeutet, erfuhr ich erst jetzt, in dem nächsten halben Jahr nach Helgas Tod. Die Formalitäten waren erledigt, die Amtsgänge, Beerdigung und Trauerfeier, und ich zog mich nun immer mehr in mich zurück, nur selten von Stundenbesuchen unterbrochen von meinen Töchtern und den Enkeln, blieb Weihnachten allein, zum ersten Mal, Silvester allein und zum ersten Mal auch ohne Helga zu ihrem Geburtstag, dem 1. Januar, der für mich von Anfang an stets, jedesmal von einem Jahr ins andere sozusagen, die romantischste Nacht gewesen war. Hinzu kam, daß sie mir auch im Gedankenaustausch fehlte bei der Beurteilung der politischen Prozesse in Deutschland, da, wo wir stets eines Sinnes gewesen waren und uns gegenseitig gestützt hatten, was aber nun meine Trauer nur verstärkte. Ich trank und trank, mir wurde immer elender zumute, vor dem Fernseher versuchte ich mich abzulenken, ließ mich berieseln, ohne großes oder gar gezieltes Interesse, trank und rauchte, eine Zigarette nach der anderen, und nur, sobald ich noch oder wieder einigermaßen klar war – schrieb ich, feilte ich Gedichte.

Wenn du heute mit dem Abstand von fast anderthalb Jahrzehnten auf diese, Helgas und deine Beziehung zurückblickst, was war das Wichtigste, was ist davon geblieben?

Alles war wichtig und alles ist geblieben. Immer wieder kehren die Gedanken zu ihr zurück.

Das Leben geht weiter, so heißt ein vielleicht simpler Satz der Volksweisheit, aber es ist ja tatsächlich so, wie ging das Leben weiter?

Natürlich gab es nähere Bekannte, denen meine seelische Verfassung Sorge bereitete und die mir Mut machen wollten, Helga und Günter Wahrmund, die Nachbarn von gegenüber, Gerd Focke, Dramatiker einst im Fernsehstudio Halle, Rudi Schmalz, der Direktor des ehemaligen Bezirksbuchhandels; und Gerli, Helgas Schwester, hielt ebenfalls zu mir. Tröstlich gemeinte Anrufe freilich wie solche, daß ich doch »stark wie ein Recke« sei und Manns genug sein müsse, den Schmerz des Verlustes zu überwinden, verkehrten sich bei mir ins Gegenteil. Als ich dann merkte, daß ich nicht einmal, weil darin schon immer ein Stümper, den Anforderungen des Haushalts gewachsen war, so daß er zu verlottern drohte, fragte ich Evi Riech, eine Genossin aus der Wohngruppe der PDS, der auch Helga früher angehört hatte, ob sie nicht jemanden kenne, der bei mir als Reinigungskraft arbeiten würde. Am 27. November, sechs Wochen nach Helgas Tod, stellte sie mir dann eine Frau vor, die sich bereit gefunden hatte, mir zu helfen. Sie hieß Annelies Hinz und war, was sich jedoch erst viel später zeigte, meine Rettung …

Erst Anfang des neuen Jahrtausends werden deine nächsten Prosawerke erscheinen, worüber noch zu sprechen sein wird. Aber eine Voraussetzung dafür war wohl auch, daß du selber wieder zur Ruhe kamst, um wieder schreiben zu können. Du hast ja schon angedeutet, daß nach Helgas Tod für dich eine ganze Zeit das Schreiben unmöglich war.

Ja, als ich Helga ins Krankenhaus gebracht hatte, war ich etwa bis zur Hälfte meines Romans »Nach dem großen Aufstand« gekommen, um genau zu sein, bis zur Seite 227 im vorliegenden Buch. Bis dahin hatte ich den Text bereits durchgearbeitet und in die Schreibmaschine übertragen, hingegen war die sich daran anschließende Szene, die sich mit der Spitzeltätigkeit Glasers im Dienste Kardinal Albrechts und seinen aufkeimenden Skrupeln beschäftigt, nur erst handschriftlich von mir verfaßt; und von dort an dauerte es dann fünf Jahre, fünf!, ehe ich zu dem Manuskript zurückfand. Mit Helgas Tod war mir der Roman aus der Hand geschlagen worden, und seitdem verspürte ich keine Lust, wohl aber auch keine Kraft mehr, diesen Berg von Prosa noch einmal zu besteigen.

Du bist freilich nicht in dieser Lethargie geblieben. Du hast aus dieser Situation wieder zum Schreiben gefunden.

Es kam tatsächlich ganz anders. Und das hing mit der Annäherung zusammen, die sich zwischen mir und Anne

Liebe Leserin, lieber Leser,

herzlichen Dank, dass Sie sich für unser Buch entschieden haben! Damit Ihnen unsere Produkte in Zukunft noch mehr Freude bereiten, haben wir vier Fragen an Sie.

www.eulenspiegel-verlag.de

Diese Karte habe ich dem Buch _____ entnommen.

Wie hat Ihnen dieses Buch gefallen? Bitte geben Sie ihm eine Schulnote:

1	2	3	4	5	6
○	○	○	○	○	○
sehr gut	gut	befriedigend	ausreichend	mangelhaft	ungenügend

Ich interessiere mich für:

- ☐ Humor/Witz
- ☐ Unterhaltung
- ☐ Romane
- ☐ Biografien
- ☐ Kinderbücher
- ☐ Hörbücher
- ☐ Politisches Sachbuch
- ☐ Krimi

Wie haben Sie vom Buch erfahren?

- ☐ Besprechung in den Medien
- ☐ Anzeigen-Werbung
- ☐ Veranstaltung / Lesung
- ☐ Buchkataloge
- ☐ persönliche Empfehlung
- ☐ Buchhändler-empfehlung

Gewinnspiel: Mit dieser ausgefüllten Karte nehmen Sie automatisch teil.

1. Preis: Eine Reise für 2 Personen nach Berlin
2. Preis: 5 x 1 Buchpaket im Wert von 100,- €
3. Preis: 10 x 1 Buchpaket im Wert von 50,- €

Wir übernehmen das Porto für Sie!

Deutsche Post
ANTWORT

Eulenspiegel Verlagsgruppe
Leserservice
Neue Grünstraße 18
10179 Berlin

Vorname

Name

Straße und Hausnummer

PLZ und Ort

E-Mail-Adresse   Geburtsdatum

Beruf

Alle persönlichen Angaben werden vertraulich behandelt und nicht an Dritte weitergegeben.

☐ Bitte schicken Sie mir Ihr aktuelles Verlagsprogramm kostenfrei und unverbindlich zu.

☐ Bitte senden Sie mir Ihren monatlichen Buch-Newsletter kostenfrei per E-Mail zu.

vollzog, sehr allmählich jedoch. Sie wohnte im Süden von Halle, im Neubauviertel Silberhöhe, und kam zweimal in der Woche, jeweils nachmittags, und als dann die Blöcke dort von Grund auf renoviert werden sollten, sie ihre Wohnung ohnehin für eine gewisse Zeit hätte verlassen müssen, entschlossen wir uns, daß sie zu mir in den Spechtweg zog. Das geschah nach inzwischen eineinhalb Jahren, im März 1998. Von Tag zu Tag wuchs meine Sympathie für sie, denn ich muß nicht verhehlen, daß mir noch immer Helga im Sinn stand, ich mich nicht von ihr lösen konnte. Doch es häuften sich dann auch die Gelegenheiten, wo wir Berührungspunkte aus unserem Leben entdeckten. Wir hatten bald schon zum Du gefunden, im Erinnern daran, derselben Partei angehört zu haben, unsere Anschauungen, sowohl was das universale und gesellschaftliche Weltgefüge als auch das Filigrangeflecht unserer Charaktere betraf, stimmten im Großen und Ganzen überein, unsere Lebenswege, auch die hätten sich beinahe kreuzen können, denn Anne hatte wie ich bei den Journalisten in Leipzig studiert, hatte wie ich als Redakteur in der *Freiheit* gearbeitet, so daß wir vielfach die gleichen Personen aus der politischen Vergangenheit kannten, und – welch ein Glücksfall! – sie las, sie besaß ein überaus reges Interesse für Literatur und alle anderen Genres der Kunst. Hinzu kam, daß ich bald merkte, wie sie Helga nicht abtat (was oft anderen Frauen in zweiter Ehe nachgesagt wird), sondern ihr Achtung entgegenbrachte, während ich mir umgekehrt die größte Mühe gab, Anne nicht mit Helga zu vergleichen oder gar an ihr zu messen. Sie sollte das sein, als was sie sich dann auch erwies: eine starke Persönlichkeit, eine liebevolle Frau.

Das alles aber stieß wohl auf den Unverstand meiner Töchter, sie glaubten mir nicht, daß ich einer Annelies Hinz persönlich nie zuvor begegnet war, und ohne sie zu kennen, ja, ohne sie kennenlernen zu wollen, akzeptierten sie auch sie nicht.

Manchmal bleibt einem auch nichts erspart, nach dem Tod von Helga nun auch noch diese Auseinandersetzungen ...

So dauerte es nicht mehr lange, und kaum hatte ich das Gefühl, mich wieder gefaßt zu haben, da war mir, als würde mir erneut der Boden unter den Füßen weggerissen. Ende Juni, ich sprach schon davon, gerade hatte ich meinen Geburtstag zum ersten Mal ohne Helga hinter mich gebracht, da forderten beide Töchter, ihnen umgehend den Erbanteil von ihrer Mutter auszuzahlen. Trotz allen Bittens und Bettelns meinerseits, sie möchten noch ein Jahr warten, bis ich finanziell in der Lage sei, es nützte nichts. Es begann eine Schlammschlacht, Rechtsanwälte wurden eingeschaltet, von Bonn, von mir, Hausverkauf, Kreditaufnahme, um jedes Buch, jedes Bild, um Möbel, Geschirr und Auto wurde gefeilscht, und am übelsten war mir, als ich jedes Paar Strümpfe, jedes Kleid von Helga aufzählen und den Preis dafür angeben mußte. Drei für mich sehr bittere Wochen waren Anne und ich dabei, die Liste all der Sachen, wie es laut Gesetz verlangt wurde, aufzustellen, und schon bei dieser oder jener Bluse, in der ich Helga besonders gern gesehen hatte, brach es aus mir heraus. Lieber Klaus, ich wünsche niemandem, das wie ich durchstehen zu müssen.
Heute, im Nachhinein, denke ich, daß in diesen schweren Tagen in mir die erste Zuneigung begann. Ohne Annes Zuspruch, natürlich nicht beim Hausratauflisten, sondern – und das ist keineswegs hochtönend – beim Auffangen meiner Seele, wäre ich erneut in ein tiefes, bodenloses Loch gefallen. Die gemeinsame Suche nach einem neuen Haus

fügte weitere Sympathien hinzu, der Umzug im Juli '98, das Einrichten meiner Bibliothek, wodurch ich endlich auch wieder zu mir selbst kam. Nicht verschweigen will ich, daß mich nun auch heimtückische Krankheiten befielen, ein Schlaganfall, eine Lungenentzündung, und Operationen notwendig wurden, Rehabilitationsaufenthalte folgten, mit Anne an der Seite. Dann aber stellten wir den Gedichtband zusammen, ich schrieb, auch darin von Anne bestärkt, die »Verdämmerung«, in memoriam Helga, was zugleich meine Trauerarbeit und mein erneuter Aufbruch war, und ich nahm mir auch wieder das Manuskript zum Grünewald-Roman vor; der weiterführende Inhalt, der Fortlauf der Handlung, die Einteilung der Kapitel waren ja bereits akribisch von mir geplant gewesen. Experten bestätigten mir später, daß man dem Text seine mehrjährige Unterbrechung nicht ansehe, es keinen Stilbruch gebe.

Nun war Anne das, was auch Helga schon gewesen war: meine erste Leserin, meine erste Kritikerin. Denn bald verbrachten wir so manche Abende in der Abgeschiedenheit der Bibliothek, wo ich ihr ungestört vorlas, was ich geschrieben hatte, meist größere Passagen von zehn, zwölf Seiten. Und von Zeit zu Zeit hatte ich ihr auch schon Gedichte gewidmet. Einmal, im »Hochsommerabend«, bekannte ich mich mit den Zeilen:

> … ein ungestilltes Hoffen,
> das in der Furcht der Einsamkeit undenkbar wär.
> Es ist die späte Liebe, doch auch im Alter offen
> wie eine Landschaft, wie ein sanft bewegtes Meer.

Ein andermal schenkte ich ihr eine Spenser-Strophe, deren Form ich bei Lord Byron entdeckt hatte, unter der Überschrift »Liebe Ende Sechzig«:

Es liebt sich tiefer, wenn wir uns verstehen,
Kein Mißtrauen jäh sich drängt in unsre Tage.
Denn alle Zeit, die wir noch zweisam gehen,
Sei so, daß niemals Zweifel sie zernage.
Dann wär's ein Leuchten, und die dunkle Frage
Erhellte sich von selbst: Was ist Verstehen?
Ein Bettgeflüster? Auch! Ich aber sage:
Ein Lieben soll es sein, uns zu erhöhen,
Daß stets in Niederungen wir die Gipfel sehen.

Seit 2003 bist du mit Anne verheiratet, die ja auch hier, an unseren Gesprächen zu diesem Buch, oft teilnimmt. Vielleicht, liebe Frau Hinz, darf ich Sie fragen, wie Ihnen Mut und Kraft zugewachsen sind, sich diesem in seiner Seele kaputten Menschen – so sagte er es damals selbst in einem Gedicht – zu widmen?

Mich ihm zu »widmen«, darum ging es 1997 zunächst nicht. Ich nahm an, er würde zu gegebener Zeit Kontakt suchen zu früheren Bekannten in seinem Umfeld. Darüber sprach ich auch mit ihm, aber er lehnte das vehement ab. Mir wurde klar, daß er in seinem traurigen Zustand zu solch einer Entscheidung nicht fähig war. Also half ich ihm weiter – und somit eigentlich auch mir, weil ich wieder eine Aufgabe hatte, die – wie es Erik schon schilderte – schließlich zum neuen Lebensmittelpunkt wurde.
Das Ende der DDR war für mich keine freudige Zeit, sondern ich fühlte mich in große Verzweiflung gestürzt. Wo Halt, Wahrheit, eine neue Aufgabe finden? Erwachsene Kinder brauchen ihre Mutter wohl gelegentlich, aber danach gehen sie ganz folgerichtig wieder ihre eigenen Wege. Und die Mutter, jetzt mit so viel mehr Zeit für sie als zuvor im Berufsleben, mußte das schmerzlich lernen.

Versucht hatte ich dann, einem ehemaligen Kollegen zu helfen, der in der Innenstadt von Halle ein großes Haus rekonstruierte. Aber die Reinigungsarbeiten auf einer Baustelle erwiesen sich auf Dauer als körperlich zu schwer für mich.
Genau in dieser Zeit suchte meine Genossin Evi Riech, die ich seit 1966 aus gemeinsamer Arbeit in der *Freiheit* kannte, Hilfe für Erik Neutsch. Ein, zwei Tage Haushalt in der Woche, dachte ich mir, das müßte doch für mich mit 63 noch zu schaffen sein. Und es gefiel mir, ihm in dieser Lebenskrise zu helfen, der uns so wahre Bücher geschenkt, erzählt hat, über das Mühen der »kleinen Leute« um ihren Staat, Geschichten auch über Menschen und Ereignisse, die für uns zu den historischen Wurzeln der DDR zählen. So kam es, daß wir uns zwar nicht gesucht, aber eigentlich doch gefunden hatten, obwohl wir uns zuvor persönlich nie begegnet waren. Vielleicht auch gerade deshalb ...

Und wie leben Sie nun seit über einem Jahrzehnt in dieser Beziehung?

Es war und ist eine große Herausforderung für mich. Am schönsten bleibt die Sorge umeinander, der geistige Austausch bei übereinstimmender Weltanschauung, die Zuneigung alter und neuer Freunde ... Aber auch: So viel Haushalts- und Gartenarbeit war nie in meinem Leben. Und mit den Jahren macht sie nicht mehr nur Spaß. Doch wir versuchen Hilfe und Lösungen zu finden, um auch weiter im schönen »Haus Grasmücke«, wie wir es wegen seiner hellgrünen Farbe genannt haben, leben zu können. Manchmal sage ich im Scherz zu ihm, daß mein Leben vor Neutsch wohl eine lange Lehrzeit war, um mit ihm zurechtzukommen. Das »Poesiealbum für Anne« zu meinem

75. Geburtstag mit einer Sammlung von 33 Gedichten von ihm sind ein mich zutiefst berührendes Dankeschön dafür. Trotz schwerer gesundheitlicher Einbrüche behält er so viel Lebensmut. Nach einer Operation im Juli 2005 brachte er zur Entlassung aus der Klinik gerade an meinem Geburtstag ein Gedicht mit, betitelt »Zurück«:

> Du, meine Liebe, mein spätes Glück,
> dir nur habe ich mich zu verdanken.
> Du hast mich gerufen, ich komme zurück,
> auch wenn meine Schritte noch schwanken.
>
> Ich sah in des Abgrunds dunkles Tief,
> mein Leben ins Nichts schon zerstieben.
> Dann aber – als deine Stimme mich rief,
> bin ich gekommen, dich wieder zu lieben.

Sie haben sieben Jahre nach Ihrer ersten Begegnung geheiratet – warum aber nicht den Namen Ihres Ehemannes angenommen?

Es ist nach dem Gesetz möglich, und ich denke, ich hatte gute Gründe dafür, die auch Erik schließlich akzeptierte. Der erste: Es gibt nur eine Frau Neutsch – Helga Neutsch. An ihrer Seite ist der ungestüme junge Mann zu einem bekannten und geachteten Schriftsteller herangereift. Sie war und bleibt seine Muse.
Der zweite Grund liegt bei mir: Ich war sehr froh, daß meine erwachsenen Kinder die Entscheidung für Erik nach kurzem Schock verständnisvoll billigten und unterstützten. Auch deshalb wollte ich ihren, den Namen meines schon 1959 verstorbenen ersten Ehemannes Gerhard Hinz behalten.

Freude empfinde ich darüber, daß sich seit kurzem mit Eriks Tochter Marita neues Vertrauen anzubahnen scheint.

Und, Erik, was sagst du zu diesem Kapitel deines Lebens? Du sollst auch hierzu das letzte Wort haben.

Abgesehen davon, daß ich hoffe, es wird noch lange fortgeschrieben, macht es vielleicht auch etwas anderes deutlich. Die Frauengestalten in meinen Büchern – und ich muß sie nicht alle aufzählen – erweisen sich gegenüber den Männern meist als die stärkeren Charaktere, und manchmal, wurde mir vorgeworfen, hätte ich sie sogar »romantisch verklärt«. Das aber liegt wohl daran, daß ich mit meinen drei Frauen nur großes Glück hatte: Meine Mutter verwöhnte mich, Helga gab mir alle Liebe auch wieder zurück, und Anne rettet mich bis auf den heutigen Tag.

XV.

Lieber Erik, mehrfach schon in unserem Gespräch ist der Roman »Nach dem großen Aufstand« aufgetaucht, ein Buch, orientiert an der Geschichte des Malers Matthias Grünewald, das du selbst wohl zu deinen wichtigsten Büchern zählst. Übrigens ist der richtige Name des Künstlers Mathis Gothardt-Nithardt, der in die Kunstgeschichte als Grünewald eingegangen ist, und wir wollen aus Gründen des allgemeinen Verständnisses ebenfalls bei Grünewald bleiben. Gerade in diesen Tagen wird der Roman in einer unveränderten Neuausgabe im Verlag von Janos Stekovics erscheinen. Vielleicht sollten wir diesem Buch fast am Ende unseres Gesprächs, das uns über anderthalb Jahre beschäftigte, eine ausführliche Erörterung widmen. Vielleicht ist es so etwas wie ein Credo deiner künstlerischen Überzeugungen? Wann eigentlich bist du auf diese Gestalt, auf diesen Stoff gestoßen?

Das war kurz nach meinem Antritt als Redakteur in der *Freiheit*, nachdem ich zum Leiter der Abteilung Kultur berufen worden war, also im Januar 1954. Ziemlich zuerst durchstöberte ich in meinem mir nunmehr zugewiesenen Arbeitsraum die alten Schränke, die noch von der am Orte einst führenden, mit den Nazis im Gleichschritt laufenden bürgerlichen Zeitung stammten. Darin fand ich einige abgelagerte und wohl schon vergessene Restbestände von Büchern, darunter auch einen Bildband mit fast sämtlichen noch existierenden Werken Grünewalds, Copyright 1939 vom Atlantis-Verlag Zürich. Ich hatte insofern Glück, als dieses Buch aus der Schweiz kam und Grünewald daher nicht, wie im völkischen Wahn jener Zeit oft versucht, als mystische, gar »arisch-großdeutsche Seele« beansprucht, sondern ein relativ solides Wissen über ihn zu vermitteln trachtete. Sehr bald lernte ich ja dann reihum die halleschen Maler kennen, so auch Willi Sitte, der mir ohnehin in vielem, was die bildende Kunst betraf, die Augen öffnete und von Grünewald nicht weniger angetan war als ich. Verstärkt wurde meine Zuneigung zu ihm auch noch dadurch, weil es, obgleich sonst nur wenige Lebensdaten von ihm als gesichert gelten, verbürgt ist, daß er in Halle starb, in den letzten Augusttagen 1528, wo einige angesehene Bürger dieser Stadt dem Magistrat seinen Tod meldeten. Und je mehr ich mich seither mit diesem Riesen an Malkraft beschäftigte, desto mehr war ich Feuer und Flamme.

Wir müssen hier für die Leser, die das Buch bisher nicht kennen, ein paar Bemerkungen über Grünewald machen, die Quellenlage ist ja sehr schwierig, seine Lebensumstände sind kaum bekannt, aber es gibt eben Bilder von ihm, neben ein paar anderen erhaltenen Werken insbesondere jene Tafelbilder des »Isenheimer Altars«, eines Retabels, das jetzt im Museum Unterlinden in Colmar ausgestellt ist. Dieser Wandelaltar wurde für dich auch eine Art »Gerüst« für das Romangeschehen ...

Im Gegensatz zu Grünewalds Todestag ist nicht einmal das Jahr seiner Geburt bekannt. Die einen Kunsthistoriker plädieren für 1460, die anderen für die Zeit um 1480, so auch ich, da die frühesten Bilder, die nachweislich von ihm stammen und nach 1500 entstanden, noch fremde Einflüsse zu erkennen geben, weshalb es mir nicht glaubhaft erscheint, daß sie von einem solchen Genie wie Grünewald, wäre er um 1460 geboren, erst mit vierzig Jahren und überdies noch stümperhaft gemalt worden seien. Von 1512 bis 1516 weilte er unbestritten im Elsaß, im Isenheimer Kloster der Antoniter, unweit von Colmar und Straßburg, wobei er bereits zuvor im Dienste der Erzbischöfe und zugleich Kurfürsten von Mainz stand. Albrecht, der jüngere Hohenzollernprinz in diesem Amte, holt ihn dann an seinen Hof zurück, wobei seine Werkstatt von manchen in Seligenstadt, von anderen in Aschaffenburg vermutet wird. Spuren seines Wirkens sind auch in Halle sichtbar, der zeitweilig mit allem Pomp ausgestatteten Residenzstadt des inzwischen zum Kardinal und Primas in Deutschland avancierten Albrecht von Brandenburg. Melanchthon, Reformator im nahen Wittenberg, nannte ihn noch im Jahre 1531 in einem Atemzug mit Dürer und Cranach dem Älteren, woraus sich schließen läßt, daß er zu Lebzeiten nicht weniger bekannt war als diese beiden. Offenbar aber hatte er sich während des Bauernkrieges entschiedener als sie, ähnlich anderen Bildkünstlern, Jörg Ratgeb etwa und Tilman Riemenschneider, den Aufständischen zugewandt, so daß er nach deren Niederschlagung durch die Fürsten von Albrecht, seinem Dienstherrn, entlassen und verfemt wurde. Er floh nach Frankfurt am Main, der Freien Reichsstadt, bewahrte dort für einen Adoptivsohn namens Endres seinen ziemlich diffusen, aber schriftlich exakt aufgelisteten Nachlaß auf, bevor er auch von dort floh, und zwar ins lutherisch gesinnte Halle, das für ihn als »Wasserkunstmacher« Verwendung fand. Hier starb er an der Pest, wird gesagt, und danach zeigte sich die

Rache des Kardinals perfekt, Gothardt-Neithardt blieb über Jahrhunderte totgeschwiegen und wurde erst 1911 wiederentdeckt. Sogar seinen »Isenheimer Altar« hielt man bis dahin für ein Werk Dürers.

Soweit also die Fakten. Daß er sich auf die Seite der Bauern geschlagen hatte, ist insofern höchstwahrscheinlich, als in seinem Nachlaß auch, neben reformatorischen Schriften, zwölf Artikel aus dem revolutionären Programm der Aufständischen gefunden wurden. An seiner Malerei war es ohnehin ablesbar. Noch nie war ein solcher Jesus am Kreuz dargestellt worden wie auf der ersten Schauseite des »Isenheimer Altars«, ein solch geschundener Körper, ein auf den Tod gepeinigter Mensch, ein solch bis aufs Blut gefolterter Plebejer. Für meine Mentalität läßt sich daraus leicht erklären, weshalb ich mich diesem Maler sofort verbunden fühlte, erst recht, nachdem ich ihm mit jeder Recherche näher kam und hinter seinem Schicksal einen großen Stoff für die Existenznot progressiver Kunst in Deutschland zu ahnen begann.

Kannst du so etwas wie die verschiedenen Phasen des schöpferischen Prozesses benennen, denn das Buch ist ja über einen längeren Zeitraum entstanden?

Es ging mir mit Grünewald ähnlich wie mit Büchner und Forster, meinen von mir als literarische Vorfahren betrachteten Männer. Nach meiner oben geschilderten Entdeckung sammelte ich alles, was mir an kunsttheoretischen Texten über ihn in die Hände fiel und studierte es, stieß auf das Buch von Wolfgang Hütt, verriet ihm mein Engagement, diskutierte stundenlang mit ihm über die bildende Kunst jener Zeit und wurde schließlich von ihm auf den profunden Band »Der historische Grünewald« von

W. K. Zülch aufmerksam gemacht, der bis auf weiteres mein Leib- und Magenbuch wurde. Das war vielleicht die erste Etappe; zwar war Grünewald in mir als Romanfigur erstanden, allerdings ohne dazu den Roman zu haben.
Jahre vergingen. Anfang der Achtziger dann kehrten meine Gedanken immer öfter zu diesem Stoff zurück, drängte es mich, eine Geschichte daraus zu formen, in der Art einer Allegorie, eines Gleichnisses auf die Schaffenskonflikte eines Künstlers, dessen Ideale vom revolutionären Aufbruch und der Umgestaltung der Gesellschaft in eine der Menschlichkeit durch die Praxis beschädigt werden, so wie es im Verlaufe des Bauernkrieges und der Reformation Grünewald erleben mußte, er als einer unter dem Banner des Bundschuhs: Nichts als die Gerechtigkeit Gottes. Das allerdings betraf noch die DDR, in der ich das Widerbild meiner Hoffnungen und Ideale nicht mehr zu erkennen glaubte, spätestens seit der Sozialismus immer öfter auf das Wort *real* reduziert wurde, was ich als Ausrede empfand, schon als halbe Kapitulation, und das scheint die zweite Phase gewesen zu sein.
Als freilich dann der Zusammenbruch der DDR erfolgte, der Konterrevolution mit fliegenden Fahnen, der D-Mark und Coca-Cola zum Siegen verholfen wurde und die Restauration des Kapitalismus sich breitmachte, begann meine dritte Phase. Denn jetzt wurden die Ideale vom Sozialismus nicht nur beschädigt, sondern in den Dreck gezogen, bis heute, verhöhnt und verfolgt, und die Künstler und Schriftsteller, die sich ihrer angenommen hatten, beiseite geschoben, als seien sie Analphabeten, oder gar unterdrückt. Ich tastete mich mit einem Essay, »Gothardt-Nithardt, ein Maler«, an mein Vorhaben heran und entwarf die Struktur und die Handlung des Romans. Das war die vierte Phase. Ich begann zu schreiben, gelangte bis in die

Mitte des Manuskripts, die fünfte Phase, bis Helgas Tod sie für mehrere Jahre unterbrach. Der Rest ist schon erzählt, ich bekam neuen Mut und beendete das Buch, das war die sechste Phase. Wolfgang Hütt und Pfarrer Martin Weskott übergab ich siebentens den Text mit der Bitte, ihn auf sachliche Genauigkeit hin zu überprüfen, und schließlich erschien der Roman 2003. Achtens.

Du hast gelegentlich über die vier Handlungsstränge gesprochen, die das Buch bestimmen. Es beginnt ja mit den letzten Tagen des Grünewald. In Rückblenden werden dann wesentliche Stationen seines Lebens und Werkes aufgenommen. Freilich, da ist nicht nur diese Gestalt, sondern auch die Zeit, die historischen Begebenheiten, die in deinem Buch den poetischen Grundgedanken verwirklichen ...

Es sind fünf Handlungsstränge oder Ebenen, fünf. Erstens: Die ständige Erinnerung an den Observationsbericht Johan Glasers, der ja historisch verbürgt ist, als Bornmeister und Promotor der Stadt, aber auch als zeitweiliger Sekretär des Kardinals. Zweitens: Grünewald vom Anfang bis zum Schluß, fünf Tage, solange eine Pesterkrankung dauert, auf dem Sterbebett. Drittens: Die zwölf Tage der Flucht inkognito von Frankfurt am Main über Gelnhausen, Buttstädt usw. bis nach Halle an der Saale. Viertens: Die bildschöpferische Arbeit an den zehn Tafeln (Teilen) des »Isenheimer Altars«, die mit den jeweils ihnen zugeordneten Sinnsprüchen die Einteilung für die Kapitel hergeben. Fünftens: All die Geschichten und Episoden, Handlungen, Begegnungen und Konversationen, die ich mir nun nach Bedarf zusammenstellen konnte.
Der von mir angenommene, also fiktive Bericht des Johan Glaser ist für mich, wenn man so will, der Kunstgriff, der

mir gestattete, all meine Phantasie walten zu lassen und, als seien sie dort aufgezeichnet, Erfindungen über Grünewalds im Dunklen liegendes Leben zu machen. Einerseits hielt ich mich streng an die wenigen Fakten, die bislang von den Kunstwissenschaftlern unterschiedlicherer Couleur erforscht worden waren, doch andererseits gab ich ihm eine Vita, natürlich von Neutschscher Prägung. Da er, amtlich beglaubigt, einen Adoptivsohn hatte, verschaffte ich ihm die dazugehörende Frau, Gela, das Bauernmädchen, dessen Gesicht übrigens, wie mir scheint, mehrfach in seinen Bildern zu sehen ist. Ich stattete ihm seine Werkstatt aus, in Seligenstadt, stellte ihm Freunde und Lehrer an die Seite, ließ ihn auf Wanderschaft nach Brabant zu Hieronymus Bosch gehen, mit Dürer über die Kunst streiten, Dispute mit den Straßburger Humanisten führen und mit Luther, Cranach und Melanchthon in Wittenberg usw. Vor allem aber hatte ich alle Gedanken frei, um zwischen Grünewald und dem Kardinal Albrecht den uralten Konflikt von Kunst und Macht, Ideal und Zynismus austragen zu können.

Wir sollten aber nochmals auf den »Isenheimer Altar« zu sprechen kommen. Ich erinnere mich, wie du damals gleich nach der Rückkehr aus Colmar, wo du ihn gemeinsam mit Helga gesehen hattest, ihn für dich als schöpferischen Impuls empfandest, der geknechtete, leidende Christus wird zu einem Symbol für den leidenden Menschen überhaupt? Das Religiöse verwandelt sich in eine historische Erfahrung.

Ja, dem gewaltigen Werk unmittelbar gegenüberstehend, der Szene auf Golgatha, so daß man sich in sie vertiefen und fast schon nachvollziehen kann, dem Gekreuzigten in das gequälte, geschundene Antlitz blickend – das ist natürlich mehr als jede noch so gekonnt wiedergegebene Reproduktion zu leisten vermag. Meine Achtung und meine Liebe zu diesem farbenmächtigsten aller Maler wuchs ebenfalls immer mehr an, so daß wohl nur so zu verstehen ist, weshalb ich immer wieder zu ihm zurückkam. Für mich (und auch für Kunsthistoriker wie Richard Hamann, Wilhelm Fraenger und Wolfgang Hütt) war und ist Grünewalds Christus am Kreuz auch nicht nur das Symbol für den allgemein leidenden Menschen, sondern konkret in seiner Zeit, die der Reformation und des Bauernkriegs, für den geknechteten *Plebejer*.

Das ist eine andere Sicht als jene, die dann, nachdem Grünewald wiedergefunden war, die bürgerliche Kunstgeschichte, offenbar nunmehr in Abhängigkeit auch von seiner durch die Kirche erfolgten Vereinnahmung, dem staunenden Publikum zu offerieren versuchte: ein Eigenbrötler, Grübler, schlichtweg ein in Demut sich verzehrender Gottesknecht. Nein! Aus seinem Schaffen ist ersichtlich, er stand mitten im Leben, nahm teil an den sowohl religiösen wie weltlichen Kämpfen und befand sich auf der geistigen Höhe seiner Zeit. Auch die Literatur und andere sogenannte schöne Künste, die Musik beispielsweise mit Hindemiths Oper »Mathis der Maler«, in der sich unser Held letztlich vor der Welt verkriecht, haben dazu bisher nur wenig beigetragen, und vielleicht ist Leo Weismantel der einzige, der mit der Zusammenfassung seiner Trilogie in dem Roman »Die höllische Trinität« dem Anspruch, Grünewald gerecht zu werden, am nächsten kommt.

Lion Feuchtwanger, Meister des historischen Romans, hat bei Gelegenheit des Nachdenkens über sein Metier davon gesprochen, daß die historische Dichtung durchaus mehr Wahrheit bieten kann als die Geschichtswissenschaft. »Niemals ist ein

Kunstwerk aus dem Stoff heraus entstanden, niemals aus einer Idee oder aus einer Tendenz«, schreibt Feuchtwanger, aber auch: »Historische Dichtung will also nicht Geschichte lehren, sie will auch nicht Geschichte deuten, sie will den Leser oder Hörer vom Autor erlebte Geschichte erleben lassen.« Könnte das auch ein Element deiner Poetik sein?

Ich werde mich hüten, mich mit Feuchtwanger anzulegen, der nun offenbar bei denjenigen, die ihn noch kennen, für alle Zeit das Besitzrecht auf die Theorie von historischen Büchern, ohne die er nicht leben konnte, innehat. Ich aber habe gerade zu erklären versucht, daß ich bei meinem Grünewald-Roman andere Intentionen hatte. Selbstverständlich will ich die Geschichte deuten, und selbstverständlich liegt mir daran, meinen Lesern, und zwar bis in die Annalen der Kunstgeschichte hinein, einen anderen Grünewald als die auch gegenwärtig immer noch weit verbreitete Legende um ihn vermitteln: zwar den christlich-gläubigen, aber sozial handelnden und »für nichts als die Gerechtigkeit Gottes« kämpfenden Künstler, so wie er mir sehr nahe ist.

Freilich hat dieses Buch nicht nur einen historischen Aspekt, sondern durchaus auch gleichwertig einen zeitgeschichtlichen Aspekt. »Nach dem großen Aufstand« ist ja ein sehr bewußt gewählter Titel?

Das lag in meinem Sinn, die Duplizität zweier miteinander vergleichbarer historischer Großereignisse, das Scheitern der Bauernaufstände in der frühbürgerlichen Revolution zu Beginn des 16. Jahrhunderts und der Niedergang des ersten Arbeiter-und-Bauern-Staates auf deutschem Boden in der fast noch als Gegenwart empfundenen Zeit um 1990. Was geschah und geschieht mit den Protagonisten beider

Bewegungen, *nach* den großen Aufständen? Das Schicksal Grünewalds ist dafür nach meiner Sicht geradezu ein Lehrbeispiel für das Verhalten der politischen Reaktion. Irgendwo, ohne dessen gedacht zu werden, liegt er in Halle verscharrt.

Natürlich bewegt sich diese Geschichte nicht nur in den großen Zeitverhältnissen, sondern auch in den Lebensumständen der eigenen Existenz? Halle ist ja nicht nur ein Ort Grünewalds, sondern auch ein Ort Neutschs.

Das stimmt. Aber ich glaube, er wird nur von mir und meinen beiden Frauen als ein solcher wahrgenommen. Alle meine Bücher spielen ja vornehmlich in dem Raum zwischen Magdeburg und Leipzig, umkreisen von allen Himmelsrichtungen her, vom Harz und Mansfeld, von Merseburg, Bitterfeld und der Börde Halle. Ich finde diesen Landstrich wegen seiner Geschichte, seiner Traditionen, aber auch wegen des milden Charakters seiner mich unmittelbar umgebenden Landschaft höchst anregend, und so war es für mich, nachdem ich – ich sagte es schon – in Erfahrung gebracht hatte, daß Grünewald im Dienste des Kardinals hier wirkte und, von ihm verstoßen, hier auch starb, ein zusätzliches Motiv, dieses Buch zu schreiben. Es war mir ein Vergnügen, Halle nun auch in seiner frühen Gestalt aus dem Mittelalter hervorzuholen. Die Innenstadt bekam ja vor allem in den Jahrzehnten nach 1500 ihr bis heute gültiges Gesicht.

Hat das irgendwann mal die Stadtväter und Stadtmütter interessiert? Wolltest du nicht deinen gesamten Nachlaß einmal der Stadt Halle überlassen?

Ja, doch das hat sich leider zerschlagen. Zwar hatte ich eine Reihe von gewichtigen Besuchern vom Rat, auch die damalige Oberbürgermeisterin war darunter, die meine künftige Hinterlassenschaft begutachteten, aber dann, nach jahrelangem Zögern rückten sie von ihrem ursprünglichen Vorhaben ab, ich war ihnen wohl in meinen Ansichten zu radikal links, und so geschah, worin die Stadt bereits Übung hatte. Sie verfuhr mit mir wie mit anderen Andersdenkenden, Willi Sitte etwa, dessen künstlerischem Werk sie ebenfalls ein Bleiberecht in ihren Mauern verwehrt hatte. Bereitschaft, mein nicht nur literarisches Erbe zu übernehmen, sondern auch anderes aus meinem Besitz hatte ich schon vorher bei anderen Institutionen gefunden, u. a. auch beim Deutschen Literaturarchiv in Marbach. Ich habe mich aber dann entschlossen, eine eigene Stiftung unter Obhut der Rosa-Luxemburg-Stiftung zu gründen. Halle? Nein. So sehr mir die Stadt ans Herz gewachsen ist, ihre Verwaltungsriege ist es nicht.

Du hast mir einen Text zugänglich gemacht, ein Gespräch mit einer italienischen Kunstwissenschaftlerin, die soeben mit deiner Auseinandersetzung um Grünewald an einer Universität Italiens, in Bergamo, promovierte. Leider erfahre ich dabei nicht, wie sie zu dem Buch gekommen ist ...

Ganz einfach, lieber Klaus, Maristella Cervi – so heißt die junge Frau – wurde zuerst übers Internet auf meinen Roman aufmerksam. Ihr Dissertationsthema betraf, grob gesagt, die Gestaltung des Malerischen im Epischen, untersucht am Beispiel der Bilder Grünewalds. Neben anderen Schriftstellern (Leo Weismantel, Hermann Broch, Elias Canetti) bin vor allem ich ihr Demonstrationsobjekt, und das kommt vielleicht daher, daß italienische Universitäten traditionell viel engere Beziehungen zu Kunst und Literatur und zu ihren Schöpfern haben als die deutschen.

Aber vielleicht sollten wir dann doch zum Schluß unserer Erörterung an einen Satz erinnern, den dein alter Freund, der Kunstwissenschaftler Wolfgang Hütt, an das Ende seines Textes über dieses Buch gestellt hat. Es ist ein Satz, den Melanchthon über Mathis Gothardt-Neithardt äußert: »Des Künstlers Menschenbild kann man nur an seiner Kunst ermessen, nicht daran, in wessen Dienst er gestellt.«

Bitte zu beachten, daß das Urheberrecht an diesen Worten mir gehört. Ich habe sie Melanchthon nur, weil ich ihn ihrer für fähig halte, in den Mund gelegt.

XVI.

Nun haben wir gut anderthalb Jahre mit der Besichtigung deines Lebens verbracht, und wir sind ja beide schon seit längerem auf der letzten Wegstrecke unseres Lebens. Was war das Glück dieses Lebens? – Und auch diese Frage möchte ich gern stellen: Was siehst du heute als dein größtes Versäumnis?

Mein Glück war, ich betone: *mein* Glück, fast ein halbes Jahrhundert, meine schöpferischsten Jahre, in einer Gesellschaft gelebt zu haben, die von Grund auf den humanistischen Idealen der Menschheit verpflichtet war, die der Solidarität und nicht der Konkurrenz den Vorzug gab, und daran, an ihrer Gestaltung, selbst nach besten Kräften mitgearbeitet zu haben. Das heißt: Wir hatten uns die Freiheit genommen für vierzig Jahre Friedenspolitik in Deutschland, für die Entmachtung der Banken, der Konzerne und des Großgrundadels, für die Bodenreform, für soziale Gerechtigkeit, für die Würde des weiblichen Geschlechts, für gleiche Bildung für alle und kostenlose Gesundheitsfürsorge und, und, und – ich wiederhole mich. Mein Glück war auch, daß ich in all dieser Zeit die Frau, die ich liebte, an meiner Seite hatte. Und dazu gehört natürlich, daß mir, um schließlich selbst schreiben zu können, als Arbeiterjunge soviel Wissen aneignen konnte, wie ich nur wollte, was so ebenfalls nur in diesem Staate möglich war. Also, ich

kann es nicht leugnen: Ich bin ein Kind der DDR. Und wenn man uns in Ruhe hätte gewähren lassen, unser Land nicht ständig hätte vom Globus radieren und uns aus der Geschichte streichen wollen, bin ich mir sicher, hätten wir uns peu à peu auch noch jede Menge anderer Freiheiten leisten können.
Was sicherlich die Kleinbürger, die ständig den Großbürgern hinterher sind, nicht verstehen werden: Das war das große Glück, und vorerst weiß niemand, wann es wieder als solches empfunden und ein neuer Versuch gewagt wird, die Herrschaft des Volkes, mit weniger Irrtümern als wir sie begingen, zu errichten. Daneben aber gibt es auch heute noch Glücksmomente: der Kuß der Geliebten, das Signalexemplar eines neuen Buches, die Unbedenklichkeitserklärung nach einer medizinischen Untersuchung.

Und es gibt noch ein paar Liebhabereien, wir haben gelegentlich schon darüber gesprochen, dein Vergnügen an der Vogelbeobachtung...

Wie du weißt, halte ich mich für einen Feldornithologen. Seit meiner Kindheit, etwa mit zehn Jahren, hatte ich den Wunsch, irgendwann einmal den Seidenschwanz zu sehen, einen sperlingsgroßen Vogel mit eigenartig buntem Gefieder. Den Schachteln der Zigarettensorte, die mein Vater früher rauchte, waren einmal aus Reklamezwecken Farbbilder der unterschiedlichsten Vögel beigelegt, die wir Kinder sammelten und untereinander tauschten. Mir hatten es besonders, erinnere ich mich, der exotische Zebrafink (später sah ich ihn in jeder Zoohandlung) und eben jener Seidenschwanz angetan. Mit der Zeit erfuhr ich alles über ihn, daß er hoch im Norden lebt und nur gelegentlich im Winter, aller zehn Jahre etwa, das mittlere Deutschland in

größeren Schwärmen besucht. Im März 2009 war es dann endlich soweit, etwa im Dutzend tummelten sich die Seidenschwänze mehrere Tage lang am Futterhäuschen im Garten und in den Bäumen und Büschen ringsum, so daß ich sie ausgiebig beobachten konnte – und das nach 70(!) Jahren.
Nach meinem größten Versäumnis befragt, vermag ich allerdings auch bei noch so angestrengtem Überlegen nur negativ zu antworten: es gab oder gibt kein »größtes«. Dies und das, gewiß, doch sämtlich von solcher Art, daß sie, ins Verhältnis gesetzt zu einem ganzen Menschendasein und Schriftstellerleben, nur die Randnotizen wären.

Du sitzt ja, zwischen diesen Texten hier, am Fünften Band von »Der Friede im Osten«. Worum geht es in diesem Buch, kannst du da ein wenig erzählen?

Ach Klaus, habe ich das denn nicht schon in diesem Interview mehrmals getan? Erinnerst du dich nicht wenigstens daran, daß ich die bisher vorliegenden vier Bücher nicht »Bände« genannt haben möchte, sondern sie als *Bücher* ausgebe?

Nun gut, also bleiben wir bei Büchern, und du sollst schon gar nicht das Geschriebene der vorangegangenen Bücher wiederholen, sondern ein paar Stichworte zu dem Buch mitteilen, an dem du sitzt ...

Also: »Fünftes Buch: Plebejers Unzeit oder Spiel zu dritt«. Die Handlung verläuft in den siebziger Jahren. Im Mittelpunkt stehen Achim und Ulrike, in der Gefährdung oder Bewährung ihrer Ehe. Den Hauptschauplatz nenne ich die Kunstindustrie, konkret die DEFA in Babelsberg und Berlin. Eine Erzählung Achims, deren Inhalt teilweise in seinem Prosastil mitgeteilt wird, wird verfilmt, wobei als Vorlage meine Erfahrungen seinerzeit vom Szenarium bis zu den Dreharbeiten bei der »Spur der Steine« dienen. Daraus ergeben sich Begegnungen unterschiedlicher Art, mit den Akteuren, den Funktionären, den Ästhetikern. Zugleich ist Achim bereits im Wissenschaftsinstitut für Genforschung angekommen und unternimmt dort die ersten molekularbiologischen Experimente an der Drosophila. Ulrike wird an ihrem nicht weniger wichtigen Handlungsort gezeigt, der Zehnklassenschule, wo es ebenfalls zu Konflikten kommt. – Das soll aber nun genügen.

Wenn du das Buch abgeschlossen hast, wenn es erscheint, wird es sozusagen allein auf weiter Flur sein. Die bisherigen Bücher des Romanwerkes sind ja momentan auf dem Buchmarkt nicht greifbar. Werden die jungen Leser, die dieses Buch dann in die Hand nehmen, das Gesamtwerk verstehen?

Das müssen die »jungen Leser« selber entscheiden. Meine Bücher jedenfalls sind so geschrieben, daß man sie, wenn man sich nur führen lassen will, verstehen kann. Als ich jung war, verstand ich sogar Balzacs »Vater Goriot« und »Verlorene Illusionen«, ohne schon die anderen Bände der »Comédie humaine« zu kennen und obwohl die dort beschriebene Welt des nachnapoleonischen Frankreich nun wirklich weit entfernter von mir lag als die DDR den »jungen Leuten« heute. Ein Literaturinteresse und ein wenig Geschichtsbewußtsein allerdings müßten sie wohl mitbringen. Was aber die vier bereits veröffentlichten Bücher vom »Frieden« betrifft, daß sie höchstens noch im Antiquariat zu finden sind, das wirkt natürlich wie ein Boykott auf das gesamte Vorhaben. Ich sagte es bereits bei anderer Gelegenheit, daß meine Romane nicht wie jene bei Arnold Zweig im »Großen Krieg der weißen Männer« für sich allein stehen könnten, und deshalb wäre wohl beim Erscheinen des 5. Buches die erneute Drucklegung auch der anderen vier erforderlich. Welcher Verlag aber, der meiner Literatur gut gesonnen ist, hätte dafür die Mittel?

Es ist ja ganz offensichtlich, daß der Buchmarkt in diesem Land auch zu einem ganz entscheidenden Teil von Trivialitäten der verschiedensten Couleur besetzt ist, Horror, Crime, Fantasy, Kitsch, auch das ist ja ein Zeichen für den geistigen Zustand einer Gesellschaft. Hat da ein solches Romanwerk, das sich ganz bewußt als eine sozialistische Beschreibung der Welt begreift, eine Chance?

Abgesehen davon, daß es mir nicht um die »sozialistische Beschreibung der Welt« geht, sondern umgekehrt um die Beschreibung der sozialistischen Welt, und mehr noch: statt der Beschreibung um *Erzählungen* von Menschenschicksalen unter sozialistischen Bedingungen – wäre es mir ein Übel, wollte ich meine Geschichten so schreiben, daß sie eine »Chance« hätten. Bei wem denn? Und zu welchem Preis? Hatte ich denn nicht schon an Georg Forsters Wort erinnert, worin des Schriftstellers höchste Pflicht bestehe? »Zur Erweiterung des Reichs der Wahrheit aus allen Kräften beizutragen, und der etwa damit verknüpften Gefahr ruhig entgegen zu sehen.« Du hast doch selber soeben den Buchmarkt hierzulande beurteilt, der, wie auch auf anderen sogenannt geistigen Gebieten, eher zur Verdummung als zur Aufklärung der Leute angelegt ist, und für mich, sagte ich auch bereits, sei »Plebejers Unzeit«.

Also halte ich mich wiederum an das Wort eines Dichters, diesmal Franz Grillparzers, 1860 in seiner Abkehr von jeder Art höfisch-bürgerlicher Lebensformen:

> Will unsre Zeit mich bestreiten,
> Ich lass' es ruhig geschehn;
> Ich komme aus andern Zeiten
> Und hoffe in andre zu gehn.

Jeder Autor hat Pläne, es gibt ja keine Pensionierung als Schriftsteller. Was möchtest du gern noch schreiben?

Nach dem Fünften Buch vom »Frieden im Osten« das Sechste: »Jahre der ruhigen Sonne«.

Hier machen wir also eine Zäsur, das Leben geht weiter, das Schreiben hoffentlich auch, und deine Leser werden damit auch deinen weiteren Lebensweg verfolgen können. Ich will dir bei dieser Gelegenheit für deine Geduld angesichts mancher aufmüpfiger Fragen und auch für die freundschaftliche Atmosphäre, die wir freilich auch Anne, deiner Frau, verdanken, sehr herzlich meinen Dank sagen. Das Ganze war ja für mich nicht nur ein Gang durch dein Leben, sondern auch ein Rückblick auf ein Stück eigener Existenz.

BIBLIOGRAPHIE

Die Regengeschichte, Erzählung, 1960/1969
Die zweite Begegnung, Erzählung, 1961
Bitterfelder Geschichten, Erzählungen, 1961/1976
Spur der Steine, Roman, 1964/2008 (34. Auflage)
Die Prüfung, Film, 1967
Die anderen und ich, Erzählungen, 1970/1976
Haut oder Hemd, Schauspiel, Uraufführung: 1971
Karin Lenz, Libretto, Oper von Günter Kochan, Uraufführung: 1971
Olaf und der gelbe Vogel, Kinderbuch, 1972
Tage unseres Lebens, Erzählungen, 1973/1975
Auf der Suche nach Gatt, Roman, 1973/2008 (14. Auflage)
Der Friede im Osten, Romanzyklus
Erstes Buch: Am Fluß, 1974
Zweites Buch: Frühling mit Gewalt, 1978
Drittes Buch: Wenn Feuer verlöschen, 1985
Viertes Buch: Nahe der Grenze, 1987
(bis 1990 insgesamt 29 Auflagen)
Heldenberichte, Erzählungen, 1976/1981
Der Hirt, Erzählung, 1979/1983
Fast die Wahrheit, Essays, 1979
Akte Nora S ., Erzählungen, 1978
Zwei leere Stühle, Novelle, 1979/1985

Forster in Paris, Erzählung, 1981/1994
Da sah ich den Menschen, Dramatische Werke und Gedichte, 1983
Claus und Claudia, Erzählung, 1989/1990
Totschlag, Roman, 1994
Forster in Halle oder So fern sind sich im Geiste die Deutschen, Essay, 1994
Vom Gänslein, das nicht fliegen lernen wollte, Kinderbuch, 1995
Gothardt Nithardt, ein Maler, Essay 1996
Der Hirt/Stockheim kommt, Erz. 1998
Die Liebe und der Tod, Gedichte, 1999
Verdämmerung, Essayistische Erzählung, 2003/2007
Nach dem großen Aufstand, Roman, 2003/2010

Die Texte Erik Neutschs wurden in mehr als 20 Sprachen übersetzt. Er war Mitherausgeber u.a. von: Vietnam in dieser Stunde, 1968; Chile – Gesang und Bericht, 1974; Beiträge für Anthologien, Filme, Hörspiele.

Die zweite Jahreszahl bezeichnet die bisher letzte Auflage.

PERSONENREGISTER

Abraham, Peter (1936), Schriftsteller 144
Abusch, Alexander (1902–1982), Schriftsteller und Kulturpolitiker der DDR 165
Adameck, Heinrich (1921), Vorsitzender des staatlichen Fernsehkomitees der DDR (1968–89) 84
Albrecht, Kardinal (1490–1545), Kurfürst von Mainz 200, 210, 214
Apitz, Bruno (1900–1979), Schriftsteller 165
Aragon, Louis (1897–1982), französischer Schriftsteller 124 f.

Bachmann, Hermann (1922–1995), Maler und Grafiker 65
Balzac, Honoré de (1799–1850), französischer Schriftsteller 90, 223
Becher, Johannes R. (1891–1958), Dichter, DDR-Kulturminister 61, 119
Behrens, Friedrich »Fritz« (1948), Wirtschaftswissenschaftler, Professur in Leipzig 104
Berg, Professor Dr., Genetiker und Institutsdirektor in Jena 130
Berger, Dr. Christel (1942), Literaturkritikerin 197
Berner, Susanne (1949), Malerin und Grafikerin 194
Beyer, Frank (1932–2006), Regisseur 9, 78, 150
Bloch, Ernst (1885–1977), Philosoph, Professor in Leipzig 106 f.
Boeger, Wilhelm (1930), Ministerialrat der Bundesregierung 74, 144
Böhme, Hans-Joachim (1929), Erster Sekretär der Bezirksleitung der SED Halle 170 f.

Böhme, Helmut (1929), Genetiker und Agrarwissenschaftler 130
Böll, Heinrich (1917–1985), Schriftsteller 83
Bosch, Hieronymus (1450–1516), niederländischer Maler 214
Braun, Volker (1939), Schriftsteller 186, 189
Bräunig, Werner (1934–1976), Schriftsteller 81, 97, 162, 189 f.
Brecht, Bertolt (1898–1956), Schriftsteller, Theaterleiter 61
Bressau, Fritz (1908–1998), Verlagsleiter Mitteldeutscher Verlag 187
Brězan, Jurij (1916–2006), Schriftsteller sorbischer Herkunft 22 f., 82, 152
Broch, Hermann (1886–1951), österreichischer Schriftsteller 218
Bruns, Marianne (1897–1994), Schriftstellerin 100
Bruyn, Günter de (1926), Schriftsteller 101, 185, VIII
Büchner, Georg (1813–1837), Schriftsteller 67, 99, 114, 119, 167, 211
Budzislawski, Hermann (1901–1978), Journalist, Chefredakteur der *Weltbühne* 103 f.
Busch, Wilhelm (1832–1908), Zeichner und Schriftsteller 178

Canetti, Elias (1905–1994), Schriftsteller spanisch-jüdischer Herkunft 218
Castro, Fidel (1926), kubanischer Revolutionär und Staatsmann 140
Castro, Raul (1931), Bruder von Fidel Castro 140
Cervi, Maristella (1980), italienische Literatur- und Kunstwissenschaftlerin 218
Che Guevara, Ernesto (1928–1967), Revolutionär 140
Claudius, Eduard (1911–1976), Schriftsteller 165
Courths-Mahler, Hedwig (1867–1950), Schriftstellerin 141
Cook, James (1728–1779), Entdeckungsreisender 118
Cranach d. Ä., Lukas (1472–1553), Maler und Grafiker 210, 214
Crick, Francis (1916–2004), Entdecker der DNS mit J. Watson 130
Czechowski, Heinz (1935–2009), Lyriker und Dramaturg 81

Danton, Georges Jacques (1759–1794), Führer während der Französischen Revolution 114
Darwin, Charles (1809–1882), Begründer der Evolutionstheorie 66
Daudet, Alphonse (1840–1897), französischer Schriftsteller 95 f.

Delbrück, Max (1906–1981), Biophysiker 130
Dietzel, Elsa (1931), Malerin 6
Dietzel, Theo (1926), Maler und Grafiker 6
Djacenko, Boris (1917–1975), Schriftsteller, Pseudonym Peter Addams 189
Döppe, Friedrich (1922–1987), Lektor und Schriftsteller 185
Dürer, Albrecht (1471–1528), Maler und Grafiker 210f., 214
Dutschke, Rudi (1940–1979), Soziologe, Studentenführer 139

Eckert, Wolfgang (1935), Schriftsteller 183
Egel, Karl-Georg (1919–1995), Schriftsteller 150
Ehrenburg, Ilja (1891–1967), sowjetischer Schriftsteller und Journalist 67
Eildermann, Wilhelm (1897–1988), Professor in Leipzig und Journalist 104
Elsässer, Dr., ehem. Direktor, Realgymnasium Schönebeck/Elbe 59, 167
Engelberg, Ernst (1909), Historiker (»Bismarck«), Professur in Leipzig 104
Engels, Friedrich (1820–1895), Politiker, Philosoph und Historiker 90, 115
Enzensberger, Ulrich (1944), Schriftsteller 117
Esche, Eberhard (1933–2006), Schauspieler 78, 151

Fedin, Konstantin (1892–1977), sowjetischer Schriftsteller 67
Felfe, Werner (1928–1988), DDR-Politiker 78, 157–160
Feuchtwanger, Lion (1884–1958), Schriftsteller 215f.
Fichte, Johann Gottlieb (1762–1814), Philosoph und Erzieher 40
Fleming, Paul (1609–1640), Lyriker und Arzt 125
Flickenschildt, Elisabeth (1905–1977), Schauspielerin 120
Floß, Rolf (1936), Schriftsteller 183
Forster, Georg (1754–1794), Naturforscher, Schriftsteller und Revolutionär 12, 113–119, 134, 137f., 161, 193, 211, 224
Forster, Johann Reinhold (1729–1798), Naturwissenschaftler, Vater von Georg Forster 119
Forzano, Giovacchino (1884–1970), italienischer Dramatiker und Regisseur 48

Focke, Gerhard (1927), Schriftsteller 199
Fraenger, Wilhelm (1890–1964), Kunsthistoriker und Volkskundler 215
Freytag, Gustav (1816–1895), Schriftsteller 57
Friedrich II. (1712–1786), König von Preußen »Friedrich der Große« 33, 57
Fröhlich, Paul (1913–1970), DDR-Politiker 158

Geibel, Emanuel (1815–1884), Lyriker 57
Geissler, Christian (1928–2008), Schriftsteller 86
Geißler, Erhard (1930), Genetiker, Molekularbiologe und Bioethiker 130
Glaser, Johan (bis 1552), Bürger von Halle und Kanzleischreiber Kardinal Albrechts 200, 213
Göbel, Bernd (1942), Bildhauer 6
Goethe, Johann Wolfgang von (1749–1832), Dichter und Politiker 44f., 93, 119
Gorki, Maxim (1868–1936), sowjetischer Schriftsteller 42, 67
Görlich, Günter (1928–2010), Schriftsteller 81
Gotsche, Otto (1904–1985), Schriftsteller und DDR-Politiker 185, VIII
Gregor-Dellin, Martin (1926–1988), Schriftsteller und Lektor 22
Grillparzer, Franz (1791–1872), österreichischer Schriftsteller 225
Grün, Max von der (1926–2005), Schriftsteller 27, 81, 86, 163, 102
Grünewald (eigtl. Gothardt-Nithardt), Matthias (um 1480–1528), Maler 80, 144, 194f., 203, 208–218
Günderrode, Karoline von (1780–1806), Dichterin 118
Günther, Eberhard (1931), Verlagsleiter Mitteldeutscher Verlag 191f.
Günther, Egon (1927), Schriftsteller und Regisseur 22

Haase, Prof. Dr. Horst (1929), Literaturwissenschaftler 114
Hacks, Peter (1928–2003), Schriftsteller und Dramatiker 165
Hamann, Richard (1879–1961), Kunsthistoriker 215
Hamsun, Knut (1859–1952), norwegischer Schriftsteller 89f.
Hanewinckel, Hans-Joachim (1943), Pfarrer in Halle 174, 176f.

Hardy, Frank (1917–1994), australischer Schriftsteller 14
Harig, Gerhard (1902–1966), Philosoph, Professor in Leipzig 104
Harpprecht, Klaus (1927), Schriftsteller und Journalist 117
Härtling, Peter (1933), Schriftsteller 163
Hastedt, Regina (1921–2007), Schriftstellerin 100
Havel, Vaclav (1936), tschechischer Schriftsteller und Politiker 135
Hay, Julius (1900–1975), ungarischer Dramatiker 71
Heartfield John (1891–1968), Maler, Grafiker, Fotomontagekünstler und Bühnenbildner (bürgerlicher Name Helmut Herzfeld) 105
Heidenreich, Gert (l944), Schriftsteller und Journalist 163
Heiduczek, Werner (1926), Schriftsteller 81, 185
Heine, Heinrich (1797–1856), Dichter und Journalist 9, 52, 57, 67, 143
Helbig, Corinna (1962), Tochter von Erik Neutsch 74, 152, 196 VI f., XII
Helbig, Michael (1981), Enkel von Erik Neutsch 74
Helbig, Susanne (1988), Enkelin von Erik Neutsch 74
Hemingway, Ernest (1899–1961), US-amerikanischer Schriftsteller 97, 111, 113
Hermlin, Stephan (1915–1997), Schriftsteller und Übersetzer 86, 165, 175
Herzfelde, Wieland (1896–1988), Publizist 103, 105 f., 165
Hindemith, Paul (1895–1963), Komponist 215
Hinz, Annelies, geb. Erler (1933), Ehefrau von Erik Neutsch 5, 200 f. XIII
Hinze, Hans, ehemaliger Schulleiter des Realgymnasiums Schönebeck/Elbe 65 f., 71, 157
Hitler, Adolf (1889–1945) 40, 90, 104, 145
Holm, Hans, Mitarbeiter im Mitteldeutschen Verlag 187, 189
Höpcke, Klaus (1933), Politiker und Journalist 5, 80
Hugo, Victor (1802–1885), französischer Schriftsteller 147
Hütt, Wolfgang (1925), Kunsthistoriker und Autor 79, 211, 213, 215, 219
Hutten, Ulrich von (1488–1523), Dichter und Gelehrter 134

Jendryschik, Manfred (1943), Schriftsteller 81, 185
Jens, Walter (1923) Schriftsteller und Professor für Rhetorik 167

Jentzsch, Bernd (1940), Schriftsteller 81
Joyce, James (1882–1941), irischer Schriftsteller 127

Kafka, Franz (1883–1924), Schriftsteller 127
Kamnitzer, Heinz (1917–2001), Schriftsteller und DDR-P.E.N.-Präsident 163
Kant, Hermann (1926), Schriftsteller 5, 42, 79, 165
Katte, Hans Hermann von (1704–1730), Leutnant und Jugendfreund Friedrich II. 33
Kinkel, Klaus (1936), Bundesminister des Äußeren (1992–1998) 142
Kirsch, Rainer (1934), Schriftsteller 81
Kirsch, Sarah (1935), Schriftstellerin 81
Kleist, Heinrich von (1777–1811), Schriftsteller und Publizist 118
Klemperer, Victor (1881–1960), Literaturwissenschaftler und Schriftsteller 141
Knispel, Ulrich (1911–1978), Maler 65
Kochan, Günter (1930–2009), Komponist 151
Koenen, Bernhard (1889–1964), DDR-Politiker 16
Kohl, Helmut (1930), Bundeskanzler (1982–1998) 169, 180
Kohlhaase, Wolfgang (1931), Schriftsteller, Regisseur und Drehbuchautor 165
Kollwitz, Käthe (1867–1945), Grafikerin 168
Kopernikus, Nikolaus (1473–1543), Begründer des heliozentrischen Weltbildes 190
Krug, Manfred (1937), Schauspieler und Sänger 151
Kunze, Reiner (1933), Schriftsteller 14, 21, 103 VIII

Lenin, Wladimir Iljitsch (1870–1924), Begründer der Sowjetunion 6, 116
Leopold III., Friedrich Franz (1740–1817), Fürst von Anhalt-Dessau 118
Lesch, Hans-Wolfgang (1940), Literaturwissenschaftler, Universität Lüneburg 144
Lessing, Gotthold, Ephraim (1729–1781), Dichter 147
Liersch, Werner (1932), Schriftsteller und Lektor 185, 192
Loest, Erich (1926), Schriftsteller 186, 189

Lord Byron (1788–1824), britischer Dichter und Freiheitskämpfer 203
Lukàcs, Georg (1885–1971), ungarischer Philosoph und Literaturwissenschaftler 96, 189
Luther, Martin (1483–1546), Begründer des Protestantismus 6, 214
Lyssenko, Trofim Denissowitsch (1898–1976), Biologe und Antigenetiker 131

Majakowski, Wladimir (1893–1930), sowjetischer Dichter 67
Mann, Heinrich (1871–1950), Schriftsteller 168
Mann, Thomas (1875 -1955), Schriftsteller 83, 89 f., 97, 111, 119 f., 124
Marx, Karl (1818–1883), Philosoph und Publizist 6, 104, 107, 115, 188
Masur, Kurt (1927), Dirigent 173
Matthes, Reiner (1930), Arzt, befreundet mit Neutsch und Kant 79, 108 IX
Mauersberger, Gottfried (1931–1994), Ornithologe 130
Maurer, Georg (1907–1971), Lyriker und Übersetzer 189
May, Karl (1842–1912), Schriftsteller 30
Mayer, Hans (1907–2001), Literaturhistoriker, Professor in Leipzig 106, 110
Meinhof, Ulrike (1934–1976), Journalistin und Mitglied der RAF 139
Melanchthon, Philipp (1497–1560), Philosoph, Philologe und Reformator 210, 214, 219
Meri, Veijo (1928), finnischer Schriftsteller 137
Meyer, Conrad Ferdinand (1825–1898), Schweizer Schriftsteller 62
Mocek, Reinhard (1936), Philosoph 76
Mucchi, Gabriele (1899–2002), italienischer Maler, Grafiker und Architekt 6
Mucke, Dieter (1936), Schriftsteller 81
Mueller-Stahl, Armin (1930), Schauspieler, Autor, Maler und Musiker 153
Müller, Armin (1928–2005), Schriftsteller und Maler 5
Müller, Heiner (1929–1995), Dramatiker 9, 14, 21

Müller, Karl Erich (1917–1998), Maler und Grafiker 5
Mundstock, Karl (1915–2008), Schriftsteller 189
Müntzer, Thomas (1489–1525), Theologe und Revolutionär 115

Naumilkat, Hans (1919–1994), Komponist und Musikerzieher 63
Neubert, Willi (1920), Maler 6
Neutsch, Helga, geb. Franke (1929–1996), Lehrerin, Ehefrau von Erik Neutsch 20, 23, 39, 47, 63 f., 66–71, 73–79, 107–110, 139, 148 f., 151 f., 155 f., 177, 195–203, 206 f., 213 f., VI ff., XI f.
Neutsch, Marita (1954), Tochter von Erik Neutsch 20, 152, 207, VI f.
Neutsch, Michael, Enkel von Erik Neutsch XII
Neutsch, Selma (1893–1982), Mutter von Erik Neutsch 35, III, V
Neutsch, Willi (1894–1943), Vater von Erik Neutsch 34, III
Neutsch, Werner (1920–1933), Bruder von Erik Neutsch 29
Noglik, Gerd (1009–2002), ehem. Cheflektor Mitteldeutscher Verlag 187, 189
Noll, Dieter (1927–2008), Schriftsteller 81, 165
Nowak, Klaus (1938), Schriftsteller 172

Panitz, Eberhard (1932), Schriftsteller 81, 185
Peters, Walter (1930), Jugendfreund von Erik Neutsch 51, 61, 63
Preißler, Helmut (1925), Lyriker 152

Ratgeb, Jörg (1480–1526), Maler und Bauernführer 210
Reinowski, Werner (1908–1987), Schriftsteller 152
Reimann, Brigitte (1933–1973), Schriftstellerin 100
Renn, Ludwig (1889–1979), Schriftsteller 165
Rex, Dieter (1936–2002), Maler und Grafiker 5
Riech, Evi (1926), Journalistin 199, 205
Riemenschneider, Tilman (1460–1531), Bildhauer 210
Rolland, Romain (1866–1944), französischer Schriftsteller 97, 135
Roloff-Momin, Ulrich (1939), Politiker 166
Rose, Ulrike (1960), Germanistin, Universität Lüneburg 144
Ross, Hartmut, ehem. Direktor des Wörlitzer Parks 161

Sachs, Heinz (1920–1983), Cheflektor und Verlagsleiter Mitteldeutscher Verlag 22, 78, 81, 158, 182 ff., 187, VIII
Saint-Just, Louis-Antoine-Léon de (1767–1794), französischer Revolutionär 114 f., 170
Sakowski, Helmut(1924–2005), Schriftsteller 82
Schiller, Friedrich (1759–1805), Dichter, Philosoph und Historiker 44 f., 119 f., 138
Schirdewan, Karl (1907–1998), DDR-Politiker 14 f.
Schmalz, Rudolf (1925), bis 1988 Direktor Volksbuchhandel im Bezirk Halle 199
Scholochow, Michail Alexandrowitsch (1905–1984), sowjetischer Schriftsteller 67, 97, 145 f., 190
Schönemann, Horst (1927–2002), Schauspieler und Regisseur 78
Schreiber, Klaus (1927–2009), Chemiker und Professor in Halle 130
Schröder, Helmut (1910–1974), Maler und Grafiker 6
Schulz, Max Walter (1921–1991), Schriftsteller 22 f., 82, 165, 192
Schur, Täve (1931), Sportler IX
Seeger, Bernhard (1927–1999), Schriftsteller 81, 152, 165, VIII
Seghers, Anna (1900–1983), Schriftstellerin 9, 61, 82, 94, 100 f., 149, 165
Selbmann, Fritz (1899–1975), Schriftsteller und DDR-Minister 82, 187
Sethe, Paul (1901–1967), Journalist 143
Sewart, Karl (1933), Schriftsteller 183
Sindermann, Horst (1915–1990), DDR-Politiker 13, 84 f., 157, 159
Singer, Rudolf (1915–1980), Vorsitzender des Rundfunkkomitees der DDR 84 f.
Sitte Willi (1921), Maler und Grafiker 5, 15, 77, 143, 158, 162, 193, 195, 209, 218, IX
Sodann, Peter (1936), Schauspieler, Regisseur und Intendant 159 f.
Spenser, Edmund (um 1552–1599), englischer Dichter 203
Stalin, Josef Wissarionowitsch (1878–1953), Führer der UdSSR 42
Steinbeck, John (1902–1968), US-amerikanischer Schriftsteller 97
Steinberg, Werner (1913–1992), Schriftsteller 17, 21

Steiner, Gerhard (1005–1997), Literaturwissenschaftler, wesentliche Arbeiten zu Georg Forster 117
Steinmann, Hans-Jürgen (1929–2008), Schriftsteller 80
Stendhal (1783–1842), französischer Schriftsteller, bürgerlicher Name Marie-Henri Beyle 97, 141
Storm, Anne, Journalistin 73
Storm, Bruno, Journalist 73
Storm, Theodor (1817–1888), Schriftsteller 62
Streubel, Manfred (1932–1992), Lyriker und Kinderbuchautor 187
Strittmatter Erwin (1912–1994), Schriftsteller 19, 22, 24 f., 93, 97, 165
Strittmatter, Eva (1930), Lyrikerin 5, 24 f.
Stubbe, Hans (1902–1989), Genetiker und Agrarwissenschaftler 130

Tempelhof geb. Franke, Gerlinde (1930), Schwester von Helga Neutsch 69
Thein, Ulrich (1930–1995), Schauspieler, Regisseur und Drehbuchautor 78, 151, 153
Tolstoi, Leo Nikolajewitsch (1828–1910), russischer Schriftsteller 97, 124
Tübke, Werner (1929–2004), Maler und Grafiker 41, 61

Ulbricht, Walter (1893–1973), Staatsratvorsitzender der DDR 100 ff.

Vallentin, Maxim (1904–1987), Schauspieler und Theaterleiter 72
Völlger, Winfried (1947), Schriftsteller und Regisseur 174 f.
Vries, Theun de (1907–2005), niederländischer Schriftsteller 14

Wagner, Siegfried (1925–2002), Leiter der Kulturabteilung der SED 102
Wahrmund, Günter (1933), Architekt und Bauingenieur 77, 199
Wahrmund, Helga (1935), Architektin 77, 199
Watson, James (1928), mit F. Crick Entdecker der DNS 130
Weinert, Erich (1890–1953), Schriftsteller und Politiker 61

Weinitschke, Prof. Dr. Hugo (1932–2010), Geophysiker, Universität Halle 160
Weisenborn, Günther (1902–1969), Schriftsteller 61
Weismantel, Leo (1888–1964), Schriftsteller und Reformpädagoge 215, 218
Weiss, Peter (1916–1982), Schriftsteller, Pseudonym Sinclair 73
Wenig, Sepp (1896–1981), Initiator der Aktivistenbewegung in der DDR 153
Werner Walter (1922–1995), Lyriker 152
Weskott, Martin (1951), Pfarrer in Katlenburg 111, 144, 213
Wetzel, Martin (1929–2008), Bildhauer und Grafiker 6
Wieland, Christoph Martin (1733–1813), Dichter, Übersetzer und Herausgeber 67
Wolf, Christa (1929), Schriftstellerin 19, 22, 118, 164 f., 189
Wolf, Friedrich (1888–1953), Schriftsteller und Arzt 61
Wolf, Gerhard (1928), Essayist, Kritiker und Lektor 22, 78, 81, 185
Wolf, Konrad (1925–1982), Regisseur 165
Wolfe, Thomas (1900–1938), US-amerikanischer Schriftsteller 189 f.
Wolfram, Gerhard (1922–1991), Dramaturg und Intendant 78

Zuchardt, Karl (1887–1968), Schriftsteller 189
Zülch, Walter Karl (1883–1966), Schriftsteller (Grünewald-Publikation) 212
Zweig, Arnold, (1887–1968), Schriftsteller 97, 125, 224
Zwerenz, Gerhard (1925), Schriftsteller 144, 163

INHALTSVERZEICHNIS

Eine Vorgeschichte 5
Kapitel I 9
Kapitel II 26
Kapitel III 39
Kapitel IV 55
Kapitel V 73
Kapitel VI 93
Kapitel VII 103
Kapitel VIII 111
Kapitel IX 122
Kapitel X 137
Kapitel XI 157
Kapitel XII 169
Kapitel XIII 182
Kapitel XIV 193
Kapitel XV 208
Kapitel XVI 220
Bibliografie 226
Personenregister 228

Bildnachweis: Alle Bilder stammen aus dem Privatarchiv
Erik Neutsch, außer Seite XVI (ND-Foto: Dieter Andree)

ISBN 978-3-360-01985-1

© 2010 Neues Deutschland Druckerei und Verlag GmbH
© 2010 Verlag Das Neue Berlin, Berlin

Umschlaggestaltung: MediaService GmbH
unter Verwendung eines Fotos von Burkhard Lange
Druck und Bindung: CPI Moravia Books GmbH

Ein Verlagsverzeichnis schicken wir Ihnen gern:
Das Neue Berlin Verlagsgesellschaft mbH
Neue Grünstr. 18, 10179 Berlin
Tel. 01805 / 30 99 99
(0,14 €/Min., Mobil max. 0,42 €/Min.)

Die Bücher des Verlags Das Neue Berlin
erscheinen in der Eulenspiegel Verlagsgruppe.

www.das-neue-berlin.de